MULHERES *MASTERS* NO ESPORTE®

EDIÇÃO PODER DE UMA HISTÓRIA
VOLUME I

MULHERES *MASTERS* NO ESPORTE®

EDIÇÃO PODER DE UMA HISTÓRIA

VOLUME I

MULHERES *MASTERS* NO ESPORTE®

EDIÇÃO PODER DE UMA HISTÓRIA

VOLUME I

Copyright© 2025 by Editora Leader
Todos os direitos da primeira edição são reservados à Editora Leader.

CEO e Editora-chefe:	Andréia Roma
Revisão:	Editora Leader
Capa:	Editora Leader
Projeto gráfico e editoração:	Editora Leader
Coordenação editorial:	Lais Assis
Livrarias e distribuidores:	Liliana Araújo
Artes e mídias:	Equipe Leader
Diretor financeiro:	Alessandro Roma

Dados Internacionais de Catalogação na Publicação (CIP)

M922 Mulheres *masters* no esporte: edição poder de uma história, vol. 1: transforman-
1. ed. do suor em ouro, prata e bronze: etarismo e longevidade sem limites/ coordenadora convidada Fabienne Guttin; idealizadora do livro Andréia Roma. – 1.ed. –
São Paulo : Editora Leader, 2025. (Série mulheres / coordenadora Andréia Roma)
352 p.; 15,5 x 23 cm. – (Série mulheres/coordenadora Andréia Roma).

Várias autoras
ISBN: 978-85-5474-256-0

1. Carreira profissional – Desenvolvimento. 2. Etarimo. 3. Longevidade. 4.
Mulheres no esporte. 5. Mulheres – Histórias de vidas. 6. Relatos pessoais.
I. Roma, Andréia. II. Guttin, Fabienne. III. Série.

01-2025/25   CDD 796.92072

Índices para catálogo sistemático:
1. Mulheres no esporte: Carreira profissional: Histórias de vidas   796.92072

Bibliotecária responsável: Aline Graziele Benitez CRB-1/3129

2025

Editora Leader Ltda.
Rua João Aires, 149
Jardim Bandeirantes – São Paulo – SP
Contatos:
Tel.: (11) 95967-9456
contato@editoraleader.com.br | www.editoraleader.com.br

A Editora Leader, pioneira na busca pela igualdade de gênero, vem traçando suas diretrizes em atendimento à Agenda 2030 – plano de Ação Global proposto pela ONU (Organização das Nações Unidas) –, que é composta por 17 Objetivos de Desenvolvimento Sustentável (ODS) e 169 metas que incentivam a adoção de ações para erradicação da pobreza, proteção ambiental e promoção da vida digna no planeta, garantindo que as pessoas, em todos os lugares, possam desfrutar de paz e prosperidade.

A Série Mulheres®, dirigida pela CEO da Editora Leader, Andréia Roma, tem como objetivo transformar histórias reais – de mulheres reais – em autobiografias inspiracionais, cases e aulas práticas. Os relatos das autoras, além de inspiradores, demonstram a possibilidade da participação plena e efetiva das mulheres no mercado. A ação está alinhada com o ODS 5, que trata da igualdade de gênero e empoderamento de todas as mulheres e meninas e sua comunicação fortalece a abertura de oportunidades para a liderança em todos os níveis de tomada de decisão na vida política, econômica e pública.

CONHEÇA O SELO EDITORIAL SÉRIE MULHERES®

Somos referência no Brasil em iniciativas femininas no Mundo Editorial

A Série Mulheres® é um projeto registrado em mais de 170 países!

A Série Mulheres® apresenta mulheres inspiradoras, que assumiram seu protagonismo para o mundo e reconheceram o poder das suas histórias, *cases* e metodologias criados ao longo de suas trajetórias. Toda mulher tem uma história!
Toda mulher um dia já foi uma menina. Toda menina já se inspirou em uma mulher. Mãe, professora, babá, dançarina, médica, jornalista, cantora, astronauta, aeromoça, atleta, engenheira. E de sonho em sonho sua trajetória foi sendo construída. Acertos e erros, desafios, dilemas, receios, estratégias, conquistas e celebrações.

O que é o Selo Editorial Série Mulheres®?
A Série Mulheres® é um Selo criado pela Editora Leader e está registrada em mais de 170 países, com a missão de destacar publicações de mulheres de várias áreas, tanto em livros autorais como coletivos. O projeto nasceu dez anos atrás, no coração da editora Andréia Roma, e já se destaca com vários lançamentos. Em 2015 lançamos o livro "Mulheres Inspiradoras", e a seguir vieram outros, por exemplo:

"Mulheres do Marketing", "Mulheres Antes e Depois dos 50", seguidos por "Mulheres do RH", "Mulheres no Seguro", "Mulheres no Varejo", "Mulheres no Direito", "Mulheres nas Finanças", obras que têm como foco transformar histórias reais em autobiografias inspiracionais, *cases* e metodologias de mulheres que se diferenciam em sua área de atuação. Além de ter abrangência nacional e internacional, trata-se de um trabalho pioneiro e exclusivo no Brasil e no mundo. Todos os títulos lançados através desta Série são de propriedade intelectual da Editora Leader, ou seja, não há no Brasil nenhum livro com título igual aos que lançamos nesta coleção. Além dos títulos, registramos todo conceito do projeto, protegendo a ideia criada e apresentada no mercado.

A Série tem como idealizadora Andréia Roma, CEO da Editora Leader, que vem criando iniciativas importantes como esta ao longo dos anos, e como coordenadora Tania Moura. No ano de 2020 Tania aceitou o convite não só para coordenar o livro "Mulheres do RH", mas também a Série Mulheres, trazendo com ela sua expertise no mundo corporativo e seu olhar humano para as relações. Tania é especialista em Gente & Gestão, palestrante e conselheira em várias empresas. A Série Mulheres® também conta com a especialista em Direito dra. Adriana Nascimento, coordenadora jurídica dos direitos autorais da Série Mulheres®, além de apoiadores como Sandra Martinelli – presidente executiva da ABA e embaixadora da Série Mulheres, e também Renato Fiocchi – CEO do Grupo Gestão RH. Contamos ainda com o apoio de Claudia Cohn, Geovana Donella, Dani Verdugo, Cristina Reis, Isabel Azevedo, Elaine Póvoas, Jandaraci Araujo, Louise Freire, Vânia Íris, Milena Danielski, Susana Jabra.

Série Mulheres®, um Selo que representará a marca mais importante, que é você, Mulher!

Você, mulher, agora tem um espaço só seu para registrar sua voz e levar isso ao mundo, inspirando e encorajando mais e mais mulheres.

Acesse o QRCode e preencha a Ficha da Editora Leader. Este é o momento para você nos contar um pouco de sua história e área em que gostaria de publicar.

Qual o propósito do Selo Editorial Série Mulheres®?

É apresentar autobiografias, metodologias, *cases* e outros temas, de mulheres do mundo corporativo e outros segmentos, com o objetivo de inspirar outras mulheres e homens a buscarem a buscarem o sucesso em suas carreiras ou em suas áreas de atuação, além de mostrar como é possível atingir o equilíbrio entre a vida pessoal e profissional, registrando e marcando sua geração através do seu conhecimento em forma de livro.

A ideia geral é convidar mulheres de diversas áreas a assumirem o protagonismo de suas próprias histórias e levar isso ao mundo, inspirando e encorajando cada vez mais e mais mulheres a irem em busca de seus sonhos, porque todas são capazes de alcançá-los.

Programa Série Mulheres® na TV

Um programa de mulher para mulher idealizado pela CEO da Editora Leader, Andréia Roma, que aborda diversos temas com inovação e qualidade, sendo estas as palavras-chave que norteiam os projetos da Editora Leader. Seguindo esse conceito, Andréia, apresentadora do Programa Série Mulheres®, entrevista mulheres de várias áreas com foco na transformação e empreendedorismo feminino em diversos segmentos.

A TV Corporativa Gestão RH abraçou a ideia de ter em seus diversos quadros o Programa Série Mulheres®. O CEO da Gestão RH, Renato Fiochi, acolheu o projeto com muito carinho.

A TV, que conta atualmente com 153 mil assinantes, é um canal de *streaming* com conteúdos diversos voltados à Gestão de Pessoas, Diversidade, Inclusão, Transformação Digital, Soluções, Universo RH, entre outros temas relacionados às organizações e a todo o mercado.

Além do programa gravado Série Mulheres na TV Corporativa Gestão RH, você ainda pode contar com um programa de *lives* com transmissão ao vivo da Série Mulheres, um espaço reservado todas as quintas-feiras a partir das 17 horas no canal do YouTube da Editora Leader, no qual você pode ver entrevistas ao vivo, com executivas de diversas áreas que participam dos livros da Série Mulheres.

Somos o único Selo Editorial registrado no Brasil e em mais de 170 países que premia mulheres por suas histórias e metodologias com certificado internacional e o troféu Série Mulheres® – Por mais Mulheres na Literatura.

> Assista à Entrega do Troféu Série Mulheres do livro
> **Mulheres nas Finanças®** – volume I
> Edição poder de uma mentoria.
>
> Marque as pessoas ao seu redor com amor, seja exemplo de compaixão.
>
> Da vida nada se leva, mas deixamos uma marca.
>
> Que marca você quer deixar? Pense nisso!
>
> **Série Mulheres® – Toda mulher tem uma história!**

> Assista à Entrega do Troféu Série Mulheres do livro **Mulheres no Conselho®** – volume I – Edição poder de uma história.

Próximos Títulos da Série Mulheres®

Conheça alguns dos livros que estamos preparando para lançar: • Mulheres no Previdenciário® • Mulheres no Direito de Família® • Mulheres no Transporte® • Mulheres na Indústria® • Mulheres na Aviação® • Mulheres na Política® • Mulheres na Comunicação® e muito mais.

Se você tem um projeto com mulheres, apresente para nós.

Qualquer obra com verossimilhança, reproduzida como no Selo Editorial Série Mulheres®, pode ser considerada plágio e sua retirada do mercado. Escolha para sua ideia uma Editora séria. Evite manchar sua reputação com projetos não registrados semelhantes ao que fazemos. A seriedade e ética nos elevam ao sucesso.

Alguns dos Títulos do Selo Editorial Série Mulheres® já publicados pela Editora Leader:

Lembramos que todas as capas são criadas por artistas e designers.

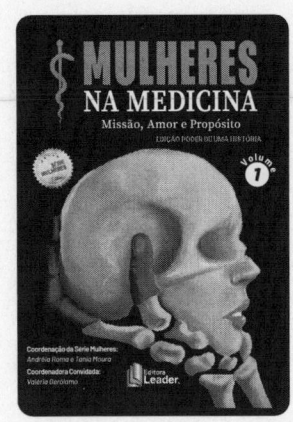

  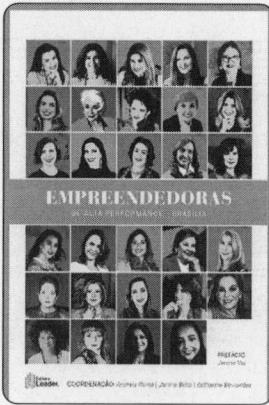

SOBRE A METODOLOGIA DA SÉRIE MULHERES®

A Série Mulheres® trabalha com duas metodologias

"A primeira é a Série Mulheres® – Poder de uma História: nesta metodologia orientamos mulheres a escreverem uma autobiografia inspiracional, valorizando suas histórias.

A segunda é a Série Mulheres® Poder de uma Mentoria: com esta metodologia orientamos mulheres a produzirem uma aula prática sobre sua área e setor, destacando seu nicho e aprendizado.

Imagine se aos 20 anos de idade tivéssemos a oportunidade de ler livros como estes!

Como editora, meu propósito com a Série é apresentar autobiografias, metodologias, cases e outros temas, de mulheres do mundo corporativo e outros segmentos, com o objetivo de inspirar outras mulheres a buscarem ser suas melhores versões e realizarem seus sonhos, em suas áreas de atuação, além de mostrar como é possível atingir o equilíbrio entre a vida pessoal e profissional, registrando e marcando sua geração através do seu conhecimento em forma de livro. Serão imperdíveis os títulos publicados pela Série Mulheres!

Um Selo que representará a marca mais importante que é você, Mulher!"

Andréia Roma – CEO da Editora Leader

CÓDIGO DE ÉTICA
DO SELO EDITORIAL
SÉRIE MULHERES®

Acesse o QRCode e confira

Nota da Editora

Celebrando as Mulheres *Masters* no Esporte®: Um Marco Literário de Inspiração

É com imenso orgulho que apresentamos o livro "Mulheres *Masters* no Esporte®", uma obra que destaca trajetórias poderosas e inspiradoras de mulheres que transformaram o esporte em suas vidas. Em um país como o Brasil, onde o esporte tem um papel tão significativo, é fundamental valorizarmos histórias que rompem barreiras e promovem o protagonismo feminino.

Cada esportista presente neste livro compartilha não apenas sua paixão pelo esporte, mas também seu legado. Suas histórias mostram como a disciplina, a determinação e a força de vontade podem impactar vidas e inspirar gerações.

Agradecemos a cada uma de vocês por enriquecerem este projeto com suas experiências únicas:

Ale Kite – Atleta e *coach* profissional de *kitesurf*.

Alessandra Santos de Oliveira – Jogou basquete por 34 anos.

Briguitte Linn Wiedemeyer – É campeã brasileira de Body Surf.

Carla Moreno – É bicampeã mundial em triatlo e aquatlo.

Ciça Maia – Conquistou o primeiro título mundial do Brasil no karatê, em 1992.

Débora Jaconi – Encontrou na natação sua maior realização.

Diva Cataneo Fuganti – Diversas conquistas na natação em piscina (às vezes mar).

Eneida Levenzon – Ginasta de alto rendimento.

Ezidineia Gonçalves – Corrida de rua.

Fabiana Beltrame – Foi a primeira atleta a participar de Jogos Olímpicos na modalidade remo.

Fabiana Murer – Tem dez anos de atuação na ginástica artística; 19 anos de atuação no atletismo, em salto com vara.

Georgia Michelucci – Canoagem – Canoa Havaiana. Tem três títulos de ouro subsequentes em Pan-americanos (2019, 2022 e 2023).

Juliana Silva – É a atual mesatenista campeã do Brasil e a 13ª do mundo. É paralímpica também na modalidade Tiro com Arco e a 1ª do ranking brasileiro 2023 do Tiro com Arco.

Karina Knak – Ex-jogadora profissional de basquete. Atualmente, superando seus desafios, é jogadora de basquete *master*.

Karol Meyer – Atleta de mergulho em apneia e ciclismo.

Marilza Cândida Saldanha – 16 anos de corrida e dez anos no triathlo.

Mayra Santos – Iniciou na natação de águas abertas em 2015.

Nora Rónai – Natação, obteve 12 recordes mundiais, 1 Pan-americano, 71 Sul-americanos e 73 brasileiros.

Patrícia Britto – Nadadora *Master*. Atua há mais de 20 anos como professora de natação.

Patrícia Di Cunto Bracco – Atleta de esgrima, é tricampeã sul-americana e oito campeonatos brasileiros, todos na categoria veterana.

Patricia Summers Medrado – É atleta *master* de tênis, heptacampeã mundial em simples, octacampeã em dupla feminina, bicampeã em duplas mistas e seleção brasileira de *pickleball* 50+.

Rafaela Montanaro – Conquistou cinco títulos mundiais na modalidade Pole Sport – quatro individuais e um em dupla.

Rosângela Silva – Bioultramaratonista aquática. Primeira brasileira a nadar 60 km em águas brasileiras na Ilha do Mel, em Paranaguá (PR).

Susana Schnardorf – Nadadora da seleção brasileira paralímpica de natação. Recordista brasileira dos 200 metros livres e nos 150 metros *medley*.

Vera Sasse – Como nadadora, ainda jovem, bateu o recorde carioca e foi terceiro lugar no ranking sul-americano. Hoje, aos 80 anos, apaixonada pela canoagem havaiana, foi campeã brasileira na V1 e OC6 e convocada duas vezes para mundiais.

Este livro é mais do que uma celebração individual; é um grito coletivo que reforça o poder da mulher no esporte e na sociedade. Que ele inspire outras mulheres a abraçarem seus desafios com coragem e determinação.

Parabéns a todas que fizeram deste projeto uma realidade. Juntas, estamos construindo um futuro de igualdade, respeito e reconhecimento.

Minha gratidão à querida Fabienne, coordenadora convidada que nos apoiou na curadoria deste livro.

Com admiração,

Andréia Roma
Idealizadora do livro e
Coordenadora do Selo Editorial Série Mulheres®

Introdução

"**M**ulheres *Masters* no Esporte" é mais do que um livro; é um marco literário e social que celebra a força, a determinação e o legado de mulheres que fizeram do esporte uma parte essencial de suas vidas. Este é o primeiro livro no Brasil escrito por esportistas que valorizam a longevidade e combatem o etarismo, trazendo à tona as histórias de mulheres 30+, 40+, 50+, 60+, 70+ e até 100+ anos. Sim, você leu certo: entre nossas autoras estão mulheres que mostram que nunca é tarde para se reinventar, superar limites e inspirar gerações.

Num mundo onde a juventude é frequentemente supervalorizada, o mercado começa a abrir os olhos para o potencial e a relevância das mulheres maduras. Estudos recentes destacam que as mulheres acima de 30 anos são protagonistas de grandes mudanças, seja na economia, na saúde ou no esporte. Elas não apenas consomem, mas também criam tendências, redefinem padrões e provam que a idade é apenas um número.

Este livro é uma resposta poderosa ao etarismo, mostrando que cada fase da vida traz conquistas únicas. As histórias aqui reunidas revelam o impacto do esporte como agente transformador – não somente para o corpo, como também para a mente e o espírito. Cada capítulo é um testemunho vivo de que a longevidade pode e deve ser vivida com propósito, energia e paixão.

Agradecemos profundamente a cada autora por compartilhar sua jornada. Vocês são a prova viva de que o esporte não tem idade e que o legado que deixam vai muito além de medalhas e títulos. Este livro é uma celebração da coragem, da superação e da vida.

Que ele inspire muitas outras mulheres a se desafiarem, seja no esporte ou na vida. Que ele traga reflexões sobre a importância de acolher todas as idades com respeito, apreço e reconhecimento.

Com admiração e orgulho,

Andréia Roma
Idealizadora do livro e
Coordenadora do Selo Editorial Série Mulheres®

Fabienne Guttin
Coordenadora convidada

Prefácio 1
Por Alberto Klar

Quando fui honrado pelo convite e contemplado a escrever sobre o tema "Mulheres Masters no Esporte", fiquei pensativo e reflexivo por um mês inteiro. No meu entender, são muitas as ponderações sobre as facetas do sexo feminino, iniciando pela palavra mais importante do livro:

MULHER

Mais

Uma

Lição:

Honra

Esporte

Respeito

Você já tinha pensado que as iniciais representam tudo o que queremos de todo ser humano?

No passado, a maioria dos esportes era considerada como "coisa de homem". Acreditava-se que as mulheres ficariam com corpos masculinos pela prática de esportes.

Nos primeiros Jogos Olímpicos da Era Moderna (Grécia – 1896), a presença da mulher era completamente proibida até mesmo como espectadora.

No século XVII, a mulher foi excluída de qualquer esporte. A proibição durou até o século XIX, quando voltaram a ser realizados os Jogos Olímpicos.

Em 1900, participaram 22 mulheres e as únicas modalidades permitidas foram o *golf*, o tênis, a vela e o *criquet*.

Exemplos femininos no mundo dos esportes

Maria Lenk – nadadora brasileira que estabeleceu o recorde mundial dos 400 metros borboleta. Participou dos Jogos Olímpicos de Berlim em 1936. Tive o prazer de ser seu aluno no curso de educação física na UFRJ entre os anos de 1971 e 1974.

Poliana Okimoto – brasileira que foi a primeira medalhista feminina em Jogos Olímpicos (Rio de Janeiro – 2016).

Hortência Marcari e Maria Paula Gonçalves da Silva (Magic Paula) – jogadoras de basquetebol medalhistas de ouro no Mundial da Austrália (1994) e prata nos Jogos Olímpicos de Atlanta (1996).

Miraildes Maciel Mota (Formiga) – atleta brasileira de futebol duas vezes vice-campeã olímpica (2004 – Atenas e 2008 (Pequim) e uma vez vice-campeã mundial (China – 2007).

Nádia Comaneci – com 14 anos, nas Olimpíadas de 1976, em Montreal, no Canadá, teve uma pontuação 10 (a primeira da história) nas barras assimétricas.

Joan Benoit Samuelson – maratonista norte-americana que entrou para a história por ser a primeira mulher campeã olímpica em 1984 (Los Angeles). A maratona feminina foi incorporada ao programa olímpico pela primeira vez.

Serena Williams – é uma das maiores atletas do mundo, mesmo tendo encerrado sua carreira recentemente. Em seu currículo, são 23 títulos de Grand Slams, além de um ouro olímpico em simples.

Marta Vieira da Silva – é vencedora cinco vezes consecutivas do prêmio da FIFA de melhor jogadora de futebol do mundo.

Ana Marcela Cunha (ainda em atividade) – atleta de maratonas aquáticas, tem mais de dez títulos mundiais em águas abertas e foi eleita como a melhor atleta do esporte de todos os tempos.

Reflexão

No dia a dia, as mulheres representam 40% menos do que os homens no esporte. O reconhecimento está vindo aos poucos e muitas delas abandonam o esporte para cuidar da sua vida privada e dos afazeres domésticos, dos filhos, do suporte financeiro para a família e outras obrigações.

Tenho orgulho de, até os dias atuais, trabalhar, treinar e conviver com ELAS. As mulheres só puderam participar das Olimpíadas em 1900, pois "achavam" que elas pertenciam ao "sexo frágil". Ledo engano! As mulheres são mais fortes, resistentes e resilientes. Por meio da sua anatomia, receberam o dom divino da procriação, da lavagem menstrual e do equilíbrio biológico.

Essas DIVAS descritas no livro são o espelho de gerações que escolheram o esporte como veículo de informação sobre saúde, sucesso e lição de vida. A prática do exercício físico melhora todos os aspectos que podem ser evidenciados como indicadores de uma vida ativa.

Sua visibilidade na mídia foi uma evolução nos meios de comunicação. Nas redes sociais, foram criados grupos de mulheres atletas ou mulheres no esporte que contribuem com a construção de referências femininas para a prática de atividades físicas e nos treinos esportivos.

Existem sete princípios que representam o empoderamento feminino. São eles:

1. Liderança.

2. Igualdade de oportunidade, inclusão e não discriminação.

3. Saúde, segurança e fim da violência.

4. Educação e formação.

5. Desenvolvimento empresarial e práticas da cadeia de fornecedores.

6. Liderança comunitária e engajamento.

7. Acompanhamento, medição e resultado.

Acordar cedo é uma rotina. Alimentar-se de substâncias nutritivas faz parte de um roteiro de saúde. O sono e o descanso devem ser adequados ao esporte praticado e à sua idade cronológica. Tudo isso faz essas mulheres maravilhosas serem conhecidas como a força do exemplo, a garra e ousadia de atingir metas estipuladas, a versatilidade de ser, ao mesmo tempo, mãe, atleta, esposa etc.

Sim, estou escrevendo sobre uma só pessoa... você, MULHER.

Ao prefaciar este livro, me rendo a TODAS que fazem da vida dos homens, como eu, ser a maior e melhor experiência entre nós que já tivemos.

Alberto Klar
Treinador, professor, *personal trainer*, pai de mulher

Prefácio 2

Por Maressa Nogueira

Conheci a Fabienne em um treino de natação master em Santos (SP). Ela, uma experiente e veloz nadadora. Eu, recém-aposentada de minha carreira atlética, naquele momento estava iniciando minha vida pós-atleta e me inspirava nos excelentes treinos que realizava ao buscar me manter fisicamente ativa.

Muitos anos depois, recebo uma mensagem dela explicando seu mais novo projeto e o convite para eu prefaciar esta obra inovadora sobre mulheres no esporte. Aceitei imediatamente, pois é uma honra ter sido escolhida entre tantas atletas, profissionais e personalidades para este momento histórico, como mais um marco na trajetória de mulheres que se dedicaram e continuam se dedicando ao esporte.

O propósito desta obra é inspirar e motivar outras pessoas por meio das histórias das mulheres atletas masters, que são exemplos de longevidade com qualidade de vida. Dentre esses exemplos, temos atletas olímpicas, como a triatleta Carla Moreno, e duas atletas que estão no Guiness Book: Karol Meyer (mergulho em apneia) e Mayra Santos (ultramaratonista aquática).

São relatos de disciplina, resiliência e adaptação, de extrema importância para o mundo atual no qual vivemos, com frequente mudança e necessidade de se desafiar e reinventar.

Espero que, assim como eu, você seja presenteado com histórias inspiradoras que o(a) levem a repensar seu estilo de vida em busca de um nível acima da qualidade que possui hoje, para que possa desfrutar de dias melhores junto às pessoas queridas do seu dia a dia, de modo a colecionar experiências e momentos que serão levados por muito e muito tempo.

Boa leitura!

Maressa D'Paula Gonçalves Rosa Nogueira

Atleta e treinadora de natação da seleção brasileira até 2020.

Gestora do Esporte e docente em cursos de graduação na Universidade Santa Cecília (Unisanta) e pós-graduação Unisanta e Faculdade de Educação Física da Associação Cristã de Moços de Sorocaba (Fefiso).

Professora doutora pela Universidade de São Paulo (USP). Pesquisadora sobre talento esportivo, treinamento a longo prazo, gestão do esporte, desenvolvimento da carreira esportiva, dupla carreira e transição pós-carreira atlética.

Sumário

Gratidão, a vida é um presente! 36
    Fabienne Guttin

Movida pelo Vento 46
    Ale Kite

Uma vida dedicada ao basquete 58
    Alessandra Santos de Oliveira

As nadadeiras 66
    Briguitte Linn Wiedemeyer

Linha de chegada 78
    Carla Moreno

Nasci para lutar 90
    Ciça Maia

Seu único limite é você! 100
    Débora Jaconi

Nadando rumo à mudança social 112
    Diva Cataneo Fuganti

Eneida, eternamente ginasta 124
    Eneida Levenzon

Sobrevivente 134
    Ezidineia Gonçalves

Uma escolha pode mudar sua vida 140
    Fabiana Beltrame

Início no esporte 152
    Fabiana Murer

O mar muito além de mim 164
    Georgia Michelucci

A paratleta que renasceu por meio do esporte
e da gratidão 176
    Juliana Silva

Por que eu? 186
    Karina Knak

"Não mergulhamos somente com o pulmão, mergulhamos,
sobretudo, com o coração!" 200
    Karol Meyer

Sonhar e realizar! 212
    Marilza Cândida Saldanha

Navegando pelos sonhos 224
    Mayra Santos

Infância em fiume 236
    Nora Rónai

Eu nadei 13km de borboleta 246
    Patrícia Britto

Meus duelos internos e pelas pistas da esgrima 258
    Patrícia Di Cunto Bracco

Escolhas e parcerias 270
    Patricia Summers Medrado

Anima sana in corpore sano 282
    Rafaela Montanaro

A água me coloca lá em cima 294
    Rosângela Silva

Correno além dos limites: paixão,
perseverança e triunfo no esporte 306
    Susana Schnardorf

Águas por águas 316
    Vera Sasse

História da ceo da editora leader e idealizadora
da Série Mulheres® 326
    Andréia Roma

PODER
DE
UMA
HISTÓRIA

Fabienne Guttin

Faculdade de Letras de Saint-Étienne, França em francês/italiano. Possui diploma superior de francês de Negócios – Chambre de Commerce et d'Industrie, de Paris. É tradutora e intérprete livre e juramentada. Atuou com interpretações simultânea, consecutiva e sussurrada.

Trabalhou na Accor Hotels, Danone e Peugeot. É coordenadora e coautora convidada do livro "Mulheres no Esporte", publicado pela Editora Leader.

Colunista da revista *Envelhecer*, em Portugal, e participa do movimento STOPIDADISMO. Atualmente, é idealizadora da YEROS, movimento dedicado a falar sobre Esportes, Saúde e Longevidade, sempre valorizando os atletas masters a fim de inspirarem e incentivarem a prática esportiva.

INSTAGRAM

Gratidão, a vida é um presente!

O início

Meu pai, Louis Frédéric Guttin, francês de Grenoble, chegou ao Brasil em 1953. Tinha 32 anos. Trouxe com ele a experiência de cinco anos de guerra, lutando na resistência francesa, e o amor pelos esportes.

Aos 19 anos, foi escalado para competir nos Jogos Olímpicos de 1940 como corredor de 800 metros. Essa edição dos Jogos foi cancelada, assim como a de 1944.

Chegou ao Rio de Janeiro em pleno carnaval, a bordo de um navio trazendo caminhões da Berliet para comercializá-los.

Apaixonou-se pelo país e por minha mãe, Fiorella, uma italiana de Roma, que veio ao Brasil também em 1952, com a mãe e a irmã, para fugir do trauma que viveu durante a Segunda Guerra. Tinha 21 anos quando chegou ao Brasil.

Eles se casaram e foram morar em São Paulo.

Dessa união, nasceram eu, Fabienne, e meu irmão, Frédéric, quase cinco anos mais novo.

Meu pai, engenheiro mecânico, fez sociedade com Cid Muniz Barretto, geólogo, e após muitas prospecções, fundaram a Mineração Jundú, na cidade de Descalvado (SP). A empresa fornecia feldspato, matéria-prima para vidro, para a Santa Marina.

Papai foi um dos precursores da pesca submarina no Brasil. Ele e Orlando Alexandre idealizaram a arma com ampola de CO_2, a poderosa *Coca-Cola* que caiu em desuso por causa do peso e do volume.

Há livros que mencionam ele e meu irmão inúmeras vezes: *Caça Submarina*, de Claudio Guardabassi e Waldir Naccarato, e *Caçadores Submarinos*, de Edgard Prochaska.

Em 1957, papai comprou um terreno em São Sebastião, na Praia do Partido, e para lá íamos religiosamente, todos os finais de semana, férias de julho e do início de dezembro até o final de fevereiro. Eu tinha 2 anos na época e só fiz criar raízes naquele Éden. Levávamos 7 horas de São Paulo a São Sebastião. Íamos de Kombi (na época, era importada) e eu dormia em um banco e meu irmão no outro. Aprendi a nadar na marra aos 4 anos de idade. Fomos pescar em Alcatrazes e meu pai me jogou na água. Afundei e ele foi me buscar. E me jogou novamente, avisando: "Não vou te buscar". Acreditei e saí nadando.

Se isso criou trauma? Nenhum! Me identifiquei no ato com todo aquele azul e com a sensação que senti. Me tornei parte daquilo tudo. De corpo e alma.

Todos os finais de semana, pelo menos 10 amigos dele ficavam em casa para aprender a mergulhar ou para desafiar a capacidade de ir mais fundo (em apneia) para pegar o mero, a garoupa, o xaréu, os badejos, os vermelhos, os olho-de-boi, os galos de penacho, as sernambiguaras, caranhas, cavalas, robalos, barracudas...

Raízes

Vivi nesse meio a minha vida toda. Casa cheia, muitas histórias, risadas, milhares de pescarias com mar chapado ou revolto em toda a região: Ilhabela, Montão de Trigo, Alcatrazes, ilha de Búzios e Sumítica (a 28 km sentido leste), ilha da Vitória.

Às vezes, íamos caçar na Mata Atlântica, atrás de casa, e passávamos dias para pegar uma paca ou um macuco. Cheguei a passar 8 horas com um apito sentada no alto de uma árvore imensa, sendo comida por formigas, para chamar o macuco. Voltávamos sujos, imundos, fedidos, mas tão felizes... E mais histórias intermináveis.

Eis minha iniciação a uma multitude de esportes: pesca submarina, pesca de corrico, esqui aquático, vela, remo (tinha uma canoa e um iole), tiro esportivo, bicicleta, frescobol, atletismo, natação e, quando surgiu, velejava no *windsurf*. Mais tarde, adquiri uma motocicleta – uma Honda 400.

Conhecia toda aquela região como a palma da minha mão, à noite ou de dia, e sonhava viver o resto de meus dias ali. Aquele era meu lar, minhas raízes. Minha infância, adolescência, meus amigos, meus amores, meu refúgio, minha escola da vida – ali me tornei gente e cresci em meio à natureza, sentindo o cheiro do vento, reconhecendo pelo barulho das ondas se o mar estava calmo ou bravo por causa do vento leste que crescia... A casa ficava na areia e, quando a maré enchia, a água entrava na garagem. Cresci pegando e limpando peixes, pegando rãs em um pântano perto de Caraguatatuba. Saía à noite com a canoa para pegar lulas na época certa, e vendia tudo para os restaurantes da cidade. Ganhava meu dinheirinho e comprava gasolina para que meu pai me puxasse de esqui – esporte este que sempre foi minha grande paixão. A dificuldade é que o esqui aquático exige um piloto que tenha uma paciência ímpar e que saiba puxar o esquiador. Considero esse um esporte de dupla. O *slalom* sempre me proporcionou uma imensa sensação de liberdade.

Meu pai me instigava e me desafiava. Ganhei muitas apostas.

A primeira foi a de que eu conseguiria atravessar o canal de São Sebastião a nado. Tinha 14 anos. Me acompanhou com a lancha. Adorava tudo isso. Minha mãe passava mal ao ver toda aquela loucura, mas se continha e apoiava.

Fui mais do que privilegiada, fui abençoada! E por mais que use todos os adjetivos para tentar descrever tudo o que aquilo me deu, onde me transportou e como me lapidou, jamais conseguirei traduzir o amor incomensurável que tinha por aquele que era Meu Paraíso.

Cumplicidade

Minha mãe remava e caminhava muito. Adorava uma *bike*. E, nesse ambiente, o esporte virou parte integrante diário de nossa família. Durante a semana, aos 15 anos, comecei a treinar atletismo no esporte Clube Pinheiros, enquanto militante sob o comando do treinador Pedrão (Pedro Henrique Camargo de Toledo), que foi quem treinou João do Pulo, entre muitos outros atletas olímpicos.

O fato de praticarmos esportes em família criou uma dinâmica familiar muito peculiar. O esporte fazia parte das conversas, nos unia e nos ensinou a nos conhecermos a fundo. Estar em um barco a 25 ou 30 km da costa faz com que desenvolvamos um senso de responsabilidade de uns para com os outros, para com o barco, e agucemos todos os nossos sentidos durante o dia todo. Saíamos às 5h e voltávamos às 19h. Cansados e esfomeados, mas já pensando no amanhã...

Em geral, éramos seis pessoas a bordo do nosso barco. Os outros iam no barco do Wallace Franz, nosso vizinho e amigo, também mergulhador, especialista em eletrônica de aeronaves e campeão mundial de motonáutica – barcos *offshore*. Ganhou 7 vezes a corrida Rio-Santos em sua lancha de corrida, a Pangaré Trio (32 pés, 3 rabetas, com motores Volvo de 225 hp cada). Bateu o recorde, que foi mantido por 28 anos: trajeto com 407 km e realizado em 5h38m23s. A lancha depois foi vendida para Wilson Fittipaldi.

Wallace sempre me puxava de esqui com a Pangaré, que de pangaré não tinha nada! A esteira que o barco formava era bem mais alta do que a das outras lanchas. Isso me permitia passar direto de um lado dela para o outro. Os tombos eram cinematográficos.

Aprendemos a nos conhecer profundamente em um ambiente exíguo, ou seja, a lancha, cheia de "tralhas" de mergulho, com desafios constantes em que medo, coragem, egoísmo, sensibilidade, humor, generosidade, covardia, ousadia, camaradagem, conhecimentos, experiência e espírito de equipe são colocados "na mesa" aos olhos de todos. Aprendemos a aceitar defeitos e qualidades e a trabalhar com eles. E aceitamos todos como são. E o vínculo se forma de maneira inquebrantável. E o que nasce é uma cumplicidade espantosa responsável por amizades longevas e leais.

Lapidação

O esporte nunca foi lazer em casa. Era algo como escovar os dentes para manter a saúde bucal, o banho para a higiene, o sono para o reparo do corpo... Era uma cultura.

A prática de vários esportes em contextos tão diferentes forjaram minha personalidade e a de meu irmão. Hoje, aos 65, ele ainda é um mergulhador de renome, respeitado e ousado. Às vezes, um pouco demais para meu gosto.

Somos resilientes, teimosos, obstinados... Conhecemos nossos limites e os que a natureza nos impõe. Aprendemos a respeitá-la. Somos ousados, mas sempre calculamos os riscos.

No atletismo, treinei dois anos com Pedrão. E por conta de lesão, me vi obrigada a parar. Fiquei muito mal, pois adorava o que fazia: corrida dos 100 metros rasos e salto em distância. E adorava o Pedrão. Foi um técnico divisor de águas. Nunca o esqueci. Fez e faz parte de minhas lembranças sempre. Um treinador tem um papel fundamental na vida de uma criança, adolescente e adultos.

Aos 18 anos, me voltei para a natação e nunca mais parei. Já era velha para campeonatos, mas a água sempre foi meu meio. E dela nunca saí.

Aos 40 anos, descobri as competições *Masters*. Na natação,

o atleta é considerado *Master* a partir dos 25 anos. No remo, 35 anos. E assim vai. Meu primeiro desafio foi o Campeonato Sul-americano, na Argentina. Amei a experiência, adorei o ambiente. E como sempre gostei de competir, foi fácil essa simbiose. Eu era água e a água era eu. A natação foi o cordão umbilical.

Sempre trabalhei e, conciliar minha vida familiar – era casada e tinha uma filha – não foi tarefa fácil. Mas o *background* adquirido ao longo de minha vida esportiva facilitou muito a maneira como consegui lidar com tudo.

Disciplina, perseverança, organização, teimosia, concentração, objetivos, planejamento... Eis algumas das coisas que eu colocava em prática na vida esportiva, profissional, pessoal e familiar. Criei minha filha, Bruna, nesse sistema de cultura de esportes. Ela é ioguista e corredora. Nada, pedala e mergulha. Trocou o mundo corporativo para se tornar comandante de embarcações de alto luxo. Atualmente, está a bordo de um veleiro de 34 metros em Nice, na França. Feliz, muito feliz. Meu marido é faixa preta de karatê e um exímio velejador.

E tudo deu certo. Consegui passar valores à minha filha graças a tudo o que aprendi com meus pais e com os esportes. Valores sólidos e dos quais nos orgulhamos.

Recebi patrocínios completos das empresas nas quais trabalhei e às quais sou imensamente grata. Pude compartilhar, incentivar e inspirar muitos colegas de trabalho. Cheguei a organizar nossas participações em eventos esportivos, que ajudaram a aliar forças e a desenvolver esse espírito de equipe.

Na natação em piscinas, bati recordes brasileiros e sul-americanos, ganhei um Mundial (World Masters Games, na Itália), panamericanos e, há 14 anos, estou na lista (de minha faixa etária) TOP TEN FINA – hoje World Aquatics.

Na natação em águas abertas, aceitei o desafio de realizar uma vez só a 14 Bis, travessia em Bertioga com 24 km de extensão. Fiz também a travessia Ilhabela-Caraguatatuba, de 24 km.

Foi uma das primeiras edições que o Igor lançou. Nadei 7h30 para chegar exausta e beirando o estado catatônico... A água estava muito gelada.

Mas foi uma experiência extraordinária e inesquecível. Há anos, a prova agora é de Caraguatatuba para Ilhabela, em revezamento (quatro nadadores).

Participo, quando posso, de várias travessias em mares ou represas.

Amo sobretudo as do mar. Me embalo em minhas memórias sensoriais e sentimentais. Volto ao passado e a cada braçada abraço minhas vertiginosas aventuras que me cobriram incessantemente de vida e de gostinho de "quero mais".

Projeto "70 em 7"

Em parceria com o Instituto Vita, que colocou uma equipe multidisciplinar para acompanhar meus testes de força, funcionais e exames de ressonância magnética e laboratoriais, realizados trimestralmente, demos início em março de 2024 a treinos específicos até maio de 2025. O objetivo é acompanhar durante os 12 meses de treinos os resultados dos testes/exames em função dos treinos e observar as mudanças fisiológicas no decorrer desse período. Observarão também como se dá a *recuperação em uma atleta longeva*.

No dia 21 de maio terá início o desafio "70 em 7", que consiste em nadar no mar, 10 km por dia durante 7 dias seguidos, a fim de completar 70 km e comemorar meus 70 anos.

Gostaria de, por meio do "70 em 7", dar visibilidade aos *Masters*, que considero ser o elenco do projeto.

Idade não é empecilho para realizar seja lá qual desafio você almeje. Todas podemos, sim, atingir com sucesso as metas estabelecidas com o devido acompanhamento médico, muita persistência e disciplina.

Propósito

Não poderia ser diferente: falar, viver, dormir, sonhar, divulgar, comunicar, incentivar, inspirar, registrar, gravar, filmar, vibrar – esportes.

Fundei a YEROS em 2022, empresa que tem por objetivo falar de esportes (todas as modalidades), saúde e longevidade, sempre colocando em evidência os atletas *masters* a fim de lhes dar a devida visibilidade e importância junto à sociedade contemporânea.

Insisto na necessidade de realização de pesquisas acadêmicas sobre os atletas *masters* a fim de inserir matérias/disciplinas nas universidades para que os futuros profissionais possam lidar com *expertise* junto a esse segmento que se faz cada vez maior e mais longevo.

Esse trabalho que desenvolvo me dá folego, imaginação, me tira da zona de conforto, me desafia e me deixa absolutamente boquiaberta diante de pessoas comuns que realizam feitos absolutamente incomuns.

Fui convidada a ser coautora e coordenadora deste livro que exigiu de mim a busca de 26 mulheres de 20 modalidades esportivas que se dispusessem a contar suas histórias extraordinárias – sejam elas olímpicas ou comuns. Foram incontáveis *lives*, longos bate-papos, camaradagem e amizades que se firmaram.

Agradeço a Andréia Roma por ter me dado esta oportunidade maravilhosa. Foi a realização de um sonho que há muito almejava.

Agradeço a todas as coautoras que contribuem para o empoderamento das mulheres no esporte por meio de seus depoimentos enriquecedores e inspiradores.

Agradeço diariamente aos esportes por ser quem sou hoje.

E que talvez continuarei a ser até os 90, 100 anos se assim for meu destino.

Ale Kite

Atleta e coach profissional de kitesurf. Tem 25 anos de experiência no esporte e inúmeras viagens para os melhores locais para a prática do kitesurf no Brasil. Iniciou sua experiência com a vela no windsurf e, seis anos depois, migrou para o kitesurf, sendo uma das pioneiras no país. Paralelamente aos esportes de vela, correu maratonas, corridas de aventura e triathlon, com destaque para a prova do Ironman, realizada em Florianópolis (SC).

Além do kite, também veleja de kitefoil, equipamento de alta performance que revolucionou o mundo da vela. Bicampeã do Floripa Foil Festival, realizado na praia de Jurerê Internacional, que reuniu atletas de diferentes países. Coach de kitesurf para atletas de todos os níveis no esporte. Guia para kitesurfistas do Brasil e do mundo que desejem velejar no litoral brasileiro.

INSTAGRAM

Movida pelo vento

Início no esporte

Minha vida envolvendo atividades esportivas começou bem cedo. As olimpíadas escolares foram minhas primeiras experiências – jogava vôlei, basquete e era uma atacante, sempre titular, nos times de handebol. Aos 18 anos, conheci os esportes de vela.

Meu marido era velejador de *windsurf* e, sempre que tinha vento, íamos para a Lagoa da Conceição. Eu sempre ficava no carro com a bebê até que um dia resolvi aprender a velejar de *windsurf*.

Para mim, não foi nada fácil, pois eu era traumatizada com água por ter sofrido um afogamento aos dez anos de idade. Assim, era muito difícil eu me acostumar com a ideia. Mas encarei o desafio. Fui, aos poucos, entrando na parte mais rasa da Lagoa da Conceição, onde eu me sentia mais segura, porque meus pés tocavam o fundo, quanto mais eu me "entendia" com o vento, mais longe eu queria ir. Venci e aprendi um esporte muito emocionante, movido 100% pela natureza, impulsionado pelo vento, sem barulho, sem motor e sem poluição.

A prancha chega à velocidade de 50 km/h em um dia de vento médio, podendo chegar a 80 km/h. A sensação é que se está voando baixo. Fui apelidada pela turma do velejo de "Lê Bala" porque eu ia muito rápido, superando muitos homens. Foi bem divertida essa época.

Eu considero como principal contribuição do *windsurf*, como na maioria dos esportes, o ciclo de amizades que nasceu espontaneamente, pelo fato de reunir pessoas com o mesmo objetivo.

Muitas vezes, encontrávamos casais na mesma situação que a minha e do meu esposo, com filhos, ou seja, cujas ações do dia a dia que eram semelhantes e nos permitiram trocar experiências e evoluir com isso.

Minha primeira filha, Sabine, eu tive aos 16 anos e, 13 anos depois, veio o segundo filho, André. Uma filha estava entrando na adolescência e aí veio o segundo; não havia outra escolha a não ser assumir mais uma vez o papel de mãe. Mas eu já estava envolvida no esporte. Velejando, eu repunha minhas energias para lidar com o dia a dia de dona de casa e mãe.

Superando desafios

Disciplina, determinação e muita força de vontade eu considero como regras básicas para quem quer se tornar um atleta de ponta – não digo em termos competitivos, mas ter um domínio que lhe permita curtir o máximo que o esporte pode oferecer.

Desde muito cedo, frequento diariamente academias. Seja musculação, bicicleta, aeróbica, local, funcional. Não interessa muito qual delas escolher, o importante é agir, fazer uma primeira aula, passar o estresse inicial e depois manter a regularidade. Não conheço ninguém que tenha se arrependido de virar essa chave, sair de uma vida sedentária e ter iniciado uma atividade física.

No meu caso, pelo fato de ser atleta, eu obrigatoriamente precisaria ter um complemento com alguma atividade física que me garantisse o bom desempenho nos esportes. A atividade a que sempre me dediquei foi a musculação, para evitar lesões ou garantir minha *performance*.

Os benefícios são muitos e considero como um dos principais estarmos fortes para envelhecer de forma saudável. Hoje, com 50 anos de idade, faço *bike*, musculação e funcional de segunda a sexta, e, se tiver vento, vou velejar, com certeza. Faça frio ou calor, estarei na água.

Participação em competições

Além de todo o bem-estar que proporciona ao nosso corpo e à nossa mente, eu também me preparo para os esportes que pratico e, mais do que isso, sirvo de exemplo e motivação para várias mulheres. Para mim, é muito gratificante saber que inspiro outras mulheres.

Essa inspiração vem do próprio modo que levo minha vida. Mantenho meu corpo preparado, com saúde em dia, topo desafios a toda hora, tanto no dia a dia como nas aventuras das quais participo. Concluindo, sou uma mulher que passou dos 50 anos, demonstrando para o mundo que a idade está em nossa cabeça, e, quando isso acontece, nosso corpo acaba acompanhando.

Muitas das minhas admiradoras são bem mais novas do que eu, e isso é muito legal, porque considero um exemplo de vida.

No *windsurf*, fiquei sete anos e depois migrei para *kitesurf*. Essa mudança já faz mais de 20 anos. Costumo dizer que o *kitesurf* é minha vida. É muito bom; não há quem, depois de dominar a pipa, se arrependa. Todos ficam literalmente fissurados pelo prazer que o esporte proporciona.

Durante um período, eu me dediquei à corrida. Corri várias meia maratonas, corri a maratona de Miami de 42 km. Na sequência, fiz o Ironman em Floripa. Nadei 3,6 km, pedalei

180 km e corri 42 km. Também me dediquei às corridas de aventura, participei de várias provas muito legais e bastante desafiadoras, como o XTerra, Volta à Ilha, Mountain Do, Praias e Trilhas, Multisport (corrida, *mountain bike* e canoagem) e outras mais.

O maior desafio das corridas não é só a preparação física, mas principalmente o mental. Muitas vezes, meu corpo pedia para eu parar durante um treino mais longo ou em maratonas, mas vinha uma voz na cabeça, dizendo que eu estava ali para vencer aquele desafio. Tinha me preparado para aquela situação, então, a perseverança e a resiliência são expandidas naturalmente na minha forma de pensar e não me deixavam desistir.

O fato de me dedicar a essas outras modalidades esportivas me afastou durante um tempo do *kitesurf*, mas nunca deixei de velejar, apenas diminui o ritmo porque eu precisava de tempo para treinar.

Ser triatleta é uma missão árdua, nada fácil. Essa convivência dos meus filhos com pais atletas influenciaram diretamente em suas escolhas. Sabine frequenta academia diariamente e também veleja de *kite*; segundo ela, os melhores programas são quando é para velejar de *kite* com a família.

André viaja anualmente para as estações de esqui para trabalhar como instrutor de *snowboard*. Também é skatista e kitesurfista. O neto mais velho também já está no caminho e, sempre que pode, vai conosco velejar de *kitesurf*.

Depois que deixei as maratonas, passei a me dedicar muito ao *kitesurf*. Acho que foi aí que realmente o "bicho" me mordeu. Além de ser uma das pioneiras no Brasil, durante um tempo me dediquei às competições, não foram muitas, pelo fato de poucas mulheres praticarem o esporte, mas em todas elas estive presente nos pódios. Hoje, a realidade é outra. As mulheres conquistaram seu espaço e a cada dia cresce o número de praticantes.

Empoderamento feminino no *kitesurf*

Em muitas cidades no Brasil e no mundo, principalmente em locais em que se pratica o *kitesurf*, surgiram grupos nas redes sociais de *"kitegirls"*. Eu sou a fundadora do *"Kitegirls* Floripa" grupo de mulheres do *kite* de Florianópolis.

A ideia de fundar a *Kitegirls* Floripa foi inspirada no movimento de vários outros grupos de *kitegirls* espalhados pelo mundo. O que os diferencia é o nome da praia, da cidade ou do local onde habitam as mulheres praticantes do *kitesurf*.

A interatividade entre os grupos é muito grande. Passamos a nos comunicar com o universo do *kitesurf* feminino mundial; é uma troca de informações e experiências incrível sobre locais, pousadas, restaurantes, cursos para iniciantes, guias, ou seja, todo o aparato necessário para as kitesurfistas viajantes.

Em um curto espaço de tempo, me conectei com diversos grupos de outras *kitegirls*, e o mais legal é que todas compartilham os conteúdos publicados, divulgando e difundindo ainda mais a força da mulherada no *kitesurf*.

Esse intercâmbio gera naturalmente união entre as mulheres, e isso é muito legal, pois nos fortalece e nos empodera perante a sociedade, conquistando respeito e admiração.

Há quatro anos, aprendi o *kite foil*, outro esporte bem radical. Você atinge altas velocidades velejando em uma prancha que se sustenta por uma grande quilha, que suspende a prancha da água, permitindo que o atleta "voe" por cima da água.

Uma evolução do *kitesurf*, como na maioria dos esportes de vela, como uma das regatas mais importantes do mundo, a "Ocean Race". Todos os barcos participantes têm o *foil* e voam sobre as águas.

No *kite foil*, conquistei por dois anos consecutivos o primeiro lugar no Floripa Foil Festival, realizado na praia de Jurerê

Internacional, que reuniu atletas brasileiros e estrangeiros, uma experiência incrível.

Acho que todos podem aprender o *kitesurf*, independentemente de serem homens ou mulheres.

Hoje, temos no cenário esportivo desde crianças de sete anos até adultos na faixa dos 70 anos. Para começar, aconselho a procurar uma escola ou um professor especializado.

Pessoas interessadas em aprender *kitesurf* em Floripa podem ter essas respostas fazendo contato por meio do Instagram @kitegirlsfloripa. Sempre tem alguém que se manifesta fazendo sugestões.

Em 2022, vivi um projeto que não passava pela minha cabeça, mas aconteceu. Em um bate-papo com o cinegrafista Eduardo Campos, contei um pouco da minha história e que eu tinha a intenção de fazer um filme, na época em que completasse 50 anos.

Ele escutou e, em seguida, me sugeriu de ser a protagonista de uma série para a televisão, que tinha muita história legal para ser contada.

Gravamos um piloto e encaminhamos para o canal Woohoo, da TV por assinatura.

O programa foi aprovado e exibido em rede nacional e no YouTube.

A série foi batizada de "E o vento a Lê vou", uma paródia com o clássico do cinema.

Gravamos 13 episódios, sempre envolvendo outras mulheres como convidadas, cada uma com uma história de vida diferente, mas todas apaixonadas pelo *kitesurf*.

Além do fortalecimento das amizades antigas e das recém-conquistadas, a troca de experiências dessas mulheres empoderadas sendo divulgadas publicamente motivou muitas outras a repensarem suas vidas.

Considero que a principal mensagem que transmitimos em nosso programa foi de que tudo é possível: vencer desafios, conhecer seus limites e abrir novos horizontes principalmente para as mulheres.

Faço essa afirmação baseada na quantidade de mulheres que me enviaram mensagens me parabenizando e dizendo que eu influenciei significativamente a forma de pensar de cada uma delas. Isso é muito gratificante.

Além das mensagens de carinho e incentivo, recebi muitas mensagens em que algumas mulheres já afirmavam que tinham "mudado" de vida depois que começaram a acompanhar minhas publicações nas redes sociais.

Praticar esportes, mudar a rotina, cuidar de sua saúde, da sua beleza, da família, ou seja, tudo que pode deixar uma pessoa feliz.

Isso tudo me motiva ainda mais para seguir o caminho que escolhi.

Futuro como *coach* e guia no esporte

Tive a oportunidade de viajar para os principais locais para a prática do *kitesurf* no Brasil. Esses locais atraem velejadores de todo Brasil e do mundo, por serem considerados paraísos do vento, pois venta o dia inteiro.

Acho que não existe nada melhor do que viajar, principalmente para fazer o que mais gosto.

Conheci os Lençóis Maranhenses, no Maranhão; Cumbuco, Preá e Guajiru, no Ceará; Parracho de Peróbas, no Rio Grande do Norte; e mais outras tantas praias perfeitas para o *kitesurf*.

Os Lençóis Maranhenses foram o destino da minha primeira viagem e, até hoje, foi a que teve a logística mais complicada para chegar até o destino final.

Mas valeu a pena. O Parque dos Lençóis Maranhenses é um lugar de uma beleza natural inesgotável, que chega a ser inexplicável. Mesmo vendo fotos e vídeos, estar lá pessoalmente e velejando de *kite* em águas cristalinas é inesquecível, sem levar em conta que foi minha primeira *kitetrip*.

O Ceará abriga o maior número de locais com estrutura para atender kitesurfistas de todos os lugares do mundo. Cumbuco é o pico mais conhecido, com maior número de hotéis, escolas de *kite*, além de servir de palco para eventos internacionais do esporte.

Em 2023, fiquei por 45 dias no Ceará. A cada hora em um local e, em todos eles, encontrei alguém conhecido. Mas o que mais me emocionou foi ser reconhecida por pessoas que me viram na TV e me reconheceram pelo trabalho e pelo conteúdo divulgado. Isso me dá muita segurança de que fiz uma escolha de viver de forma muito saudável e que inspirei outras pessoas. Muito bom isso!

Aproveitei essa exposição em rede nacional para expor um problema que descobri há cerca de quatro anos, quando fui diagnosticada com um melanoma, um câncer de pele.

O maior impacto foi a minha motivação para vencer o mais difícil dos desafios.

No início, é difícil para qualquer pessoa, mas o principal sentimento foi a mudança de ver a vida e a importância que devemos dar a ela. Isso me motivou a lutar com todas as ferramentas para enfrentar essa doença e, principalmente, incentivar pessoas a se prevenirem e se cuidarem com relação ao câncer de pele.

Já passei por duas cirurgias, e monitorar constantemente passou a ser uma rotina diária para quem sofre desse mal. Prevenir é sempre melhor que remediar. Em todos os episódios, ressaltei a importância de nos protegermos do sol diariamente. Colocar esse assunto em evidência até gerou o patrocínio de uma marca de protetor solar, que passou a me apoiar, e de um fabricante de roupas especiais para atletas do mar.

O mais importante é manter o assunto em pauta sempre, não apenas no "dezembro laranja", mês em que acontece a campanha sobre o melanoma. Minha ideia é o "ano laranja", com o objetivo de alertar permanentemente sobre um tipo de câncer, que é um dos mais agressivos e letais.

Roupas de borracha, coletes salva vidas e lycras com proteção UV com mangas que cobrem as mãos. Esse modelo foi desenvolvido especialmente para mim em função dos cuidados que preciso ter com relação à exposição ao sol.

Não é apenas a segurança dos equipamentos para não se afogar, mas também a preocupação de proteger a nossa pele, que é o maior órgão de nosso corpo, portanto, bastante vulnerável.

Participaram do programa médicos dermatologistas, psiquiatras, psicólogos e preparadores físicos, ou seja, todos profissionais que estavam de alguma forma ligados à prática do *kitesurf*.

Depois que voltei do Nordeste, em outubro de 2023, onde fiquei 45 dias e vivi experiências muito ricas, repensei qual seria o meu futuro. Decidi oficializar minha atuação como *coach* de kitesurfistas em todos os níveis, desde iniciantes até avançados, e também como guia especializada em *kitesurf* em Santa Catarina e no Nordeste, assessorando atletas do Brasil e do mundo.

Com o trabalho que fizemos no programa de TV e com a permanente divulgação que faço das minhas atividades diárias, passei a ser procurada por mulheres em busca de instrutores de *kite*, tanto para aprender quanto para se aprimorar.

Passei a fazer esse trabalho e posso garantir que nunca poderia esperar que eu pudesse unir trabalho com o que mais gosto de fazer, velejar de *kitesurf*.

Recado

Meu recado não é só para as mulheres, mas para todos: sigam seus sonhos e lutem por eles. O medo da mudança faz parte, mas a coragem nas atitudes serve para derrubá-lo.

Frase motivacional: "O *kite* é um leão. Tu dominas o leão, mas ele sempre será um leão". Essa é uma frase que repito a todos que me perguntam se é perigoso praticar o *kitesurf*.

Jogou basquete por 34 anos, encontrando no esporte um apoio vital após perder seus pais. Como atleta olímpica, viveu momentos marcantes, incluindo o título mundial em 1994 e três medalhas olímpicas. Atuou em dez países, sendo a segunda brasileira na WNBA. No Brasil, conquistou diversos títulos. Em 2014, iniciou sua transição para a vida acadêmica, graduando-se em Educação Física e especializando-se em Basquete 3x3 e Psicologia do Esporte. Atualmente, trabalha como mentora e palestrante, promovendo bem-estar e qualidade de vida através da atividade física. "O basquete é minha família, e compartilhar minha paixão é uma eterna gratidão", afirma.

INSTAGRAM

Refletindo sobre ser uma atleta master tenho que descrever um pouco da minha história de vida...

Minha infância não foi nada fácil.... órfã de mãe aos quatro anos de idade e de pai aos 14, lembro-me pouco da minha mãe, até hoje sinto sua falta, do seu cheiro, dos passeios que fazíamos no Parque do Ibirapuera, Praça 14 Bis (aliás ela era linda, com muitas flores, ainda não existia o viaduto), até que o fatídico dia chegou... Minha mãe estava grávida da minha irmã, passou mal e nunca mais voltou para casa.

Foi um momento duro, pois recordo-me que a esperava todos os dias, morando na casa da minha avó paterna, e esse dia nunca veio, pois lembro quando fomos buscar a minha irmã no hospital, no qual todos falavam da minha irmã e eu perguntava da minha mãe e ninguém me respondia, eu era muito pequena.

Fui entender o que era luto aos seis anos, quando a minha avó morreu, aliás, foi um momento muito tumultuado, pois eu ainda estava me adaptando a morar com os meus avós maternos, numa casa em que viviam muitas pessoas, me acostumar com novos hábitos e costumes, esperando o retorno da minha mãe todas as noites. Até hoje não entendo porque não me disseram a verdade, pois a ânsia do seu retorno me deixou muitos traumas, ou medo, sei lá, não consigo explicar.

A partir desse momento, os reais problemas familiares

afloraram, porque meu pai, jovem e viúvo, ficou com duas filhas para criar. Eu vivi sempre mudando de casa, tios paternos, "madrastas" e não tendo um lugar para considerar meu, a escola foi o meu refúgio. Concentrei-me nos estudos... Pois já tinha ciência que o estudo poderia mudar a minha vida, consequentemente o esporte me acolheu. A partir deste momento a minha vida mudou, o esporte me acolheu.

Tudo começou na infância, numa aula de educação física, com dez anos de idade, foi o momento que tive contato com a atividade física; nasci em uma família sem histórico esportivo, na qual as mulheres eram educadas para um mercado de trabalho onde o esporte não era o principal objetivo. Portanto as mulheres que praticavam esportes eram malvistas, pois na década dos anos 80 no contexto social brasileiro o esporte era para pessoas de uma classe social abastada e/ou para quem não tinha o que fazer na vida, palavras duríssimas eram ditas, por exemplo: esporte é para vagabundas, não é profissão de uma mulher descente e que eu deveria estudar (dessa opção eu nunca abri mão, sempre estudei, associando o esporte aos estudos), iniciei o curso de datilografia, que era comum na época, e de manicure, já tentando uma colocação profissional que era comum para jovens adolescentes.

Na educação física em uma escola pública, tive a oportunidade de praticar quatro modalidades, vôlei, basquete, handebol e o atletismo, foram meses intensos, cansativos, que me faziam desconectar-me dos problemas familiares que assolavam em minha casa, era o meu refúgio, onde eu esquecia os xingamentos, as palavras "mal – ditas" que escutava diariamente de tios e madrasta, pois sempre fui acusada de matar a minha mãe, por ser uma criança espoleta, que as minhas birras ou manias fizeram que a minha mãe durante a gravidez da minha irmã fosse internada para nunca mais sair do hospital... Essa culpa me assombrou por vários anos, ser acusada desse fato foi um pesadelo que permaneceu na minha vida por muito tempo.

Mas, realmente, o esporte me salvou, com 12 anos, magrela e já com o 1,82m de altura, fui chamada para participar da equipe do São Paulo F. C. para jogar vôlei na categoria mirim, os treinos eram realizados três vezes por semana, totalmente diferente do contexto escolar, era o meu refúgio, onde me dedicava a cada treino, nos outros dois dias da semana ainda me dedicava ao basquetebol na escola, foram essas duas modalidades que me auxiliaram a suportar as angústias de uma adolescente de que o contexto familiar era desfavorável, em que os treinadores e colegas de equipe, mesmo não sabendo sobre a minha situação familiar, me auxiliaram diretamente e indiretamente nessa época.

Quando tudo parecia que ia se normalizar, depois de momentos turbulentos, eu e meus irmãos retornamos a viver com o meu pai, depois de anos de sofrimento, tentando juntar os cacos, traumas internos que ainda vivem no nosso subconsciente até hoje, mas, infelizmente, ele veio a falecer em janeiro de 1988. Neste momento as coisas pioraram, três crianças, sem rumo, a família sem saber o que fazer, nós fomos jogados de uma casa para outra dos nossos tios paternos, vocês podem me perguntar onde estava a família materna neste período, minha família materna não é da cidade de São Paulo e, quando minha mãe faleceu, os meus tios e minha avó não puderam ter contato conosco, mesmo quando pediram para ter acesso a objetos familiares da minha mãe, recusados pela minha família do lado paterno, um absurdo.... mas enfim...

Nessa época as minhas responsabilidades aumentaram, pois quem queria três bocas a mais para sustentar? Ninguém... A partir deste momento vieram os questionamentos: "por que você não larga os treinamentos, arruma um emprego? Tem que ajudar no seu sustento, esporte não te dará nada". Foram seis meses de loucura aos meus 14 anos, perguntava a mim mesma todas as noites por que estava passando aquela situação constrangedora, vergonhosa, comecei a pensar que eu era a errada no mundo e me tornei rebelde, cometi erros, lógico, imagina, você sem um direcionamento e palavras de carinho, os questionamentos vieram à tona.

Mas o estudo e o esporte não larguei, pois eram o meu refúgio, até que finalmente, no dia 13 de junho de 1988, fui para uma peneira de basquete, na meca da modalidade em Piracicaba, e passei, esse dia mudou totalmente a minha vida... Sobre esse dia, realmente não me lembro, aliás eu não tinha a noção da dimensão de ir fazer uma peneira, e disputar uma vaga com meninas que estavam ali, de diferentes lugares e com o mesmo sonho, ser integrante da equipe Unimep Piracicaba, uma das melhores do Brasil na época.

Os treinadores na época eram o Joãozinho, a Heleninha, que cuidavam da categoria de base, Maria Helena era treinadora da equipe principal, as duas treinadoras consagradas da seleção brasileira, como atletas e treinadoras, que me aceitaram, por ter um porte físico ótimo para a modalidade, mas tinha muita defasagem perante os fundamentos e eu teria que correr atrás do tempo perdido. Teria casa, comida e uma ajuda de custo, proposta aceita por mim imediatamente, pois era o modo de escapar de tudo que tinha vivido até aquele momento. Oportunidade única, treinava oito horas por dia e estudava à noite, eu já estava no Segundo Grau, equivalente nos dias atuais ao Ensino Médio, no qual optei por cursar o Magistério, para ser professora.

Neste momento a minha história como atleta de alto rendimento se iniciou, nunca pensei em ser uma atleta, sendo sempre desmotivada pela família, jamais imaginaria que eu faria parte da seleção brasileira, ganharia um mundial, duas medalhas olímpicas, jogaria na WNBA, pois sou a segunda brasileira a jogar na liga americana, moraria em dez países diferentes, defendendo diversas equipes ao redor do mundo.

Minha vida se resume em viver para o basquete, pois ainda vivo dele, a minha paixão, o meu único amor, minha vida, agradeço diariamente por ele ter me escolhido, por ter me acolhido.

Eu poderia me esconder ou fraquejar devido a minha história de vida, mas ao contrário, todo o sofrimento e as angústias ocasionadas pela humilhação que vivi na infância e adolescência tornaram-se um escudo ou motivação para mudar a minha vida e dos meus irmãos, tornando-me uma pessoa determinada nos meus objetivos, a palavra impossível é inexistente, consequentemente a disciplina, respeito, foco e objetivo fizeram com que eu mudasse o cenário e me levasse a lugares em que jamais pensei viver durante a minha infância e adolescência. Tudo que passei com certeza foi para minha evolução pessoal, social e esportiva, pois o esporte é multidimensional, nele não existem barreiras.

Fui morar no exterior em 1997, em busca de um futuro melhor, retornei definitivamente a morar no Brasil em 2012, joguei mais dois anos na LBF (Liga de Basquete Feminino). Às vésperas dos meus 40 anos, depois de uma carreira brilhante, ainda fui questionada, pois a questão do etarismo ainda está enraizada na sociedade brasileira, foi um momento pessoal muito confuso, quase não falava português, fora as palavras de mau gosto proferidas a mim, devido à ideia de que a idade fosse interferir na minha competência. Foi um momento muito triste e difícil, um momento que me fez odiar o basquete e tudo o que se referia à modalidade. Um recomeço difícil.

Desde 2014 participo ativamente do basquete master, dos campeonatos realizados em caráter regional, nacional e mundial, fui acolhida muito bem pelo grupo, que me fez ver que a vida e o esporte vão muito além do que eu vivia até aquele momento, o alto rendimento, vendo o basquete de uma outra forma, jogar por prazer, manter a qualidade de vida e ser eu mesma sem vários tabus.

Com o auxílio de pessoas que conheci no ambiente master, principalmente a Telma e outras pessoas que me apoiaram neste momento de transição de carreira, ingressei na graduação em Educação Física, me auxiliando também a me adequar no mercado de trabalho, pois ainda existe o preconceito enorme da inserção feminina após os 40 anos. Atualmente sou graduada em Educação Física, pós-graduada em Basquete 3x3 e mestre em Psicologia do Esporte e do Exercício com apoio de inúmeras pessoas que conheci no ambiente do basquete master. Apoiadora incondicional do Esporte Master, independentemente da categoria e modalidade, pois através dele vi que a minha transição de carreira de atleta para profissional da área da educação física foi conquistada com muito suor e sacrifício com auxílio dessas pessoas.

Atualmente trabalho como *personal trainer* auxiliando e conscientizando as pessoas sobre a importância da atividade física independentemente da idade. Também trabalho com o basquete em vários contextos, desde o escolar, fazendo crianças e adolescentes conhecerem e praticarem a modalidade, adultos que o sonho era aprender jogar basquete na infância, ou aqueles que querem manter qualidade de vida e o bem-estar com o esporte.

Como palestrante meu objetivo é motivar as pessoas com a minha história de vida de que tudo é possível, pois quem diria que aquela menina negra nascida no bairro da Bela Vista, em São Paulo, com todos os percalços que teve durante a sua infância, iria se tornar uma atleta de alto rendimento, que após sua carreira brilhante internacional, retornaria para casa, seria questionada no mercado de trabalho e aos seus 40 anos entrar na graduação e ter a possibilidade de viver do esporte, isso não tem preço. Mas para que tudo isso se realizasse foi necessária muita determinação, dedicação, foco, resiliência e principalmente humildade, para alcançar o que tenho e sou atualmente.

Minha história não acaba por aqui, pois tenho consciência que a minha disciplina, dentre outras habilidades, me fará conquistar muito mais, portanto, você não se sinta derrotada se o momento não for favorável, acredite em você, mesmo que poucos acreditem, seja você, mesmo que muitos a critiquem, pois somente você sabe aonde quer chegar!!!!!!!!!!!!

Gratidão!

Briguitte Linn Wiedemeyer

É campeã brasileira de Body Surf. Foi nadadora e velejadora, campeã e recordista estadual em natação e vice-campeã brasileira absoluta. Graduada em Educação Física, representou o Brasil em Kobe, no Japão. Pioneira no Body Surf, disputou em competições com homens em inúmeros torneios nacionais e internacionais (Peru, França, Hawaii, Brasil).

Mora em Garopaba/SC, onde dá aulas no mar e na piscina. Tem 60 anos, uma filha e foi a primeira mulher a praticar Body Surf. É campeã do World Body Surfing Championship.

É fundadora e atual diretora técnica da Associação Brasileira de Body e Hand Surf, e membro oficial do International Body Surf Association (IBSA) desde 2017.

INSTAGRAM

As nadadeiras

Briguitte Linn Wiedemeyer, a embaixadora do *Body Surf*

As nadadeiras

O *Body Surf* feminino no Brasil tem uma atleta que pode ser considerada "A embaixadora do Body Surf": Briguitte Linn Wiedemeyer. Natural de Porto Alegre/RS, nasceu em 1963 e, ainda pequena, frequentava a orla do Rio Guaíba no clube Veleiros do Sul.

Com apenas três anos, Briguitte mergulhou no Rio Guaíba, ao lado de adultos que, ao aviso da irmã, correram para salvá-la. Era uma criança sem medo, com muita energia e aprendeu sozinha a nadar, mergulhar e flutuar. Quando foi morar em Portugal, em 1966, ganhou seu primeiro par de nadadeiras e adorava ficar batendo pernas no mar gelado de Cascais até que seus lábios ficassem azuis pela hipotermia.

Aos cinco anos, de volta à sua cidade natal, mergulhava de máscara e pés de pato na piscina do clube de vela, indo ao fundo e permanecendo o maior tempo possível embaixo d'água sem respirar. Com seis anos, ganhou um barco, Optimist, mas queria mesmo era brincar e o barco lhe trazia muitas obrigações.

Mais tarde, a vida de velejadora – proeira no Barco 470 e Hobbycat 16 – a levou a participar de campeonatos estaduais, brasileiros, sul-americanos, pré-olímpicos e mundiais.

A nadadora

Sua primeira experiência em piscina foi no clube de vela, onde recolhia grampos de cabelo ou qualquer coisa que a fizesse permanecer no fundo: mergulhar era sua alegria.

Nos torneios intercolegiais, participava dos esportes coletivos e individuais, optando pela natação aos 14 anos, quando a maioria dos nadadores já eram atletas. Briguitte conta que as meninas que estavam na competição já tinham seus *rankings*. Ela não sabia como dar pontas, nem tinha aprendido os quatro nados olímpicos, mas nunca teve medo ou vergonha de se expor tirando o último ou o primeiro lugar. Destemida, a menina inquieta começou a nadar gabaritando provas sem ao menos conhecer as regras, o que serviu como um grande aprendizado sobre apitos, subida nos blocos de partida, sobre bandeiras e estilos no esporte. Foi um mundo novo que se abriu.

Sua vida de atleta nadadora seguiu quando passou um mês na Alemanha com suas primas, fazendo aulas de natação. Lá, a professora identificou seu potencial e a estimulou para que, na volta ao Brasil, procurasse um treinamento. No retorno, começou a nadar na Escola de Natação Professor Mauri Fonseca e, em seis meses, já estava competindo, virando campeã estadual do Rio Grande do Sul.

Com o desejo de ir para as Olimpíadas, começou a escrever cartas. Cartas para lá e cartas para cá a levaram aos Estados Unidos em 1983. Ali, aprendeu muito sobre a natação e os nados olímpicos, o que era *over trainning,* e entrou em frustração quando a Confederação Brasileira não chamou nenhuma representante feminina, na época, e então ela não conseguiu ir para as Olimpíadas.

Desistir nunca foi seu princípio, e Briguitte foi para São Paulo treinar pelo Esporte Clube Pinheiros, chegando ao campeonato de natação mais importante da sua vida. Em 1995, representou o Brasil nos Jogos Mundiais Universitários de Kobe, no Japão, e nadou como atleta dos 14 aos 24 anos. Retomou a carreira de nadadora *master* dos 28 aos 40 anos, participando no Panpacífico e nos Mundiais de Natação Master de Sheffield, e Latino e Caribeño de Natación e Sulamericano.

A paixão pelo mar e pelas ondas

Seus pais sempre cultivaram sua paixão pelo mar, priorizando férias em família na praia e não na montanha. Com pai aviador, todo passeio envolvia o litoral. Desde bebê, Briguitte ficava com eles no vaivém das ondas, aprendendo a conviver com o mar. Em Portugal, nos Estados Unidos, no Tahiti ou no Brasil, sempre encontrava um jeito de chegar ao litoral para mergulhar, bater pernas e pegar ondas.

Após o falecimento de sua mãe, casou-se com um também nadador e resolveram viver no litoral sul de Santa Catarina, montando uma piscina semiolímpica. Mudaram-se, então, para Garopaba (conhecida como a Capital Catarinense do Surf) em 1996, quando ela estava com 33 anos. Ali foi a primeira mulher a pegar ondas de peito no meio dos surfistas na praia da Ferrugem.

Para Briguitte, a princípio era estranho entrar no mar sem prancha, e todos os surfistas ficavam surpresos. Alguns já a conheciam porque a família veraneava na praia da Silveira, em Garopaba. Mas, como moradora, suas idas ao mar eram mais frequentes e, segundo ela, "a minha pegada do famoso 'jacaré' dava o que falar". Nadadora, sem prancha e pegando bem a onda de peito, começou a fazer amizades no mar e a ficar mais conhecida.

Desbravando esse esporte no meio masculino

Seu primeiro campeonato de *Body Surf* foi em 2004, no Morro das Pedras, em Florianópolis/SC. Ela não conhecia ninguém, nem a praia, nem o mar, e não sabia nada desse esporte. Soube do campeonato por um amigo no mar da Ferrugem e foi para lá com seu esposo e a filha Alice, de quatro anos. O campeonato era masculino e feminino e a condição do mar era diferente do que estava acostumada. As mulheres presentes entraram na bateria e ficaram no *inside*, com medo; ela entrou no *outside*, ganhando o campeonato, sentindo, aí, que tinha uma condição física privilegiada de nadadora porque, segundo ela, "nem todo mar é para todo mundo". Nesse campeonato de *Body Surf* conheceu quem era quem porque, até então, nem sabia que as ondas da sua vida se tornariam um esporte em ascensão.

Em 2005, na Praia Mole, em Florianópolis/SC, ocorreu o campeonato Open Waterman. Naquela época, não havia competição na categoria feminina, mas lá estava ela para entrar no mar e concorrer com os homens. Queria marcar a presença feminina sempre e, nesse mesmo ano, descobrindo uma comunidade no Facebook, lá se foi desbravar esse esporte.

O conhecimento aprendido como esportista e competidora foi imenso. O ouro é solitário e importante, mas não é mais importante que os treinos com companheiros fiéis que se tornaram amizades verdadeiras.

Campeonatos e amigos: verdadeiros presentes do mar

Em 2006, sendo filha de aviador e tendo morado nos Estados Unidos, foi fácil chegar na Califórnia. Pegou um avião, um ônibus e um trem, sozinha, para estar, pela primeira vez, em um campeonato internacional, o World Body Surfing Championship, em Oceanside, onde conseguiu o primeiro lugar.

De 2006 até 2019, participou dez vezes nesse mesmo campeonato, na Califórnia, e nunca tirou menos que o terceiro lugar no seu *age group*. Por ser desinibida, corajosa e falar bem a língua inglesa, descobriu outros campeonatos no sul da Califórnia, como Huntington Beach e Manhattan.

Conheceu pessoas que se tornaram amigos queridos desse esporte, como o Vince, que criou a Associação de Body Surf da Califórnia e foi um grande parceiro nessa jornada.

No Peru, participou do campeonato de Body Surf Open El Puerto Punta Negra, sendo a única mulher a participar e chegando à semifinal. Na França, em Hossegor, no Tropheé Willy Cote, o mar estava tão ruim que nenhuma mulher quis entrar, mas Briguitte o enfrentou com a convicção de que sua condição física o permitia.

Em 2018, foi com a filha Alice para o Pipeline Body Surfing Classic, em Oahu, campeonato de grande importância para esse esporte, o mais antigo do Havaí a institucionalizar o *Body Surf*, antes mesmo do *Surf*. Ambas participaram no meio dos homens e aproveitaram por um mês as ondas de lá.

Participou, também, em vários campeonatos brasileiros. No Rio de Janeiro, em Itacoatiara, Macaé, Saquarema, São Conrado, Maricá, Copacabana e Barra da Tijuca, entre outros. No Espírito Santo, em Vila Velha, entrava junto com os homens, mesmo que saísse na primeira bateria. Cada lugar era uma onda. Marcava presença para dizer que existia a possibilidade de criar a categoria feminina no Brasil e que as mulheres poderiam também praticar o *Body Surf*.

Ficou muitos anos viajando para competir, mas também pelo prazer de participar, indo a muitos lugares como Bali, Portugal, Nicarágua, Point Panic, Biarritz, Cap Breton e La Nord, e foi conhecendo pessoas, fazendo amigos de *Body* até hoje, que considera verdadeiros presentes do mar. A natureza aquática é muito diferente e, para Briguitte, "aos poucos, vamos aprendendo sua leitura. O mar salva! Nos mostra a relação com nossa condição física. Conseguir nadar até o costão e ver as cavernas de perto traz de volta nossa criança interior".

O que é *Body Surf*?

O esporte *Body Surf* ou Surfe de Peito tem sua origem junto à prática do Surf, na qual os atletas entram no mar nadando até a última arrebentação das ondas (*outside*), com um único equipamento: as nadadeiras. Também chamadas "pés de pato", são muito importantes para ajudar o movimento das pernas, dando maior propulsão, força e resistência, fazendo o ser humano adquirir velocidade sobre a água no momento certo de pegar a onda.

Pode ser praticado de forma livre ou em competições, com regras registradas pelo International Body Surf Association (IBSA), que pontua os competidores em considerável número de campeonatos pelo mundo.

Os artistas do século XV Leonardo da Vinci e Giovanni Alfonso Borelli foram os inventores do desenho das primeiras barbatanas ou nadadeiras acopladas ao corpo. Tempos depois, Benjamin Franklin desenvolveu uma armação com pedaços finos de madeira para nadar no Rio Charles, perto de Boston. Owen Churchill, marinheiro americano, desenvolveu seu prático modelo para a Marinha dos Estados Unidos, que existe até hoje.

No Brasil, o início desse esporte ocorreu no Rio de Janeiro pela classe social que frequentava a praia do Arpoador para lazer e diversão. Os mergulhadores que faziam pesca submarina foram os primeiros a utilizar suas nadadeiras para sair do mar. Pegar ondas de peito até a beira da praia tornou-se uma prática fácil e divertida, que acabou dando início a essa trajetória do esporte.

Posteriormente, os salva-vidas incorporaram as nadadeiras na sua profissão e, consequentemente, o *Body Surf* virou prática deles também, reunindo-se em grupos e fomentando o esporte. O número de pessoas que pratica esse esporte no Brasil é maior do que em qualquer outro país.

Grupo *Body Surf* Silveira/Garopaba

Briguitte iniciou, em 2017, um grupo de mar para pessoas de todas as idades, cujo lema é "nadar sozinho jamais, porque em grupo existem mais trocas". Para a mestra, para nadar em grupo é importante saber, antes, as experiências individuais de cada aluno, que iniciam aprendendo sobre o mar, as marés, as ondas e os ventos.

Os treinos com Briguitte proporcionam treinamento, segurança e diversão, com aulas na piscina e no mar, aprendendo muito sobre mergulho, práticas de apneia, nado de lado, cabeça para cima da onda e sobre o tempo das séries, chamadas "*time do mar*". Aprendem sobre quando mergulhar e entender a situação que está se formando à frente.

Como professora de Educação Física e morando numa escola de natação com duas piscinas perto do mar, tudo sempre inicia ali, nas primeiras aulas, com conversas de avaliação com os alunos que, em seguida, migram para o mar. Ali adquirem segurança e autoconfiança para participação em eventos de Surf.

O amor pelo ensino e seu grande desafio

Em 1999, construiu a Escola de Natação Pinguirito, em Garopaba/SC, com duas piscinas – de 4 m × 8 m e de 6 m × 2 m – para exercer sua profissão de educadora física, formada na Universidade Federal do Rio Grande do Sul (UFRGS), e nadadora profissional, na cidade que escolheu viver com a sua família. Nessa cidade litorânea, que possui oito lindas praias para nadar e desfrutar a vida, toda e qualquer criança precisa aprender a nadar na piscina e depois ir para o mar.

Para ela, sua vida se tornou líquida desde que escolheu morar perto do mar. Adora ensinar a nadar e seu grande desafio é tirar o trauma das pessoas, migrando-as da piscina ao oceano, e ensinar às crianças desde cedo (a partir de três meses) a se relacionarem com o meio líquido de forma natural e definitiva.

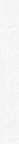

Quase todos os dias, desde 1996, acorda cedo, junto com a luz – que chega antes do sol – e vai para a beira da praia contemplar o mar, respeitar esse oceano que muda o tempo todo, e usufruir da mais pura e primitiva forma de Surf, que é o simples deslizar nas ondas apenas com o corpo, como se ele fosse uma prancha. Entra no mar, mergulha, bate as pernas com suas nadadeiras, dá braçadas longas e contínuas e se conecta com a energia da água salgada que a faz flutuar, posicionando-se para descer as ondas e brincando com uma alegria infantil que a renova. Acredita que, nessa grande conexão com o mar, no gênero feminino ninguém a supera.

Nesse sentido, sua grande intenção e desafio é proporcionar conhecimento a qualquer pessoa, de qualquer idade, para que possa realizar uma total adaptação ao meio líquido.

A natação é básica para o *Body Surf* e muitos grupos a procuram para treinar natação para competições específicas para esse esporte. Isso se potencializa pelo fato de Briguitte fazer parte da Associação Brasileira de Body Surf como sócia-fundadora, como diretora do *Body Surf* Feminino e como diretora do *Body Surf* na Associação Feminina de Surf de Garopaba, sendo, também, membro da IBSA.

Mãe e filha *body* surfistas

Para Alice, filha de Briguitte, sua mãe é um ser da água. Acredita que qualquer pessoa pode se tornar um ser da água, mas garante que Briguitte já nasceu assim; e compartilhar esse prazer com ela é uma das maiores felicidades da sua vida.

Alice conta que Briguitte nasceu longe do mar, mas que ele sempre a chamou. Seu primeiro contato foi em Cascais, Portugal, onde morava, e conta que sua avó, Marlene, tinha que a arrancar do mar com a boca roxa de frio. Sua história no *Body Surf* tomou mais força quando se mudou para Garopaba no final dos anos 1990 com a família. Sua mãe a levava para o fundo, as duas com pé de pato, pelo canal, sempre a ensinando sem a pôr em perigo, cultivando sua paixão e nutrindo a dela.

Para Alice, a cultura do *Body Surf* é linda, pois permite conviver e participar de muitos grupos, em que muitas vezes foi campeã. Sozinha, já surfou na Indonésia, e com a mãe em quase todos os lugares do mundo. Considera a comunidade do Surfe de Peito especial, e sua mãe sempre fortaleceu essas conexões, tentando ir em todos os campeonatos, insistindo em competir em baterias mistas até conseguir convencer as meninas do Free Surf a participar.

Segundo suas palavras, "minha mãe é linda, competitiva e única, e tem mãos verdes para plantar; o jardim dela é uma obra de arte. Ela é um ser da água, não nasceu perto do mar, mas construiu sua vida ao redor dele".

Para Briguitte, que sempre sonhou ser mãe, a filha não poderia ser um presente maior. "Foram 36 anos de preparação para encontrar aquele momento certo e eu queria muito que nascesse em um signo de água como o pai, peixes, e eu, escorpião; e assim fazer uma trilogia. E, sim: canceriana!

Briguitte conta que Alice já aos três meses frequentava as piscinas da família, para que não esquecesse aquela intimidade com a água que vamos perdendo com o tempo. Passaram alguns anos e da piscina ela foi para o mar, do maiô e touca para nadadeira e roupa de neoprene, participando de todas as experiências que a mãe podia proporcionar. Mergulhou em muitos mares desde pequena e, aos 18 anos, entrou para o guarda-vidas, no qual atuou na praia da Silveira e em vários lugares em Portugal. Dividiram muitas ondas em muitos lugares, *trips* em lugares icônicos, unidas pela água e pelo gosto de competir.

Para Briguitte, a vida no mar trouxe para Alice bons hábitos de cuidados próprios incorporados pelo espírito do esporte. Mesmo vivendo, atualmente, longe das vistas da mãe, continua se exercitando e o *Body Surf* as mantém sempre unidas, competindo juntas e participando de campeonatos mundiais. Segundo ela, "o mar nos faz partilhar momentos únicos, nossas viagens são sempre em volta de ondas... vidas que se encontram no mar".

Briguitte Linn Wiedemeyer

Para Briguitte, o *Body Surf* é a forma mais simples de se relacionar com o mar, porque é um esporte orgânico, democrático, barato e mais fácil para viajar, "menos tralhas para carregar", não precisa de parafina, de pranchas e capas, e não precisa nem mesmo fazer seguro de bagagem despachada.

A defensora do *Body Surf* levantou a bandeira amarela desde 1997 e está sempre em busca de ter cada vez mais adeptos para essa prática do esporte. Participou de inúmeros campeonatos pelo mundo, ganhou uma enorme quantidade de medalhas e troféus e continua a viver seu propósito nesse esporte.

O primeiro campeonato de *body surf* feminino no Brasil aconteceu em 2023. A Associação de Surfe Feminino de Garopaba (ASFG), a convite de Briguitte, abriu essa categoria no campeonato estadual.

A Associação Brasileira de Body e Hand Surf, da qual Briguitte é fundadora e atual diretora técnica, pretende alavancar no âmbito nacional esses esportes e ter filiados em cada Estado.

Briguitte é membro oficial do IBSA desde 2017 e se mantém associada também para dar visibilidade ao esporte. Para ela, fazer parte de qualquer associação é difícil, visto que as regras variam, e é preciso aprender a ser política diante de decisões coletivas. "Sou super energizada e o tempo dedicado à burocracia realmente me ensina a saber esperar... Seria ótimo ter um canal para a organização geral do esporte no mundo. Além disso, ser uma sexagenária é uma bênção nesse esporte *open*, e ganhar com vários anos de diferença é, no mínimo, divertido."

Carla Moreno

Tem 48 anos e é uma atleta olímpica de renome, com participações nos Jogos Olímpicos de Sydney, na Austrália, em 2000, e Atenas, na Grécia, em 2004. É bicampeã mundial em triatlo e aquatlo, além de ter conquistado o vice-campeonato mundial de aquatlo em duas ocasiões. Em sua trajetória, destaca-se também a medalha de prata nos Jogos Pan-americanos de 1999, realizados no Canadá, somando três participações em Jogos Pan-americanos. No cenário nacional, é octacampeã do Troféu Brasil de Triatlo, consolidando sua posição como uma das principais atletas do país na modalidade.

INSTAGRAM

Linha de chegada

Início

Você acredita que um sonho de criança pode se tornar realidade?

Hoje, eu estava nadando e, como faço diariamente, cada treino dedico a "algo". Então, enquanto nadava, comecei a pensar em toda minha trajetória, para contar a vocês como conquistei meu sonho de criança.

Bem, me apresento: eu sou Carla Moreno. Alguns me chamam de Carla, outros de Carlinha, Carlita, Pituca para alguns da minha família; outros dizem Carlamoreno como se fosse um nome somente (eu me divirto com isso...). Sou triatleta olímpica, nascida na cidade de São Carlos, interior de São Paulo, mas fui criada em uma cidadezinha vizinha, chamada Dourado.

Meus pais não eram desportistas, mas sempre foram apaixonados por esportes.

Minha mãe a vida toda foi muito ativa e continua assim. Ela completará 70 anos em breve e corre provas de 5 a 21 km, além de jogar vôlei e fazer funcional.

Meu pai (*in memoriam*), por sua vez, começou a praticar

corrida por influência minha, da minha mãe e do meu irmão, que também é atleta.

Venho de família humilde. Minha avó (*in memoriam*), muito guerreira, criou sete filhos sozinha; então, ela ficava maravilhada quando me assistia na TV, em jornais ou revistas. Ela guardava tudo o que via, colocava tudo nas paredes de sua casa. Ela me contava muitas histórias de sua infância e juventude, e a luta que enfrentou para criar os filhos. Isso sempre foi muito inspirador; eu tiro minhas forças dessa vivência com minha família, que é minha base, meu alicerce.

Hoje, além de triatleta, porque jamais isso sairá do meu sangue, também sou treinadora. Sou casada com meu treinador de quase uma vida e que também é meu sócio, tenho um cãozinho chamado Zack e moro em Miami, nos Estados Unidos.

Essa menina do interior tinha o sonho de chegar nos Jogos Olímpicos.

Lembro como se fosse hoje, quando eu falava para as pessoas que eu iria participar dos Jogos Olímpicos.

Comecei a praticar esporte desde muito novinha. Tinha três anos de idade quando fazia atividades físicas com minha mãe, depois balé e dança. Com isso, desenvolvi muitas habilidades esportivas que carrego por toda vida, além de bons hábitos que o esporte nos proporciona. Um deles é cuidar da saúde como um todo. Acredito que o meu esporte de cabeceira sempre foi a natação.

E, aos sete anos, iniciei na natação. Na época, eu já tinha em mente o sonho olímpico. Por mais que muitas pessoas não acreditassem, eu não me importava; na verdade, a opinião dos outros nunca me importou em nada.

Costumo dizer que, quem tem limite é município; eu não sou árvore e não crio raízes. Então, minha vida sempre foi muito dinâmica, divertida, cheia de desafios e aprendizagem.

Sou virginiana, crítica e exigente. Talvez por conta de tantas exigências comigo mesma, consegui alcançar tantos pódios, sonhos, objetivos e seguir sempre no foco.

Mas sabe o que eu mais curtia quando eu competia?

Cruzar a linha de chegada.

A chegada traz e guarda muitas emoções. As linhas jamais são as mesmas.

Ganhei muitas provas no mesmo lugar e cada uma tinha uma emoção diferente.

Cada prova é única também. Você pode competir na mesma prova, no mesmo lugar e, mesmo assim, cada dia é um novo dia, um novo amanhecer, um novo entardecer. O clima muda completamente em minutos e isso faz com que a dinâmica da prova seja outra. Você pode acordar ótima hoje e amanhã não tão bem assim.

Vivemos em constantes mudanças, fases. Então, nossos sentimentos, foco, objetivos vão se modificando ao longo do tempo. Mas as linhas de chegadas jamais serão as mesmas. O gostinho especial de cada uma é único.

Na verdade, a linha de chegada é a concretização de um ciclo de treinos; é chegar aonde você trabalhou para chegar, e é um momento de felicidade por toda a construção feita e que pode se traduzir em abdicações de várias coisas da nossa vida. Isso é o verdadeiro significado do esporte ou dos nossos objetivos de vida.

Renunciar a algumas coisas para ter outras...

A linha de chegada é a recompensa por todo esforço (esforço este que envolve mais pessoas, como família, amigos, equipe, *staff* etc.) e também por deixar de ir a muitos eventos como festas, reuniões de família. Quantos Natais eu não pude passar em família porque estava confinada treinando?

Por isso, a linha de chegada é tão importante e feliz!

O sonho de criança

Vou dar um mergulho lá no passado, aos meus sete anos. Eu não era uma criança talentosa e habilidosa, sempre fechava as provas de natação que eu participava – fechava no sentido de chegar em último lugar... Mas isso não me abalava. Meu sonho de vencer era cada dia maior.

Além disso, eu sou asmática e tenho uma deficiência pulmonar alta (52% em atividade e mais de 30% em repouso), então os médicos me recomendavam nadar para trabalhar esta condição de saúde.

Na pequena cidade de Dourado, SP, eu não tinha acesso a professores de natação diariamente. Infelizmente, eram somente duas vezes por semana. Nos outros dias, eu ia por minha conta para a piscina, praticar tudo que havia aprendido.

Confesso que a dificuldade daquele momento era a falta de aquecimento da piscina e dos chuveiros do clube onde treinava. Somente quando voltava para minha casa é que eu conseguia me aquecer na água quentinha.

Porém, sempre que estava nadando tinha em mente um filme, porque eu via na TV nadadores bons, atletas que disputavam os tais "Jogos Olímpicos" e era lá que eu queria estar.

Mas como eu sempre finalizava as competições em último, talvez, por isso, as pessoas não acreditavam no que eu dizia.

Assim fui me aprimorando e, já na adolescência, comecei a ganhar provas.

Passei a viajar para São Carlos diariamente para nadar em uma piscina aquecida e ser acompanhada por um treinador.

Por volta dos meus 17 anos, participei de uma gincana na cidade e descobri que eu também poderia correr.

Minha mãe sempre foi muito ativa, então, me colocava em tudo o que eu quisesse me aventurar. Meus pais foram meus principais incentivadores. Sem o esforço deles, com certeza, eu não teria condições de investimento para chegar tão longe.

E, por conta dos incentivos da minha mãe, depois dessa gincana que eu venci na corrida, comecei a fazer os *biathlons* (natação + corrida) e, aí, foi um pulo para entrar no *triathlon*.

Aos 19 anos, eu comprei minha primeira *bike* e, no dia 4 de fevereiro de 1996, fiz minha primeira prova, no Triathlon Internacional de Santos. Minha estreia na nova modalidade.

As pessoas da minha região (interior de São Paulo) não faziam ideia do que era *triathlon*. Muitos me perguntavam se eu era artista de teatro, se eu tinha virado atriz (risos). Até para as reportagens de TV eu tinha que explicar antes da entrevista.

Tudo aconteceu tão rapidamente que, com menos de um ano na modalidade, tornei-me profissional e com bons patrocínios.

O sonho de ir para os Jogos Olímpicos não estava esquecido. Mesmo ainda não sendo uma modalidade olímpica, eu seguia minhas visualizações. Bem mais adiante na minha carreira, fui descobrir que tudo que eu praticava nessa época eram mantras, ou seja, eu já tinha coisas que usei por toda minha carreira que eu desenvolvi quando muito pequena.

Dois anos mais tarde, eu já estava participando da seletiva para os Jogos Pan-americanos e o *triathlon* faria sua estreia nos Jogos Olímpicos, em Sydney, na Austrália, em 2000.

Eis que estava, então, surgindo uma oportunidade na minha vida de realizar meu sonho.

Em 1999, fui classificada para participar dos Jogos Pan-americanos, em Winnipeg, no Canadá. Nessa edição, dariam três vagas diretas aos Jogos Olímpicos do ano seguinte, que foi na Austrália em 2000. E eu estava lá!

Fui ainda para mais duas edições seguintes dos Jogos Pan-americanos, porém, eu sempre destaco muito o Pan de

1999, porque relembro daquele sonho de criança, pois estavam ali as chances de tentar alcançá-lo.

Bom, como tudo na minha vida, não eram tarefas fáceis, tive problemas na primeira prova classificatória. Eram quatro provas, em que contavam os três melhores resultados.

Eu sempre fui movida a desafios, então, precisaria andar muito bem nas três provas seguintes para poder assegurar minha vaga. Assim, o trabalho mental fez toda diferença, por isso gosto muito da Psicologia Esportiva. A competição não é contra os outros, mas, sim, o que você pode fazer de diferente, como você pode se superar mais. Pois bem, consegui.

Então, já classificada, eu estava indo para o aeroporto em Guarulhos, para poder, junto com a seleção, viajar para o Canadá.

No caminho, passei em Campinas, para pegar um capacete e, quando cheguei no *bike shop*, fui assaltada e perdi tudo naquele momento.

O assaltante levou meu carro, com todos os meus pertences, a *bike*, documentos, passaporte, tudo.

Naquela hora, o choque foi muito grande. É uma sensação de impotência, porém nem com o mundo desabando em minha cabeça eu perdi o foco, a esperança e a garra. Não ia desistir assim fácil! Mas houve uma grande comoção nacional. A polícia da cidade de Campinas fez um trabalho incrível, recuperando meus documentos dois dias depois. Patrocinadores me ajudaram com novos equipamentos como *bike*, tênis e todos os apetrechos para o *triathlon*, porque não é pouca coisa não... E três dias após o incidente, consegui embarcar novamente e, aí sim, seguir viagem para o Canadá. No momento em que viajava, fiz uma reflexão de toda ajuda que tive. Não somente da família, amigos mais próximos, mas a comunidade do *triathlon* (Confederação Brasileira de Triathlon [CBtri]/Comitê Olímpico Brasileiro [COB]), além dos meus patrocinadores pessoais. Sem essa união, talvez não tivesse chegado lá!

Meu sentimento era pura gratidão de estar ali, de poder viver aquilo que eu sempre sonhei.

A prova era em um sábado ensolarado quando entrei no lago para largar. Eu somente pensava em uma coisa: "São duas horas que me separam do meu grande sonho".

Eu me visualizava ali alinhada para largar e, depois, na chegada. Lembro como se fosse hoje. Eu fiz uma oração e agradeci muito por aquele momento e disse: "Obrigada por me guiar até aqui, meu Deus. Agora vou lutar como nunca".

Parecia que foi num piscar de olhos que eu nadei, pedalei, corri, e já estava rumo aos metros finais da prova, lutando por um lugar no pódio, no meio de duas grandes corredoras canadenses. Fomos para o *sprint* final e eu conquistei a medalha de prata e a tão sonhada vaga olímpica. Que emoção!

Quando terminei minha sensação era como se eu estivesse levitando. Era um misto de emoções. Passou em minha cabeça a minha infância, começando a nadar naquela piscina gelada, meus sonhos que eu escrevia nos meus diários; as viagens a outra cidade para poder treinar todos os dias; as dores dos treinos, o cansaço, a luta da minha família por me ajudar e as bençãos que eu estava tendo em minha vida!

E logo embarquei para Sydney, na Austrália, onde aconteceram os Jogos Olímpicos, em 2000.

A preparação foi excelente! Pude conhecer vários lugares bacanas de treinos; inclusive fui para Canberra, a capital australiana, onde tem um Centro de Treinamento Nacional bem legal. Participei de *Trainning Camp* por lá.

Para quem sempre me pergunta como são os Jogos Olímpicos, vila, as provas etc., essa era uma curiosidade minha também desde pequena. Ficava imaginando onde dormiam, onde comiam etc.

Para quem já competiu em provas de Jogos Regionais e Jogos Abertos, seria algo muito grande em relação a isso, com grandes estruturas de refeitórios, alojamentos...

Uma das coisas que mais me chamaram atenção na vila era o refeitório gigantesco, com todo tipo de comida que se pode imaginar. Eu lembro que depois da prova eu comi vários números dos sanduíches do McDonalds (risos). Depois de tanta dieta, era merecido.

Na Vila Olímpica, encontramos atletas de outras modalidades. Fazemos amizades, vemos as medalhas que muitos ganham.

Eu, que não pude terminar minha prova devido a um dos acidentes na prova de *bike* da qual participei, acabei me lesionando, o que me impossibilitou de terminar.

Penso que não existem planos perfeitos, viagem perfeita, mas, sim, seguir no foco principal, aproveitar ao máximo cada etapa.

Nem sempre temos bons momentos, mas, quando se para para pensar na dimensão de estar representando uma nação em um dos Jogos, sejam Pan-americanos ou Olímpicos, é um grande feito. Participar de mais de uma edição de cada um é um privilégio.

Posso dizer que sou mais privilegiada ainda, pois participei e fui medalhista em um dos eventos de mais alto nível, que são os Jogos Mundiais Militares, no qual fui medalha de prata individual.

Então, entendo que não serão bons todos os dias, mas será bom a vida toda.

É um ciclo que se encerra e outro que se inicia.

O importante é nunca desistir, nunca deixar de sonhar, de sentir sua mente e seu corpo levitando em busca de novos desafios.

Os Jogos Olímpicos foram uma experiência incrível demais!

Eu também participei de outra edição dos Jogos Olímpicos, em Atenas, em 2004, além de mais dois Jogos Pan-americanos, em 2003 e 2007.

Além de campeã e vice-campeã Mundial de Aquathlon (minha prova favorita, que é natação e corrida), eu fui atleta militar.

Me aventurei a fazer provas longas como maratonas, provas da chancela Ironman.

Porém, minha grande paixão são as provas curtas, rápidas, nas quais o desafio é não pensar e não errar.

Eu sempre disputei provas de distância *standard* (que, no passado, chamavam-se distância olímpica), que consiste em nadar 1.500 metros, pedalar 40 km e correr 10 km.

Consideração final

Acredito que o mais importante não é somente a medalha, mas também a mensagem que se leva às pessoas. A perseverança, garra e determinação que o esporte me ensinou e ensina até hoje utilizo em todas as áreas da minha vida.

Em uma conversa com meu fisioterapeuta, ele me disse que sou uma pessoa antifrágil; gostei disso e explico o porquê.

Acredito que a maioria das mulheres também o são. Pensando em uma linha em que temos dois lados, um lado frágil, que se quebra fácil, que não se pode reconstruir depois da ruptura, e o outro lado é resiliente, que sofre vários impactos e não muda seu jeito, sua forma, que passa pelo problema de maneira intacta. No meio desses dois está o antifrágil, que se adapta frente aos problemas, aprende com os desafios, aprende a lidar com o mundo e com a vida.

Hoje, trabalho com pessoas que têm seus sonhos, objetivos, seus desafios diários.

Mas essas pessoas estão conquistando pódios? O que seriam esses pódios?

Pódio, para mim, está atrelado às linhas de chegada, só que

um pouco além, um *step* acima. Aonde você chegou depois de uma jornada e foi um *step* acima do que você se planejou.

E trabalhar tão duro e abrindo mão de muita coisa pode não ser uma tarefa para todas as pessoas; são escolhas que cada um faz.

Ao longo da minha jornada, aprendi que jamais deve-se desistir do que você acredita, dos seus sonhos, das suas linhas de chegada e da sua felicidade.

Tenho comigo que, enquanto não soubermos quem somos, as pessoas dirão como deveremos ser.

Portanto, autoconhecimento é fundamental e libertador.

Quero agradecer imensamente por ter esta oportunidade de compartilhar um pouquinho da minha história e experiência.

Obrigada a todas as pessoas que fizeram e fazem parte da minha trajetória, direta ou indiretamente, pois sou quem sou graças a Deus, meus pais e a todos que somaram para eu chegar até aqui.

Ciça Maia

Tem 57 anos, é casada com Fábio de Oliveira Maia e é mãe de Anna Carolina, Anna Bharbara e Fábio Allef.

Conquistou o primeiro título mundial do Brasil no karatê, em 1992.

Entrou para o Guinness Book, sendo a primeira sul-americana a conquistar um título mundial no Japão, em 1992.

Em 1998, por ocasião do Mundial de Karatê no Rio de Janeiro, conquistou o segundo título de campeã mundial.

Aos 42 anos, em 2008, se tornou tricampeã do mundo no campeonato mundial do Canadá. É pentacampeã sul-americana, tetracampeã pan-americana e campeã do Open de Paris. Além disso, é bacharel em Educação Física pela Faculdade Gama e Souza. Dá aula de karatê em projetos sociais e em um colégio particular.

Criou o Instituto Ciça Maia, no qual as crianças aprendem karatê, têm reforço escolar, além de aulas de dança, computação e música.

INSTAGRAM

Nasci para lutar

Quando penso que cheguei ao meu limite,
descubro que tenho força para ir além.

– Ayrton Senna, piloto de Fórmula 1

Infância

Nunca conheci meu pai. Tenho sete irmãos. Aos sete anos de idade fomos despejados e acabamos indo morar nas ruas do Rio de Janeiro. Uma senhora que cuidava de outras crianças nos deu abrigo. Porém, foi intimada a encaminhá-las à minha mãe. Como não conseguiram localizá-la, novamente fomos para as ruas.

O Juizado de Menores ordenou que eu e meus irmãos fôssemos acolhidos em diferentes orfanatos. Fiquei bem revoltada, desesperada. Sentia falta de meus irmãos. Fiquei um ano no Educandário Nossa Senhora de Fátima e, de lá, fui expulsa pela minha rebeldia. Na época, eu tinha 11 anos.

Fiquei um ano em Campo Grande na casa de uma amiga de minha mãe, que também não me suportou. Novamente, houve interferência do Juizado de Menores. Fui adotada por uma juíza para ser babá de seus filhos. A família me matriculou em uma boa escola pública na qual pude concluir o primário. Três anos depois, me mandaram para outra casa a fim de tomar conta de um bebê de seis meses, Fábio. Entre idas e vindas, fiquei 11 anos com essa família. Nunca me conscientizei quanto à necessidade de adquirir uma formação, nunca levei os estudos a sério. Fui despedida e acabei voltando a morar em um barraco com minha mãe e seu companheiro.

Fui chamada de volta para acompanhar Fábio em sua adaptação escolar. Ali, me convidaram a trabalhar como auxiliar das professoras. Elas me levaram a uma academia em que pretendiam praticar exercícios. Durante a visita, ouvi gritos e perguntei o que era aquilo. Me levaram para uma sala onde havia um treino de karatê. Fiquei extasiada. Me lembrei de Bruce Lee. Decidi que, um dia, eu também seria karateca.

Juntei minhas poucas economias, me matriculei e, com um quimono gigante emprestado, comecei minhas aulas. O grito era libertador. Por meio dele eu conseguia botar para fora tudo o que de ruim havia em meu peito e em minha alma. Optei por treinar karatê e deixei os estudos de lado. Alguns meses depois, o professor me inscreveu no primeiro campeonato. Tinha 21 anos e era faixa laranja. Fui parar na categoria superior para enfrentar garotas de faixas verde e preta. Mesmo assim, consegui um terceiro lugar. Definitivamente, descobri meu dom e minha paixão. Esse seria meu percurso.

Aumentei os treinos e fui convocada para a Copa Brasil. Venci e fui para a seletiva para representar o Brasil no Mundial de Karatê no Egito. Já era faixa verde. Minha especialidade é o karatê shotokan.

No karatê shotokan há oito graus de graduação, que são representados pelas faixas que são amarradas ao redor da cintura da praticante. A ordem das faixas, da iniciante à avançada, é a seguinte: Branca, Amarela, Vermelha, Laranja, Verde, Roxa, Marrom e Preta.

Até aqui, a praticante finaliza a graduação, mas não o aprendizado. Depois da Preta, vem o primeiro Dan, o segundo Dan e assim sucessivamente, até o final da vida do karateca.

A ordem das faixas do karatê representa a evolução da praticante na arte marcial. A obtenção de uma nova faixa não depende de tempo, mas, sim, de dedicação e esforço na prática do karatê.

Comecei treinamentos intensivos na Universidade de São Paulo (USP), em São Paulo, e achei que teria sucesso. Porém, ao chegar ao Mundial, descobri que lutaria contra as faixas pretas. De cara, levei uma surra colossal da campeã mundial, uma japonesa. Fiquei arrasada e jurei para mim mesma que derrotaria as japonesas. Me concentrei nos treinos para chegar ao meu objetivo.

Em 1990, disputei a Copa só de mulheres e me sagrei vice-campeã.

Vida afetiva

Minha vida sentimental era o avesso de minha vida esportiva, um fracasso. A falta da figura paterna em minha vida me levou a cometer erros. Acabei me prostituindo. Fui usada e usei também muitos dos homens com a ilusão de encontrar um que me amasse de verdade. Vivi dois anos com um homem 20 anos mais velho. Me deu um fora e fiquei desconsolada.

Um ano depois, ele morreu de AIDS. Fiquei apavorada e com medo de fazer o exame. Não queria ter a certeza de que também estava infectada. Fiquei deprimida. Me apresentaram à maconha como a solução de todos os meus problemas. Entrei de cabeça no mundo das drogas. Não tinha mais vontade de treinar, fiquei lerda e relaxada nos treinos. Mas, apesar disso, consegui ser vice-campeã mundial no Japão em 1991.

Vivia atormentada pelo medo de ter contraído a doença e tinha pavor de fazer o exame que me daria a certeza daquilo que eu mais temia.

Um amigo me convidou para uma reunião de jovens que desejavam se libertar das drogas. Senti que precisava tomar uma decisão. Em janeiro de 1991, fui a uma igreja pela primeira vez. Me senti bem lá e comecei a frequentá-la às terças e aos domingos. Comecei a me afastar das drogas e a recusar convites. Depois de muitas insistências, os "colegas" chegaram à conclusão de que eu estava esquisita e se afastaram. Comecei a caminhar com minhas próprias pernas e com minha cabeça. Percebi que tinha valor e que tinha um propósito em minha existência.

Novo caminho

O sentimento de abandono de meu pai não me deixava em paz. As perguntas eram recorrentes: "Por que ele não me amou? Será que nunca tive nenhum significado em sua vida?".

Meu percurso na igreja me levou à decisão de integrar os *Atletas de Cristo*. Foi um marco em minha vida e representou a grande virada em tudo. Entrava nos tatames com fé e garra. Os resultados vieram naturalmente. Treinava direito, com gosto, descansava corretamente. Minha criatividade foi aguçada e minhas estratégias lapidaram meu desempenho. Houve evolução a cada competição. Entendi que o importante não eram os títulos, mas tirar o que havia de melhor em mim mesma.

Campeã do Mundo! E no Guinness Book!

Em 1992, tinha a convicção de que eu alcançaria o que almejava. Minha postura mudou. Me tornei muito mais corajosa e competente. Estava muito bem-preparada psicologicamente.

Me tornei a **primeira brasileira campeã mundial** em Fukuoka, no Japão. Também fui campeã dos Jogos Regionais, campeã brasileira, sul-americana e pan-americana.

Ao folhear a última edição do *Guinness Book*, descobri que meu nome estava nele. Fui a primeira sul-americana a conquistar um título mundial no Japão. A emoção foi avassaladora. Quase cai das nuvens!

Frustração

Com a conquista do primeiro título mundial, fui contemplada com um prêmio da Nossa Caixa, Nosso Banco, que me seria repassado pela Confederação Brasileira de Karatê. No entanto, nunca recebi um só centavo desse dinheiro. Sofri ameaças e resolvi não pleitear mais meu direito ao prêmio.

Caso houvesse recebido o que me era devido, meu destino e o de minha mãe teriam sido muito diferentes.

Amor à vista

Estudava a Bíblia com um jovem goleiro de quase 2 metros de altura, que me acompanhava ao ponto de ônibus depois das reuniões de *Atletas de Cristo*. O nome dele: Fábio Maia.

Ele tinha boas intenções, mas eu não queria me envolver. Misturar as coisas não estava em meus projetos. Fábio me convenceu de seus anseios – me amar, casar e ter uma família.

Começamos a namorar em novembro de 1992 e, um ano depois, nos casamos.

Não consegui disputar o Mundial de 1994 por falta de patrocínio. Não tinha como pagar a passagem. Mas conquistei muitas vitórias nacionais e internacionais.

Fiquei grávida em 1995 e parei de competir. Minha filha Anna Carolina nasceu. Anna quer dizer graça, favor imerecido.

Voltei a competir e a vencer antes que Anna completasse um ano de idade.

Enfrentando titãs

Rio de Janeiro foi a sede do Mundial em 1998. Estava hiperfocada na competição. A Confederação Brasileira de Karatê tinha como objetivo conquistar o maior número de medalhas para o Brasil. Para isso, contratou um estrategista espanhol.

Ele convocou todos os atletas e escreveu no quadro o nome de três atletas que não teriam a menor chance de ganhar, pois estavam inscritos em categorias erradas. Um desses nomes era o meu.

Nada como ser movida à base de fé e de desafios. A simbiose dos dois é um poderoso elixir. Sabia que Deus estaria comigo aonde quer que fosse.

No dia seguinte, durante o aquecimento, fiquei abismada com o tamanho, o peso e a força das pancadas de minhas adversárias. Foquei em minhas capacidades e em minha fé. E conquistei o **segundo título de campeã mundial**.

Ajoelhada no tatame, chorei muito. E, em seguida, fui cumprimentar o estrategista espanhol.

Tricampeã do Mundo

Em 2002 engravidei novamente. E nasceu Anna Bharbara.

Mas até lá, ganhei tudo. Em seguida, nasceu o Fábio Allef, ou Alfa, que tem tudo a ver com o número um.

Fiquei seis anos fora dos tatames entre gravidezes, recuperação e maternidade.

Quando voltei a lutar, ninguém "botou fé" de que eu conseguiria alguma coisa novamente. E no Canadá, aos 42 anos, conquistei o **terceiro título mundial**!

Continuo meu aprimoramento no Karatê – estou no 4º Dan. E assim será até que a vida me permita seguir esse percurso.

Outras conquistas

Ao longo da minha trajetória, por 23 vezes fui campeã estadual, 23 vezes campeã brasileira, 28 vezes campeã de Jogos Regionais e 26 vezes campeã de Jogos Abertos de São Paulo.

Mudanças

Antes eu levava e trazia drogas para meu próprio consumo. Depois, passei a levar Bíblias e livros para países onde atuei como atleta missionária.

Tenho uma família, um marido amoroso, filhos e um lar onde me sinto muito amada. A escuridão me mostrou que, para ela existir, há de se ter luz em outro lugar. A dualidade é o princípio gerador de todas as coisas.

O esporte é uma linguagem universal por excelência. Ele fala uma linguagem compreensível por grande parte da sociedade e ultrapassa barreiras étnicas e culturais.

Os esportistas exercem influência mesmo à distância. Seu reconhecimento pelo público em geral é um gancho para o início de uma conversa com qualquer pessoa que se interesse pelo esporte. Nossa sociedade carece de ética esportiva, de um modelo que respeite os valores e os ideais dos esportes, suas regras, torcedores e adversários. Diante dessa realidade, é perceptível a necessidade urgente de uma transformação do mundo esportivo a partir dos princípios cristãos.

Fazer parte disso me dá a certeza da perenidade dos valores que devem nortear nossa sociedade.

Débora Jaconi

Graduada em Farmácia pela Universidade Federal do Rio Grande do Sul (UFRGS) em 1985. Há 23 anos, criou a *Sua Fórmula*, farmácia de manipulação em que trabalha diretamente com a comunidade. Tem o esporte como projeto de vida desde os sete anos de idade, iniciando com a equitação, passando pelo triatlon, corrida da pista, meia maratona e maratona. Por conta de um desgaste da coluna, foi submetida a uma artrodese, que inviabilizou a continuidade no esporte de impacto. O que a levou como opção à natação. Encontrou nesse esporte sua maior realização.

INSTAGRAM

Seu único limite é você!

Meu nome é Débora Jaconi, tenho 64 anos e sou nadadora *master*. Nasci em Porto Alegre (RS) em 1959, filha de pai de origem italiana e mãe de origem alemã. Acho que essa combinação me fez habilidosa nos negócios e determinada nos objetivos. Aos sete anos, conheci um farmacêutico-alquimista que me mostrou a magia dos elementos químicos, e desde esse momento decidi que seria farmacêutica.

O esporte sempre fez parte de minha vida. Aos dez anos, iniciei na equitação e logo passei a competir em saltos, mas, por ser pequena e com pernas curtas, mais caía do animal do que me mantinha sobre ele. Numa dessas quedas, quando o cavalo refugou o obstáculo, caí, desmaiei e fraturei três costelas. Foi então que meu pai me propôs mudar para o adestramento (*dressage*), no qual o conjunto cavalo-amazona executa a prova de competição num picadeiro em movimentos que mais parecem um bailado. O júri é composto de cinco juízes, que avaliam se o conjunto se apresenta calmo, elástico, descontraído e flexível, executando a prova cujos movimentos foram previamente memorizados, tal qual uma coreografia. O cavalo deve mostrar suas habilidades da forma mais elegante possível e harmoniosa. A prova exige alto entrosamento do conjunto. Durante cinco anos pratiquei esse esporte, tendo me sagrado a primeira gaúcha campeã brasileira. *Dressage* ensinou-me a dominar as emoções e a focar no objetivo. Aos 17 anos, tive que decidir: ou continuar no esporte ou realizar o sonho de ser farmacêutica. Para que esse sonho profissional virasse realidade, decidi vender meu cavalo, meu amigo, meu parceiro de seis dias na semana. Me doeu muito essa decisão, mas, naquele momento da minha vida, eu não vi outra opção.

"As grandes decisões são solitárias." – B.H.

Assim, no campeonato brasileiro no Rio de Janeiro, embarquei sozinha para essa missão e negociei o Rubikon com muita dor no coração. Na transação, entreguei-o à nova dona junto com minha cela, minhas botas e minhas esporas, pois sabia que nunca mais iria montar. Anos mais tarde, já casada e com uma filha, recebi um telefonema proveniente do Rio de Janeiro. Do outro lado da linha, era a menina que havia comprado o Rubikon. Ela questionava se eu o queria de volta, pois estava velho e não queria sacrificá-lo. Confesso que esse foi um dos dias mais felizes de minha vida. Rubikon havia cumprido seu papel de cavalo olímpico, que era dar vitórias e afeto a outra pessoa, e agora retornava para meu convívio no sítio, onde passaria cinco anos muito felizes. Uma aposentadoria merecida para um cavalo de seu nível. Se sentia tão incluído na minha vida que até entrava dentro da minha casa.

Faleceu no meu colo aos 25 anos de idade.

Cursei Farmácia na UFRGS tendo duas filhas pequenas. Não foi fácil, pois meu marido viajava a trabalho durante a semana e só retornava nos finais de semana. Cabia somente a mim o cuidado básico das crianças e da casa. Tinha que colocá-las para dormir para poder estudar, pois sempre fui muito determinada e focada no meu objetivo. As madrugadas eram minhas companheiras no estudo, mas venci, e em quatro anos me formei. Ao receber o diploma, a banca de professores levantou e todos me aplaudiram, pois foram testemunhas do meu esforço e superação.

Depois de formada, com as meninas no colégio, pude voltar aos esportes. Optei pelo atletismo e, nas pistas, entre uma conversa e outra, surgiu a descoberta de um novo esporte, o triathlon. Então, entre três amigos, fundamos a associação de triathlon no Rio Grande do Sul, em 1998. Estava entusiasmada com a ideia de juntar três esportes tão diferentes numa única modalidade. Cada um praticava um desses esportes, então, começamos a ajudar uns aos outros a nos aprimorar.

Tínhamos uma Caloi 10 de ferro produzida em Manaus, que adaptamos pedaleiras e começamos a treinar. Como morava no sítio, meu treino consistia em correr 6 km até um açude do vizinho. Nadava entre sanguessugas e água escura sem óculos, voltava correndo e pedalava na pista do autódromo. Nesse período, o governo abriu as importações e as *bikes* modernas chegaram, mas, com elas, o perigo do assalto na estrada. Nas primeiras competições de Triatlo no Rio Grande do Sul havia poucas mulheres inscritas – apenas três –, mas o esporte foi crescendo e se tornou muito popular.

Com o perigo do roubo das *bikes* importadas, o treino nas estradas se tornou muito arriscado e perigoso, então, meu marido me questionou se isso valia o preço de uma vida. Isso me fez decidir ficar somente no atletismo, na meia-maratona e na maratona. Mas como viver do esporte e com remuneração baixa como farmacêutica? Aí entrou o "sangue italiano": consegui uma representação de uma distribuidora de produtos alimentícios, na qual minha função era fazer a visitação aos clientes, anotando seus pedidos. Vale ressaltar que, naquele tempo, ainda não havia celular. Traçava uma rota de 15 km/dia e fazia meus tiros entre um cliente e outro, e na parte da tarde fazia o mesmo com as farmácias em que trabalhava. Para incrementar a renda, aproveitava essa representação para me abastecer a preço de custo de diversos tipos de cereais e os colocava numa enorme panela junto com nozes, passas, granulado de chocolate e frutas secas. Então, misturava tudo e vendia em sacos nas academias e na escola das meninas. Pode se dizer que "inventei a granola"! A luta como atleta é única e solitária. Precisamos usar da criatividade e buscar alternativas, investimentos, patrocínio e apoio governamental. Todos esses anos de corrida desgastaram minha coluna e tive três hérnias de disco. Na minha última maratona, a dor foi insuportável, mas, como dizem, "eu não andei"; terminei correndo com lágrimas de dor nos olhos. Era uma questão de honra terminar! Sabia que não voltaria mais a competir em corrida. Operei a coluna e coloquei parafusos. E resolvi investir na minha carreira como farmacêutica.

Como decidir o local da farmácia? Deveria ser num lugar onde pudesse contribuir com a comunidade de forma humanitária. Escolhi a cidade de Alvorada, próxima a Porto Alegre, que era muito carente e sem opção de farmácia de manipulação. Era 2001, quando a Lei dos Genéricos surgiu e o meu sonho se realizou. Passei a produzir remédios manipulados, que custavam menos de um terço dos alopáticos normais, além de poder prestar assistência farmacêutica para a comunidade carente. Oferecer a oportunidade de alívio de dor e sofrimento a pessoas com atenção humana foi e segue sendo a minha maior real ação.

Meu neto de 18 anos cresceu dentro da farmácia, do bercinho ao atendimento no balcão, e meus clientes até hoje perguntam por ele. Hoje, é um homem feito e está estudando Farmacologia na Inglaterra, com ênfase em Nanotecnologia.

Nesses 22 anos, a farmácia se tornou referência em competência e em prestação de serviço público, visando sempre ajudar a população carente.

> "Quando o trabalho se torna paixão e a dedicação se torna propósito, o sucesso é a recompensa natural." – C.J.

Realizada profissionalmente, mas com um casamento em ruínas e destrutivo, tinha que me reavaliar. Estava com 50 anos. Decidi fazer uma viagem de autoconhecimento para Índia, Nepal e Tibet. Mas como mergulhar nessa busca sem ter embasamento cultural? Fiz, então, um curso preparatório para o Instituto Rio Branco, onde teria pinceladas da história da humanidade. Estudei o budismo e o hinduísmo. Mochila nas costas, pronta para partir, avisei minhas filhas que não se preocupassem, pois ficaria sem me comunicar pelos próximos 30 dias. Diziam que na Índia não iria poder correr pela muvuca do trânsito e o assédio à mulher sozinha. Estavam enganados! Contratei um Riquixá, que ficava na contramão dos carros me protegendo, levando minha água enquanto afastava as pessoas, permitindo que eu corresse, mas com a condição de que quando passássemos pelo seu "dono" eu subisse no Riquixá, assim ele não se sentiria humilhado. Nos tornamos amigos e conheci uma Índia que poucos conhecem.

No Nepal, fiz *trekking* pelos arrozais e plantações de pimenta, dormindo em casas de camponeses sem luz, fogão ou qualquer artigo de conforto. Tomei banho nas águas correntes das geleiras do Himalaia; fiz *rafting* no rio Bagmati, que atravessa Katmandu, por oito horas, voltando no teto de um ônibus local, junto com as malas, tendo o Himalaia como testemunha e sentindo uma sensação de liberdade plena.

Aprendi a não ter medo de estar sozinha. No Tibet, o mundo budista invadiu minha alma! Disseram que não iria conseguir correr em Lhasa, cidade no topo do mundo com 3.490 metros de altitude. Novamente estavam errados. Como farmacêutica investigativa que sou, fiz um composto que me permitiu correr sem ter falta de ar. Me permiti escrever um *e-mail* contando resumidamente minhas aventuras e minhas descobertas para minhas filhas. Quando cheguei de volta ao Brasil, descobri que esse *e-mail* foi passado e repassado, sendo fonte de inspiração para muitos. Para minha vida pessoal, essa experiência me deu uma nova visão de mundo, de culturas, de formas de ver a verdade, de ver a realidade; como atleta, descobri que não há barreiras que não possam ser superadas.

A mulher que desembarcou de volta ao Brasil não era mais a mesma. O casamento estava acabado após 34 anos, portanto, era necessário me reinventar. Assim, a vida de aventuras começou. Convidei duas amigas e fomos para a África fazer safari, nadar em Zanzibar e subir o Kilimanjaro, a montanha mais alta da África. No dia de "ataque" ao cume do Kilimanjaro, nosso guia logo identificou que eu e minha amiga Lonise conseguíramos chegar ao cume em tempo recorde. E sem que tivéssemos conhecimento, apostou com os outros guias que nós duas, velhas de quase 60 anos, chegaríamos antes dos meninos fortes e robustos. E assim foi! Começamos a subir às 23 horas e fomos passando um a um dos trilheiros, até que só restava um jovem à frente. Este começou a passar mal e demos adeus a ele. Às 5 horas da manhã, antes mesmo de o sol nascer, estávamos no topo da África, nas neves eternas do Kilimanjaro, sob a dança frenética de vitória de nosso guia! No retorno da montanha, a cada guia que passava ia cantando sua vitória (nossa vitória) e assim vencemos na África! Hoje conheço 72 bandeiras e sempre me perguntam: qual é o lugar mais encantador? Respondo: cada um tem o toque especial de Deus, tornando-o único. Que o mundo é tão fantástico, se pudermos conhecê-lo e explorá-lo em seus detalhes peculiares, temos a oportunidade de deslumbrar geografias inimagináveis.

Sentia que precisava voltar às competições, e como seria isso? Na profissão, estava muito feliz, mas precisava algo mais empolgante, dinâmico. Um novo esporte! Teria que ser a natação, pois os pinos na coluna não iriam permitir a corrida competitiva. Fui para a internet entender a natação e aplicar na água as técnicas. Busquei informações sobre os campeonatos brasileiros para testar minhas chances. Fui para Ribeirão Preto (SP) e venci no nado *crawl*. Então pensei: se venci no *crawl*, posso vencer em outro estilo. Mas qual seria o outro estilo? Seria costas – com a cabeça para cima não iria me afogar. Foi então que precisei consultar um técnico para saber como se nadava costas e o que desclassificava na competição. Ele, já sabendo que eu nadava aprendendo pela internet, falou "natação não é receita de bolo", e ordenou que eu saísse da piscina. Imaginem minha indignação! Disse a ele que iria ao campeonato, nadaria costas, venceria e teria que engolir minha medalha. Então, montei em minha casa uma verdadeira academia para aprender a nadar de costas. Coloquei uma tábua na sala em cima de bancos, um espelho de corpo inteiro e comecei a treinar dia e noite. Chegou o dia da competição em Foz do Iguaçu (PR). Na primeira prova de costas, fui desclassificada, porque errei a virada. Na segunda, do mesmo estilo, não arrisquei a virada, fiz a convencional e venci! E, dois meses depois, fui para o campeonato sul-americano em Mar del Plata (AR) e venci nos 50 metros livre e 50 metros costas, tornando-me campeã sul-americana nesses dois estilos.

"Defina metas elevadas e não pare até conseguir." – E. M.

Mas vencer esses campeonatos havia sido fácil. Precisava de algo mais difícil e desafiador, como um Campeonato Pan-americano, que seria em Medelin/CO. Fui e não venci; fiquei em segundo lugar (venci esse campeonato em 2022). Não desanimei, pois teria o mundial na Rússia, em Kazan. Esse seria o desafio máximo! Comecei a me preparar física e mentalmente. Mas precisava de recursos financeiros para a viagem. Para tanto, decidi cortar o vício de beber Coca-Cola Zero. Peguei as garrafas vazias e escrevi nelas: "Vitória em Kazan nos 50 metros livre – obrigada, JESUS", e passei a beber água nessas embalagens. Desde que comecei a nadar, na minha touca está escrito "COM JESUS, DEBY", e no dia da prova dos 50 metros livre no mundial, quando estávamos na sala de balizamento, uma nadadora perguntou o significado da escrita na touca. Expliquei e ela retrucou: "Com ajuda externa não vale". Respondi a ela que a ajuda estava para todos. E logo depois outra nadadora pegou meu crachá para verificar meu tempo registrado. Rapidamente, disse que aquele tempo estava errado, que eu fazia bem menos e mostrei meu braço musculoso a ela. Pronto: ficou tão apavorada que, na largada, ficou grudada no bloco e eu venci! Passei a ser a primeira mulher brasileira a vencer um mundial nos 50 metros livre, batendo o recorde sul-americano na faixa e ficando entre as dez melhores nadadoras do mundo nos 50 metros livre e 50 metros peito.

"Eu gosto do impossível, porque lá a concorrência é menor."
– W.D.

"As ideias e as estratégias são importantes, mas o verdadeiro desafio é a sua execução." – P.B.

Depois de Kazan, minhas amigas de aventuras me acompanharam para subir o monte Elbrus, a mais alta montanha da Europa. O Elbrus me ensinou que desistir não é uma fraqueza, mas, sim, um ato de consciência. Com ventos de mais de 60 km/h, no dia de ataque ao cume, na madrugada sob forte nevasca, era jogada como folha de papel para baixo na montanha, não sentia mais minhas mãos e pés; a dor do congelamento havia me paralisado, então resolvi voltar. Aliás, no dia anterior, três pessoas haviam desaparecido e os helicópteros não conseguiram achar os corpos. Então, dei meia volta e desci durante três horas até o acampamento sozinha, mas feliz pela minha decisão.

Nesse dia, nenhuma pessoa chegou ao cume. A montanha venceu! Ao começar a nadar de forma autodidata, imaginei que, assim como eu, existissem vários nadadores espalhados pelo Brasil nas mesmas condições, nadando sem equipe, sem clube, a partir de planilhas enviadas por treinadores a longa distância em piscinas de todos os tipos. Assim, idealizei e criei a equipe *Sunt Spiritus Victors* (somos espíritos vitoriosos – sigla VS) e, hoje, essa ideia se alastrou por 14 estados. Temos como símbolo a deusa alada Niké da Vitória, carregando uma palma e uma coroa de louros. No nosso código de ética, o foco é a parceria, é competir dando o seu melhor, considerando que a equipe é a principal vencedora e não o atleta. Temos atletas de 28 a 99 anos, vencemos o troféu destaque em 2022, e somos uma das maiores equipes em campeonatos brasileiros, sempre recebendo premiações. Possuímos dois recordes mundiais em revezamento, em que a média de idade dos quatro integrantes é de 90 anos. E a cada troféu recebido um dos atletas é escolhido para levar consigo o símbolo da vitória da equipe VS. Meu maior objetivo é que cada nadador tenha um troféu VS na sua casa, simbolizando a parceria, a amizade e a superação.

Acredito que por minha característica vencedora, agregadora e de valorização humana, fui convidada para ser diretora técnica da Associação Brasileira Master de Natação (ABMN), na qual pude acrescentar um olhar diferente dentro das competições. Hoje, aos 64 anos, me sinto plenamente realizada na profissão, no esporte e na vida como um todo. Agradeço a Deus por ter me dado essa graça.

"Tudo posso naquele que me fortalece." – Filipenses 4:13

Diva Cataneo Fuganti

Nasceu em 16 de outubro de 1961, na cidade de Arapongas, no estado do Paraná, onde reside até hoje. Filha de Antonio Cataneo e Nelcina Ribeiro Cataneo. É proprietária da academia de natação e higroginástica Acquanade.

Trabalha com natação desde 1984, com natação para bebês a partir de quatro meses, crianças e adultos. O foco principal da academia são bebês e crianças de até 13 anos.

É graduada em Ciências Sociais pela Faculdade de Filosofia e Ciências e Letras de Arapongas. É CREF Provisionada em Educação Física pela Universidade Norte do Paraná (Unopar).

INSTAGRAM

Nadando rumo à mudança social

Meu primeiro contato com a natação foi por volta dos cinco anos de idade. Os verões no sítio da família eram repletos de aventuras emocionantes. E uma delas foi o contato com as águas dos rios. Naquela época, a natação era uma mistura de excitação e desafios. A sensação de liberdade que eu experimentava enquanto nadava era apaixonante. Os verões passados no sítio foram o início de uma jornada que me levou à natação e moldaram meu amor pelo esporte.

Minha família sempre me apoiou muito. Porém, meu pai sempre foi meu maior incentivador. Agradeço muito a ele por tudo. Meu pai, desde cedo, sempre apoiou o esporte para os filhos, nos incentivando a participar de festivais esportivos e competitivos já nos primeiros anos da escola. Quando nos interessamos pela natação, ele comprou ação do clube local para que pudéssemos frequentar as aulas de natação e para apoiar em todos os eventos.

Por volta de sete anos, meu pai comprou uma ação do clube da cidade.

Em pouco tempo, a piscina do clube se tornou o ponto central de nossas vidas. Meus irmãos, eu e nossos amigos nos reuníamos todos os dias para nossas aventuras. Minhas experiências aquáticas foram se desenvolvendo gradual e naturalmente.

Um dia, em torno dos meus dez anos, uma amiga nos convidou para fazer um teste de natação em outro clube da cidade, no qual estavam recrutando atletas. Então, lá fomos nós para mais esse desafio. Teríamos a oportunidade de aprimorar nossas habilidades na natação: aprendizado, aperfeiçoamento e treinamento. Encare os desafios. Respeite as regras e seus dirigentes.

Meu início na equipe marcou uma virada significativa na minha jornada aquática. Foi em um momento em que a natação deixou de ser apenas uma diversão para se tornar um compromisso. No entanto, o maior desafio foi nadar no inverno em água gelada, experiência que me transformou e solidificou amizades especiais que se tornaram uma parte valiosa da minha vida.

O fim da equipe de natação marcou um ponto de virada na minha jornada esportiva e me levou a explorar novos esportes. Embora tenha me aventurado em outras modalidades, meu coração sempre ansiava pela liberdade e serenidade que a natação me proporcionava.

Minha pausa na natação marcou o início de uma nova fase em minha vida. Aos 21 anos, terminei os estudos de Ciências Sociais e me casei. Parecia que a natação tinha ficado para trás, mas, na realidade, era apenas uma pausa. Então, surgiu a oportunidade de ser instrutora no mesmo clube em que eu treinava. A ideia de ensinar, compartilhar meu conhecimento e o amor pelos esportes, sabendo que eu poderia inspirar a descobrir a alegria e os benefícios da natação, me seduziram.

Tive dois filhos, Gabriel e Guilherme, meus bens preciosos, que me deram nova dimensão à vida. Aprendi a equilibrar responsabilidades enquanto mãe, esposa e profissional. Encarar o desafio da maternidade enquanto se mantém uma vida esportiva e profissional pode ser uma jornada desafiadora, mas também incrivelmente gratificante. Para equilibrar todas essas áreas da vida, é essencial estabelecer prioridades claras e criar uma rotina bem planejada.

Flexibilidade é a chave; estabelecer ajustes na rotina conforme necessário e aceitar que imprevistos podem acontecer é essencial para lidar com os desafios que surgem.

Planejamento antecipado é crucial para evitar o estresse desnecessário. Definir limites e aprender a dizer não quando necessário também é importante para evitar o esgotamento.

É importante lembrar que não é preciso ser perfeita em todas as áreas o tempo todo. Com equilíbrio, é possível conciliar a maternidade com uma vida esportiva e profissional satisfatória.

Meus filhos, desde sempre, compartilharam minha paixão pela água e tiveram a oportunidade de conhecer as alegrias e lições que esse esporte nos proporciona. Ter a oportunidade de ensiná-los a nadar foi uma experiência ímpar. Pude transmitir esse legado – o amor pela água.

Ensinei essa prática esportiva durante muitos anos em um clube que oferecia poucas condições e instalações limitadas.

A vida me premiou com uma grande surpresa: a oportunidade de abrir minha própria academia. Ter meu próprio espaço era um sonho acalentado há muito tempo. Era a oportunidade de proporcionar aos alunos um espaço de qualidade e com condições ideais para a prática da natação. Alcançar isso foi desafiador e gratificante.

Minha visão e perspectivas em relação à natação mudou. Já não me via mais como uma competidora, mas como uma instrutora comprometida, realizada e satisfeita. Não era uma profissão, mas uma vocação.

Durante o curso "Técnica do Esporte" conheci o professor Roberto Pavel, que me incentivou e reacendeu o desejo de competir. Esse encontro foi o responsável pela minha volta à natação competitiva e à descoberta da natação *master*. Tinha, na época, 30 anos.

Depois de anos afastada do esporte, retomei em um ambiente acolhedor e inclusivo, no qual nadadores de todas as idades participavam das competições.

Descobri que as competições masters não diziam respeito a competições de alto nível ou recordes pessoais, mas era o meio de manter-se fisicamente ativo e fazer novas amizades.

Primeiramente, participei de competições regionais de natação master.

A falta de treinamento não pode ser um obstáculo, mas um ponto de partida.

Dessa forma, voltei aos treinos para participar de campeonatos *masters*.

Os últimos 20 anos de dedicação à natação *master* me proporcionaram realizações incríveis. Minha paixão pelo esporte, dedicação e determinação me possibilitaram conquistas maravilhosas: sou recordista brasileira e sul-americana e passei a integrar a lista TOP TEN FINA (hoje, World Aquatics), ou seja, estar entre as dez melhores nadadoras do mundo de minha faixa etária, nas provas de 50, 100 e 200 metros peito, durante três anos consecutivos, de 2020 a 2022.

Essas conquistas representam não apenas a excelência nas competições, mas também a resiliência e a disciplina exigidas ao longo de anos de sacrifícios e dedicação, sobretudo depois de uma cirurgia de coluna e um câncer de tiroide.

Além dos triunfos nas piscinas, as competições me levaram a lugares incríveis dentro e fora do Brasil. A partir das competições, tive a oportunidade de explorar diversos locais e culturas que só fizeram expandir meus horizontes, enriquecendo minha vida que, agora, tinha novas formas de olhares.

Um aspecto muito valioso de minha participação nesse mundo *master* foi a consolidação de amizades – pessoas inspiradoras de todas as partes, cujo ponto em comum é a natação. Tais amizades tornaram-se parte fundamental da minha vida para além das piscinas.

Participar das competições tem sido uma aventura maravilhosa, que me deram o sabor das vitórias e viagens inesquecíveis. Superar limites e buscar a excelência é o testemunho de que a paixão pelo que se faz pode nos levar a realizações incríveis. Não há idade que limite tudo isso.

Mas, sobretudo, a natação foi muito importante para minha saúde. Tive problemas de hérnia de disco; fiz uma cirurgia da coluna; perdi parte neural da perna, e a natação me ajudou demais na recuperação. Não fosse o esporte, não conseguiria continuar a competir.

Em 2017, fui diagnosticada com câncer de tiroide e a retirei completamente. Esse fato dificultou minha continuidade de *performance* nas competições de natação. Mas todos os anos em que pratiquei o esporte me ajudaram a poupar saúde. Minha recuperação foi muito melhor graças ao esporte. Valorizem cada momento, escutem seus corpos, mantenham-se resilientes e busquem apoio quando necessário. A saúde e o bem-estar são prioridades.

As competições me levaram a quase todos os estados do Brasil e a 22 países.

Não fosse a natação, talvez eu não tivesse a oportunidade de conhecer lugares para os quais jamais imaginei ir.

Mas nunca pensei que a natação me levasse a outras histórias tão diferentes.

Durante a pandemia, em 2021, houve o Campeonato Sul-americano de Natação Master no Rio de Janeiro, organizado pela Associação Brasileira Master de Natação (ABMN).

Fiquei em um hotel no centro do Rio de Janeiro e, depois do jantar, saí para passear no bairro da Lapa. Me deparei com um baile na rua em que todos estavam aglomerados e sem máscaras.

Nesse burburinho, detive meu olhar em um rapaz, morador de rua. Ele estava extremamente sujo, vestido com um *short* e em situação deplorável. Não consegui entender o motivo pelo qual esse rapaz me chamou tanto a atenção.

Percebi que ele não estava com outros moradores de rua. Ele me pareceu diferente. Aparentemente, conhecia a música e cantava junto. Ele tinha um olhar diferente dos outros moradores. Me senti apreensiva e pensei que talvez ele estivesse perdido. Achei estranho e fiquei prestando atenção nele. O rapaz foi até uma lanchonete, assistiu à televisão e começou a acompanhar a música da TV.

Me passou até pela cabeça sobre a possibilidade de ele ter sido raptado quando criança e estivesse perdido. Percebi que ele não interagia com nenhuma outra pessoa.

Voltei à minha cidade no sul. No Instagram, vi a lanchonete na qual ele esteve. Enviei uma mensagem perguntando se conheciam aquele rapaz, se ele era morador da região. Não esperava uma resposta. Porém, ela chegou. O proprietário da lanchonete explicou que o rapaz perambulava há um ano e que não interagia com ninguém.

Disse que ele não falava, não olhava diretamente para as pessoas. O estado físico dele era avassalador: muito cabeludo, unhas enormes. O dono da lanchonete tentou se aproximar dele a fim de obter mais informações e me enviou os vídeos. O menino não interagia de modo algum.

Fui conhecendo esse menino por meio dos vídeos que esse senhor me enviava. Finalmente, descobrimos que seu nome era Igor e que morava nas ruas há dois anos.

Houve outra competição no Rio pouco tempo depois e voltei para lá. Novamente, estava na Lapa e eis que encontro o Igor. Me aproximei dele. Fui ignorada. Me apresentei e disse que o dono da lanchonete havia falado dele e que eu gostaria de saber quem era ele. Não consegui nenhuma resposta.

Retornei ao Paraná. Tempos depois, fui convidada a nadar no campeonato estadual do Rio. E, mais uma vez, fiquei hospedada na Lapa. E, novamente, encontrei o Igor. Ele me reconheceu e, dessa vez, não me ignorou. Percebi que ele devia ter algum problema mental – pensei que fosse autismo. Como também trabalho com autistas, reconheci algumas características de autismo nele.

Durante todo o período da competição, depois das provas, eu me dirigia a ele na rua – ele morava ao lado da Delegacia de Polícia. Dormia na calçada sem nada.

Conversava com ele e, no início, percebi que ele não gostava. Até então, ele não havia pronunciado uma só palavra. Disse-lhe, então, que eu voltaria ao hotel e não o incomodaria mais. E, finalmente, ele disse: "Não. Fique aqui". Foi a primeira vez que ouvi sua voz.

Percebi por meio dos vídeos que havia recebido que ele se comunicava a partir de expressões faciais – quando queria algo, quando gostava ou não de algo. Quando estava bravo.

Voltei ao Paraná. Refleti e me convenci de que o Igor não era um morador de rua de sempre. Ele, com certeza, tinha uma história. E eu iria tentar descobrir qual era a dele.

Voltei ao Rio para investigar melhor. Soube por meio de alguns moradores que ele chegou a estudar em uma escola ali por perto. Fui até a escola, conversei com a diretora, mas ela não conseguiu me dar muitas informações. Eu já tinha o nome dele e o nome da mãe dele. Passei à diretora a fim de ajudar a identificá-lo e obter mais informações.

Voltei ao Paraná e, alguns dias depois, recebi mensagens confirmando que o Igor foi efetivamente aluno da escola e me enviaram informações do registro de nascimento dele. Fui até o cartório e solicitei segunda via. Recebi o registro. Com isso, já sabia quem ele era, filho de quem, somente mãe e sem pai. Consegui também na Receita Federal o CPF do Igor, de 2016.

Com base nisso, cheguei à conclusão de que ele era um menino com família e com moradia. Descobri também que ele tinha um título de eleitor.

Minha pergunta sempre foi: quem era esse menino? Por que estava vivendo nessas condições? Consegui o currículo escolar dele e cheguei à história da mãe, que havia falecido em 2015. Como ele tinha transtorno mental, ele foi largado na rua. Não havia notícias de família. Até que conheci alguém que havia conhecido a mãe do Igor e fiquei sabendo que ele tinha uma irmã.

Sempre tive receio de cuidar dele – cortar os cabelos, as unhas enormes e imundas...

Depois de várias conversas com Igor, tive a permissão de cortar suas unhas. Tive o auxílio de outro morador de rua para esse início de higiene. Levamos o garoto para um apartamento, onde tomou um banho com a ajuda do colega. Acredito que havia já alguns anos que não tomava banho. Cortamos seus cabelos e demos roupas limpas. E ele voltou para a rua.

Fiz um *"tour"* pelo bairro e pedi às lanchonetes que o ajudassem na medida do possível com alimentação, água, enfim, o mínimo necessário.

Uma vez, o instalei em um hotel para que ele pudesse se lavar e comer bem. Várias vezes fui expulsa de hotéis e de apartamentos. As pessoas têm muito preconceito. Entrar em algum lugar com um morador de rua, definitivamente, não faz parte do *script*. As pessoas não gostam de lidar com esse tipo de situação.

A irmã do Igor não quer saber dele. Ela me bloqueou na rede social e no telefone. Fui ao Centro de Referência de Assistência Social (CRAS), fui à Polícia, a hospitais. Tentei de tudo para conseguir ajuda. Nunca consegui absolutamente nada.

Igor não entra em carros nem em estabelecimentos. Eu queria que ele tivesse algum documento no caso de ser internado. Com muita dificuldade, consegui que a Defensoria Pública, a meu pedido e insistência, fosse até o apartamento para tirar suas digitais. Finalmente, Igor obteve seu documento de identidade.

A partir daí, tentei junto ao CRAS uma colocação dele em algum lugar, alguma clínica ou que ele conseguisse algum benefício. Em vão. Nunca consegui alguma ajuda de nenhuma instituição e de nenhum poder político.

Como sempre fui atleta e como sempre treinei a resiliência e a perseverança, essas duas características foram usadas para a tentativa de encontrar uma solução para o Igor a fim de lhe dar uma qualidade de vida melhor.

Os moradores de rua que conheci durante esse período foram as pessoas que mais me ajudaram.

Passei momentos extremamente difíceis com as pessoas que se dispuseram a ajudar, mas que, na realidade, nunca ajudaram. O preconceito é incomensurável.

Em 2021, fui quase todos os meses ao Rio de Janeiro. Nesse tempo de convivência com o Igor, percebi que ele, aos poucos, me mostrou que consegue mexer com computador, ele tem *e-mail*, já estudou e ele perdeu tudo isso por causa de um problema neurológico. Como o Igor não recebe tratamento, ele não consegue se desenvolver. Percebi que houve um grande desenvolvimento com minha atuação em reinseri-lo em ambientes que despertavam suas capacidades. Porém, todas as vezes que ele voltava às ruas, ele voltava à estaca zero.

Me dediquei ao progresso do Igor durante dois anos – 2021 e 2022.

No entanto, moro há mais de 1.000 km do Rio, tenho minha família e meus afazeres profissionais, que fazem com que as dificuldades sejam quase intransponíveis.

A última vez que o vi, foi em julho desse ano. Estava em um estado deplorável. A sujeira era tamanha, que desenvolveu doenças no couro cabeludo e ele ficou internado em um hospital.

O único vínculo atual é com um morador de rua chamado Daniel, que me envia notícias do Igor.

Ainda tenho esperança de que eu consiga algo que possa melhorar a vida dele.

Em geral, muito falamos dos benefícios que o esporte nos proporciona: saúde, longevidade, sociabilidade, inclusão social, cultura, viagens, gastronomia...

No entanto, nesse caso, a partir do esporte, fui incluída na realidade social de uma pessoa que faz parte de uma parcela da população dita "excluída".

O esporte me incluiu no mundo da exclusão.

Vivi o processo de afastamento e privação de determinados indivíduos no âmbito da estrutura social. Descobri comportamentos intolerantes.

Minha ida às competições me mostrou que, para se construir uma sociedade mais justa, é necessário reconhecer e superar preconceitos.

O esporte me levou à conscientização de que é fundamental que todos sejam tratados com igualdade e respeito.

"Igors" podem nos colocar frente a frente com tais dificuldades que, talvez, desconhecemos em nós mesmos.

Eneida Levenzon

Mãe, professora, empresária e ginasta de alto rendimento. Foi campeã estadual em 1964, 1966 e 1967, campeã brasileira individual em 1967 e 1971. Também foi campeã estadual e brasileira por sete anos seguidos. Além disso, representou o Brasil nos Jogos Desportivos Luso-Brasileiros em 1966 e 1972, em Portugal e na África, nos Jogos Pan-Americanos em 1967 no Canadá, 1971 na Colômbia e 1975 no México e no Mundial em 1974 na Bulgária. Foi escolhida a melhor atleta do ano pelo Departamento de Educação Física e Desporto do Rio Grande Sul nos anos de 1966, 1967 e 1970. Também foi atleta laureada e grande laureada pelo Grêmio Náutico União e pelo Departamento de Educação Física e Desporto. Na ocasião desse último laureamento, o Clube Grêmio Náutico União a homenageou, nomeando um barco do departamento de remo de Eneida. Hoje, faz parte de dois grupos, nos quais faz apresentações de dança acrobática, jazz e ballet e participa de campeonatos *Masters*.

INSTAGRAM

Eneida, eternamente ginasta

Sou Eneida e talvez eu não teria sido campeã brasileira de ginástica não fosse o frio do inverno! Filha de romeno com gaúcha, meus pais me incentivaram a praticar esportes como *ballet* e, posteriormente, natação. Mas a falta de uma piscina térmica no clube me fez mudar para a ginástica artística.

O começo

Nasci em Porto Alegre, no Rio Grande do Sul, e sou a caçula de três irmãos. Fomos criados com muito amor pelos nossos pais e incentivados a ter um convívio amigável entre nós.

Dentro de nossa casa, sempre foi dada importância ao estudo, para garantir que no futuro pudéssemos ter uma boa profissão e autonomia. Já na década de 1960, meus pais frisavam sempre que uma mulher deveria estudar, ter a sua própria profissão, ser capaz de se sustentar e não depender financeiramente de ninguém.

Foi aí que comecei minha vida de atividade física orientada, aos 6 anos de idade. Digo orientada porque sempre fui muito ativa. Lembro de preocupar meus pais subindo em árvores e em muros, e aprontando de modo geral. A primeira atividade física que pratiquei no clube foi o *ballet*, mas não consigo lembrar muitos detalhes das práticas. Lembro, porém, que após as aulas minha mãe nos levava para lanchar no clube, e eu adorava o doce de rum que eu comia lá.

Alguns anos depois, fui aprender a nadar. Logo me destaquei e o técnico me chamou para treinar na equipe de competição. Ganhei algumas medalhas, mas minha carreira foi bem curta, durando aproximadamente uns três anos. Naquela época não existia piscina térmica e, já que não dava para praticar durante o inverno, procurei outro esporte.

Primeiro contato com a ginástica

Num desses invernos, aos 12 anos, conheci a ginástica olímpica, hoje chamada de ginástica artística. A experiência inicial foi de amor à primeira vista. Eu me apaixonei por tudo o que fazíamos ali: correr, saltar, pular de pernas para cima e de cabeça para baixo, acrobacias etc. Lembro até hoje do brilho no meu olhar, a reação do meu corpo: parecia que ele estava falando comigo, revestido de muita alegria e entusiasmo. Eu amava ser desafiada, poder dominar meu corpo em cada aprendizado e depois executá-lo da melhor forma possível. A meta era sempre melhorar cada vez mais. Sempre havia novas metas e desafios, não parecia haver fim para os aprendizados e o aperfeiçoamento. Desde o começo, me encantaram a jornada, o caminho, a busca, e não o destino em si. E isso me manteve focada por muitos anos. Fiquei tão entusiasmada que passei a treinar também em casa. Usava as poltronas para ficar de ponta-cabeça, com as pernas na parede. Com o tempo, elas ficaram marcadas, para desespero da minha mãe.

Outra história que mostra minha dedicação é a de quando eu precisei chateá-la deliberadamente. Nós tínhamos um casamento para ir num dia de treino. Ela queria que eu faltasse para me arrumar em casa com a família e depois sairmos juntas, mas fui treinar. Levei a roupa, me arrumei no vestiário e de lá fui para o evento. Eu não me permitia perder nenhum treino. O resto da vida eu encaixava depois.

Em seguida, progredi e entrei na equipe principal. E, então, começaram as competições. Os treinos ficaram mais exigentes e a carga horária aumentou. Treinávamos até quatro horas por dia, todos os dias. A dedicação era tanta que, quando eu saía de casa, a sensação era a de estar indo a uma festa, porque eu cuidava de todos os detalhes: a roupa, o cabelo bem preso e uma fitinha que combinasse com o *collant*. Tudo era cuidadosamente escolhido. Eu me empenhava antes, durante e depois do treino. Fora a prática da ginástica, também tínhamos a preparação física para melhorar força, flexibilidade e explosão, e as aulas de *ballet*, para aprimorar nossos movimentos de solo e trave – dois dos quatro aparelhos que a ginástica artística tem. Os outros dois são as paralelas e o salto sobre o cavalo (hoje, salto sobre a mesa).

Primeiras vitórias e competições internacionais

Em 1964, aos 14 anos, fui campeã estadual no Rio Grande do Sul, individualmente e por equipe. Depois disso, saí pela primeira vez para competir fora. Fomos para o Rio de Janeiro participar dos Jogos da Primavera. Dentro do ginásio, fiquei muito nervosa; havia equipes de vários estados do Brasil. Disse ao meu técnico como eu estava me sentindo e ele me deu a metade de um comprimido. Mais tarde, fiquei sabendo que era um comprimido de Melhoral. Talvez tenha sido só o efeito placebo, mas funcionou; eu me acalmei e consegui participar.

Em 1965, voltamos ao Rio de Janeiro, dessa vez para os Jogos Mundiais da Primavera. Vieram equipes de vários países. Eu lembro particularmente de duas ginastas, uma japonesa e a campeã da Tchecoslováquia. Em 1966, participei do meu primeiro campeonato fora do Brasil. Naquela época, havia um convênio entre Brasil e Portugal, em que a cada três anos eram realizados os Jogos Desportivos Luso-brasileiros, alternando o país-sede.

Fui convocada pela Confederação Brasileira de Desportos (CBD) e representei o Brasil em Portugal e na África – na época, Angola e Moçambique eram parte de Portugal. Foi também a primeira vez que viajei de avião; passei mal durante todo o voo, mas fui bem cuidada pelas aeromoças.

Em 1967, fui campeã brasileira individual e por equipe pela primeira vez, e participei dos Jogos Pan-americanos, que ocorreram no Canadá. Foi muito emocionante representar o Brasil e ver as enormes delegações de todos os países das três Américas. A nossa delegação era grande, tínhamos atletas de todos os esportes. Recebemos uniformes para cerimônias e para treinos; essa identidade visual nos aproximava. Foi muito gratificante andar com eles e me sentir representando o Brasil.

Na Vila Olímpica também estavam todas as outras delegações. Tivemos contato com pessoas de vários outros países e suas culturas – ouvimos idiomas, assistimos a danças folclóricas etc. Conhecemos excelentes ginastas de outros países. Ao final das competições, trocávamos os *collants* com algumas delas. Quando chegamos no Brasil com os *collants* de outros países, todo mundo nos olhava, era bem legal. Além disso, eu, fanática como sempre, aproveitava todas as oportunidades para ver os treinos e as práticas das equipes de outras nações, especialmente as mais fortes – as americanas, cubanas e canadenses. Elas sempre venciam essas competições; o Brasil ainda estava engatinhando em nível internacional. Hoje não. No momento em que escrevo, o Brasil ganhou o último Pan-americano.

Fazer parte de uma seleção brasileira foi indescritível, um aprendizado para a vida toda. Sempre que eu era selecionada, sentia um misto de emoções: alegria, conquista, dever cumprido, vontade de fazer mais e, no meu íntimo, eu ouvia uma voz dizendo "tudo valeu a pena". Olhar para trás e ver pelo que passei para chegar lá, ver o que fiz para que isso acontecesse – toda a trajetória e os desafios que enfrentei, todos os sacrifícios e as dificuldades superadas – me traz muita satisfação. Tudo isso colaborou para a minha formação como pessoa, pois o esporte melhora nossa autoestima, autoconfiança, socialização e também na construção de valores morais e éticos.

Em 1969, eu me casei e dei uma pequena pausa na vida de ginasta, para curtir a vida, a casa nova e tudo o mais. Depois, voltei a ser campeã brasileira em 1971. Também venci a Taça Grêmio Náutico, o clube que eu representava, que foi uma competição internacional. Depois, participei de mais duas edições dos Jogos Pan-americanos: o de Cali, na Colômbia, em 1971, e o do México, em 1975. Neles, o que mais ganhamos foi aprendizado, especialmente de como treinar e melhorar. Isso nos ajudou a vencer outras competições. Mas, ainda em 1969, entrei na faculdade de Educação Física. Em 1971, me formei e em 1972 comecei a trabalhar numa escola. Em 1972, também fui vice-campeã brasileira e convocada novamente para os Jogos Deportivos Lusos-brasileiros em Portugal e na África, em que também fui vice-campeã individual e fiz o passeio mais emocionante da minha vida, um safári.

Desafios além das competições – a vida de mãe atleta, professora e empresária

Em 1973, engravidei do meu filho, Fábio, e parei de treinar, para protegê-lo, porque na ginástica se usa muito o corpo em contato com os aparelhos, e achei que os impactos poderiam ser prejudiciais para o bebê. Então, decidi priorizar uma gravidez tranquila. Eu já era professora e técnica e, nesse ano, foi inaugurado o Centro Estadual de Treinamento Esportivo (CETE), para formar e incentivar atletas de alto rendimento. O primeiro ginásio a ser inaugurado foi o nosso, o de ginástica artística, e eu fui um dos quatro professores escolhidos para trabalhar lá. Todos éramos atletas formados em Educação Física. Sempre tive vontade de formar campeãs e no CETE eu tive essa oportunidade. O trabalho foi mais uma das minhas paixões de vida. Paixão tão grande que, durante a carreira, participei de vários cursos de aperfeiçoamento, inclusive um estágio de treinamento na Alemanha.

Em novembro de 1973, meu filho nasceu. Em julho de 1974, houve o Campeonato Pré-mundial na Bulgária e, no final do mesmo ano, o Campeonato Mundial de fato. Lembro que algumas amigas me diziam que, quando ficamos grávidas, perdemos toda nossa força na região abdominal. Eu pensava que comigo seria diferente, mas depois de 45 dias do parto, quando o médico me liberou para voltar a treinar, eu não tinha força para fazer um único abdominal. Foram treinos muito intensos para tentar recuperar. Eu queria muito participar dos campeonatos; foi um período de muita dedicação. Lembro-me de noites em que eu não tinha energia nem para tirar a roupa de treino; adormecia com ela e só acordava quando o Fábio chorava, pois estava na hora da mamadeira. Eu o colocava no meio da cama, entre eu e meu marido, para poder descansar. E, apesar do esforço, não fui selecionada para competir no Pré-mundial, mas fui chamada como técnica delas, pois elas eram, na maioria, gaúchas. No final do ano, porém, fui convocada para competir no Mundial como atleta. Todo o esforço se pagou. Foi lindo poder competir com as melhores ginastas do mundo, especialmente por poder ver as russas, que eram as melhores, treinando e competindo.

Tudo o que fiz na ginástica, como atleta, professora e técnica, foi com muito amor. Quando trabalhamos com amor, nada nos detém. Vamos com tudo e tudo acontece. É muito foco, trabalho, disciplina, planejamento, dedicação. Foram horas, dias, meses e anos de repetições, correções e aperfeiçoamento constante, com muita intensidade e satisfação.

Indo além das competições, minha mãe queria que eu largasse a ginástica competitiva e me aposentasse como atleta, focando ser professora, talvez fazer outro concurso. Mas eu não conseguia pensar assim e terminei seguindo meu caminho, não o que ela desejava para mim. Porém, com o passar do tempo, minha visão mudou e eu passei a ter outros desejos e ambições. Fui convidada para abrir uma empresa dentro de uma escola aqui em Porto Alegre. Era uma escolinha de ginástica para crianças.

Foi meu primeiro empreendimento. Pude fazer ótimos espetáculos lá dentro e levar as crianças para campeonatos escolares.

Outra memória que me traz muita satisfação é a de quando, em 2007, o Brasil sediou os Jogos Pan-americanos e eu vivi uma das maiores honras da minha vida, a de carregar a tocha olímpica aqui em Porto Alegre. Foram selecionadas algumas personalidades importantes do esporte no nosso estado e eu fui uma delas. Todos carregamos a tocha por uma parte do percurso.

Depois daquele empreendimento, segui outro caminho, dessa vez fora da ginástica. Abri, com um sócio, uma empresa de videoaulas voltadas para concursos públicos. Tivemos bastante sucesso, vendendo pacotes de aulas para todo o Brasil. A empresa contava com 12 funcionários e foi nela onde mais trabalhei na vida. E, de tanto trabalhar, em 2014 tive um pequeno infarto. Comecei a passar mal à noite, com dor. Fui para a emergência e lá foi visto que eu estava com arritmia. Os médicos precisaram fazer uma cardioversão, o procedimento para reverter as batidas ao ritmo normal, e colocar um *stent* no meu coração. Todo mundo se surpreendeu. A Eneida, que era magrinha, atleta e saudável, foi quem infartou. Foi um baita de um susto, mas também foi relativamente tranquilo – foi um infarto pequeno e não fiquei com nenhuma lesão ou sequela. Provavelmente foi causado apenas por estresse do excesso de trabalho. Ainda assim, foi um momento delicado e a recuperação psicológica foi bastante trabalhosa, porque fiquei com medo de que algo pudesse acontecer. Desde então, tenho evitado e cortado qualquer fonte de estresse na minha vida. Mas deu tudo certo, graças a Deus.

Mudando de perspectiva e vivendo melhor por meio do esporte

Uma das alegrias de minha vida é que eu e minhas amigas da ginástica, do tempo da adolescência, nunca nos separamos totalmente. Todas seguimos nossos caminhos, casamos, tivemos filhos etc. Mas sempre tínhamos pelo menos um reencontro anual, em que saíamos para colocar a conversa em dia. E, uns anos atrás, num almoço, eu propus a ideia de voltarmos a treinar e praticar esporte juntas. Elas aceitaram, começamos a treinar e a fazer algumas apresentações.

Nosso grupo é chamado Ginastas Douradas, por conta de todas as nossas conquistas do passado, as medalhas e os troféus.

E, em 2021, ainda durante a pandemia, surgiu o Master de Ginástica aqui no Brasil. Em Porto Alegre, tivemos o primeiro encontro e nós, as Ginastas Douradas, fomos convidadas para nos apresentarmos na cerimônia de abertura. Foi um sucesso total! Fizemos nossa coreografia com uma peça do musical *Mamma Mia*. A partir daí, o *master* começou a crescer cada vez mais.

Eu estou aqui hoje, com 74 anos de idade, em plena atividade física, me desafiando cada vez mais e mais apaixonada pelo que faço. Percebo muito o valor disso para a minha faixa etária, a qualidade de vida só melhora. E, com o grupo das Douradas, parece que o tempo voltou. Estou podendo reviver hoje o que eu vivi no passado. A alegria de poder pisar novamente no tablado de ginástica é indescritível. Onde um dia fui uma celebridade do esporte, me exercitar com outro olhar – o da saúde, do prazer de estar com as amigas, do desafio e da superação – é uma experiência revigorante. Poder superar minhas limitações todos os dias, sem me acovardar com as dores, porque elas aparecem mesmo, é maravilhoso.

Se você se permitir, o próprio exercício vai curar muitas das suas dores. Deixar o sofá para depois da janta e não sentar o dia todo é ótimo para minha saúde. Se você quer chegar bem aos 90 anos, caminhando e calçando o próprio tênis, ao invés de estar numa cadeira de rodas, comece a se preparar e programar o seu futuro, comece a incluir atividade física nele. Não tenha vergonha. Todos temos nossas limitações e dificuldades, estamos nos exercitando justamente para superá-las, e nunca é tarde para começar ou recomeçar.

Ezidineia Gonçalves

Nasceu em São Paulo e atualmente tem 54 anos. Mora em Piracicaba, onde leva uma vida dedicada não só à sua família como promotora de mercado, mas também ao apoio comunitário. É divorciada e tem dois filhos que a inspiram diariamente.

Juntamente com sua amiga e sócia, Vanilsa, fundou o grupo KAZAMIGAS, que hoje reúne mais de 380 mulheres. O grupo tem como foco principal o suporte mútuo e o incentivo à prática da corrida de rua, promovendo não apenas o bem-estar físico, mas também a solidariedade entre suas integrantes.

O KAZAMIGAS também se dedica a ações sociais significativas, oferecendo suporte às mulheres do grupo que se encontram em situações de necessidade. Até agora, o grupo conseguiu contribuir com a distribuição de fraldas e cestas básicas, e oferecer ajuda a acidentados e pessoas com deficiências físicas, fortalecendo sua missão de fazer a diferença na comunidade.

INSTAGRAM

Sobrevivente

Renascimento e Empoderamento: A Jornada de Ezidineia Aparecida Gonçalves

Uma nova fundação

Nasci em São Paulo e sou filha de José Maria e Francisca. Minha infância foi passada em Campinas, interior de São Paulo, onde tive duas irmãs, uma das quais, infelizmente, já faleceu.

A separação dos meus pais quando eu tinha apenas três anos marcou profundamente minha vida, especialmente o abandono por parte da minha mãe. Meu pai assumiu sozinho a responsabilidade de cuidar de nós, o que cultivou em mim uma profunda admiração por sua resiliência. Ele tentou reconstruir sua vida amorosa, mas infelizmente essas tentativas não foram bem-sucedidas. Hoje, aos 87 anos, ele continua sendo um exemplo de força e perseverança.

Aprendizados: resiliência e capacidade de adaptação são fundamentais. Aprendi desde cedo que a vida está repleta de mudanças e que as enfrentar com coragem é essencial para o crescimento pessoal.

Transição para Piracicaba

Aos 14 anos, aconteceu uma grande mudança: mudamo-nos para Piracicaba por conta da transferência de trabalho do meu pai. Ele trabalhava na Schindler, uma empresa de elevadores, e era responsável pela manutenção desses equipamentos.

Adaptar-me a uma nova cidade foi desafiador, mas também abriu novos horizontes em minha vida, ensinando-me sobre a importância de se ajustar e encontrar novas oportunidades em cada situação.

Aprendizados: mudanças são oportunidades disfarçadas de desafios. Aprendi a enfrentar o desconhecido com otimismo e a buscar estabilidade emocional e social em novos ambientes.

Construindo resiliência na vida adulta

Minha vida adulta começou com a maternidade. Meu primeiro filho, Tiago, nasceu quando eu tinha 20 anos. Seu pai, um homem que eu amava profundamente, faleceu em um trágico acidente de moto, deixando-me sozinha com nosso filho. Anos depois, casei-me novamente e tive minha filha Daniele. No início, nosso casamento parecia perfeito. Cuidava da casa e dos filhos, e juntos construímos um lar. Contudo, não consegui concluir meus estudos, e a falta de educação formal foi um obstáculo que muitas vezes me fez sentir limitada.

Aprendizados: a maternidade me ensinou sobre a força incondicional do amor. O amor por meus filhos foi a força-motriz para superar os obstáculos. A importância de buscar apoio e continuar aprendendo por meio da vida foi uma lição valiosa.

Caminho para a paz e autonomia

Descobri que meu segundo marido estava envolvido com

drogas e álcool, o que trouxe caos e violência para nosso lar. Seu comportamento ciumento e controlador se tornou insuportável. A situação escalou para abusos físicos e emocionais, e nossos filhos eram frequentemente testemunhas. A decisão de deixá-lo foi uma das mais difíceis que já tomei, principalmente por conta da minha dependência financeira e do medo de não conseguir sustentar meus filhos sozinha.

Aprendizados: perdoar não significa esquecer, mas escolher viver livre do peso do passado. A autonomia começa com a decisão de tomar as rédeas da própria vida. Buscar ajuda externa, como suporte legal e comunitário, foi crucial.

Encontrando força no esporte e na comunidade

A virada em minha vida ocorreu quando me inscrevi em uma academia, incentivada por meu filho, que se transformou em minha filha e hoje vive na Alemanha. Na academia, conheci Vanilsa, que me introduziu ao mundo da corrida. Juntas, fundamos o KAZAMIGAS, um grupo que se tornou um refúgio e um espaço de empoderamento para muitas mulheres. Por meio da corrida, descobri uma nova paixão que reconstruiu minha saúde física e mental.

Aprendizados: o esporte me ensinou que o cuidado com o corpo é essencial para a saúde mental. Criar o KAZAMIGAS revelou o poder da comunidade e como o apoio mútuo pode transformar vidas. A solidariedade e o compartilhamento de experiências fortalecem indivíduos e comunidades.

KAZAMIGAS: um símbolo de transformação

O grupo KAZAMIGAS cresceu para incluir mais de 380 mulheres, transformando-se em um movimento de autoajuda e apoio mútuo. Organizamos eventos e ações sociais que beneficiam não apenas nossas membros, mas também a comunidade mais ampla. Cada corrida, cada novo evento é um testemunho de que, juntas, podemos superar qualquer coisa.

Aprendizados: liderar é servir. Ao ajudar outras mulheres a encontrar suas forças, fortaleci as minhas próprias. Cada desafio superado e cada novo membro que se junta reafirma o impacto positivo que podemos ter.

Olhando para o futuro com esperança

Hoje, olho para o futuro com esperança e determinação. A corrida me ensinou a importância de estabelecer metas pessoais e comunitárias, mantendo a motivação e o entusiasmo pela vida. Cada passo em uma corrida é um lembrete de que estou avançando, não apenas pessoalmente, mas também ajudando outras a fazerem o mesmo.

Aprendizados: a superação da depressão e da ansiedade por meio do esporte ensinou-me que sempre há uma luz no fim do túnel. A corrida, agora uma paixão, é uma metáfora para a vida: enfrentar cada quilômetro é como enfrentar os desafios da vida, um passo de cada vez.

Fabiana Beltrame

Graduada em Educação Física pela Universidade do Estado de Santa Catarina (UDESC). Foi a primeira atleta a participar de Jogos Olímpicos na modalidade remo, em Atenas, em 2004. Também competiu nas Olimpíadas de Pequim, em 2008, e em Londres, em 2012. Foi a primeira remadora brasileira a conquistar uma medalha em Jogos Pan-americanos – prata em Guadalajara, em 2011, e em Toronto, em 2015. Também foi a primeira atleta brasileira a conquistar uma medalha de ouro em um Campeonato Mundial, em Bled, em 2011. Além disso, tem 32 títulos brasileiros e nove títulos sul-americanos. Conquistou dez vezes o Prêmio Brasil Olímpico da modalidade.

Atualmente, é sócia-fundadora do Remo Fitness, uma plataforma de Treinamento de Remo Indoor Online.

INSTAGRAM

Uma escolha
pode mudar sua vida

A vida pode levá-lo por caminhos que você nem imagina, apenas com uma escolha. Antes de começar a remar, tinha planos de fazer faculdade de Medicina Veterinária, mas, aos 15 anos, o remo entrou na minha vida e mudou todo o meu destino.

Sou a filha caçula de uma família de três filhas e meus pais eram meus maiores exemplos de persistência e determinação. Me mostraram, com suas ações, que nada cai do céu. Meu pai trabalhava das 5 às 22 horas de pé num quiosque no Centro de Florianópolis e minha mãe, além de criar as três filhas praticamente sozinha, ainda ajudava meu pai. E depois de tanto esforço, conseguiram uma vida melhor e mais tranquila. Isso me mostrou que, com persistência e determinação, eu também poderia conquistar os meus objetivos.

Era uma criança muito ativa e estava sempre procurando uma atividade diferente para fazer. Morava numa rua sem saída num bairro calmo de Florianópolis, em que todas as crianças eram meninas. Brincávamos o dia todo de vôlei, futebol e bicicleta. Mas eram apenas brincadeiras de criança e nunca tive o sonho de ser atleta. Na pré-adolescência, eu e minha melhor amiga da rua, Denise, começamos a fazer natação, depois fizemos vôlei por um tempo.

Até que um dia eu e a Denise passeávamos de bicicleta pela beira-mar norte e avistamos alguns barcos de longe. Eram os atletas dos clubes de remo treinando. Ficamos curiosas e, como sempre estávamos buscando novas atividades para fazer, decidimos experimentar.

No dia seguinte, entramos muito tímidas no Clube Náutico Francisco Martinelli para fazer a nossa matrícula. No primeiro dia, ficamos no tanque, que é uma estrutura dentro do clube para aprender o movimento da remada, antes de ir para a água. Desde o início, já gostamos muito e saímos com as primeiras bolhas nas mãos, muito orgulhosas e decididas a voltar na próxima aula. Já tinha praticado outros esportes, mas começar a remar foi especial. Desde a primeira aula já tive um sentimento diferente em relação a esse esporte.

Depois de aprender o movimento, era hora de ir para a água no canoe, que é um barco-escola, especial para quem está aprendendo. E foi nesse momento que realmente me apaixonei por esse esporte. A sensação de mover o barco com a minha própria força e ver a cidade de outro ângulo, de dentro d'água, foi emocionante. Foi nesse momento que o remo me conquistou e mudou minha vida.

Cada degrau da escada para o seu sonho é fundamental

Mesmo quando comecei a remar, ainda não pensava em ser atleta. Mas as coisas começaram a mudar quando passei para a equipe e ia participar da minha primeira competição. Competimos em um barco duplo, chamado *double skiff*, no Campeonato

Catarinense de Remo. Nossas adversárias eram bem mais experientes que nós e remavam barcos de fibra, bem mais leves que o nosso, que era de madeira. Mas éramos o barco azarão e, sem ninguém esperar, ficamos na segunda colocação. E essa foi a única medalha de prata que conquistamos. A partir daí, vencemos todas as provas do Campeonato Estadual. Isso já era um sinal do que vinha pela frente.

Quando você sobe um degrau de uma escada, não pode ficar parado no meio do caminho, deve continuar subindo. Era hora de pensar no degrau seguinte, o Campeonato Brasileiro. E como o objetivo era maior, o esforço também tinha que ser. Iríamos competir contra clubes grandes, com muito mais estrutura e barcos de última geração, como Vasco, Flamengo e Botafogo. Então, passamos a treinar duas vezes por dia. O primeiro treino era antes da aula, às 5 horas da manhã, e o outro era à tarde. Mudança total na rotina. Na época, eu tinha 17 anos e ainda me lembro quando acordava de madrugada para ir treinar num dia chuvoso e minha mãe, preocupada, falava: "Não vai hoje não, Bia, tá muito frio e chovendo. Você vai ficar doente". Mas eu não podia faltar, já tinha um objetivo e a determinação para alcançá-lo. Cada treino fazia parte da escada para chegar lá.

E todo o esforço valeu a pena. Nos tornamos campeãs brasileiras em duas provas. E aquele momento também foi um divisor de águas para mim, porque eu percebi que queria mais. Queria me tornar uma atleta profissional. Aquela sensação de subir no lugar mais alto do pódio e ter todo o esforço recompensado era viciante. Eu queria ser a melhor e iria lutar para isso. Sabia que não ia ser fácil, mas esse desafio era o que me movia. Queria deixar meu nome marcado na história do esporte.

Começamos a nos destacar no remo nacional, fomos convocadas pela Confederação Brasileira para competir o Campeonato Sul-americano no Peru, em 2001. Quando a carta de convocação chegou ao clube, foi muita alegria e emoção. Competir pela seleção brasileira era uma das minhas metas na busca pelo meu sonho.

Chegou o dia da viagem. Recebemos nossos uniformes da seleção brasileira, mais um momento muito marcante. Vestir a camisa do Brasil para representá-lo é muito emocionante, um sonho realizado. E a primeira vez é inesquecível. Mas como chegamos a poucos dias do início da competição, o único barco que restou era um de madeira, muito pesado, que nem conseguíamos carregar sozinhas. São adversidades com tive de conviver durante toda a minha carreira e que me deixaram mais forte. Competimos bem e conquistamos a medalha de prata. Para a primeira competição pela seleção, era um ótimo resultado. A sensação de ganhar uma medalha pela seleção brasileira, depois de tantas dificuldades, a fez ter um valor ainda maior para mim.

Os anos foram passando e fui me tornando cada vez melhor. Vencia todos os campeonatos brasileiros que competia. Até que, no final de 2003, eu estava lavando o barco depois de mais um treino e o meu técnico Júlio perguntou: "E aí, pronta para ir para as Olimpíadas?". Eu fiquei sem entender, porque achava que esse sonho ainda estava distante. Ele me explicou o processo classificatório e entendi que era totalmente possível e que só dependia de mim. A partir daquele momento, se já dava 100% nos treinos, passei a dar 200%. Fazia tudo o que o técnico pedia e não faltava a nenhum treino, já me imaginava nos Jogos Olímpicos. Primeiro, eu teria que vencer a seletiva nacional, para depois ir para a qualificatória latino-americana.

Na seletiva nacional, seria a melhor de três descidas; quem vencesse duas, estaria classificada, essa era a regra. A primeira eu venci, na segunda não me saí muito bem e acabei perdendo, mas na terceira me recuperei e consegui vencer. Comemorei muito porque imaginava que tinha me classificado. Mas quando saí da água, veio a decepção. A Confederação Brasileira mudou a regra com a desculpa que não tinha ficado claro que era a melhor. Então, marcaram outra seletiva algumas semanas depois. Mas não ia adiantar ficar brigando nem me lamuriando, eu tinha que colocar toda essa frustração e raiva nos treinos, para não deixar dúvida na próxima seletiva. E foi o que aconteceu: treinei ainda mais dedicada e focada, se isso ainda era possível, e venci as duas regatas da seletiva, me classificando para a qualificatória olímpica. Na regata de qualificação, fiquei com a segunda vaga num total de cinco e me classifiquei para os Jogos Olímpicos de Atenas, me tornando a primeira remadora brasileira a competir em Olimpíadas. Um marco muito importante na minha carreira de atleta. Depois disso, me tornei uma atleta de destaque na minha modalidade e uma referência para outros atletas.

Nos Jogos Olímpicos, fiquei na 14ª colocação. Ainda estava longe do meu objetivo, mas foi uma experiência única participar da maior festa do esporte mundial. E fazia parte do processo. Uma coisa que aprendi durante todos esses anos como atleta foi a ter paciência e confiar no processo, porque nada acontece da noite para o dia.

Persistência e resiliência são as chaves para a conquista do seu sonho

Depois dos Jogos Olímpicos de Atenas, eu e meu técnico percebemos que para eu ter resultados expressivos internacionalmente eu teria que passar para a categoria peso leve. E, para isso, eu teria que perder 10 quilos. Em busca do meu sonho, eu faria esse sacrifício. Foi um processo longo e doloroso. Acabei fazendo dietas muito restritivas e tendo vários episódios de compulsão alimentar. Meu erro foi não ter procurado ajuda e achar que aquilo era normal. Mesmo assim, atingi meu objetivo, me tornei peso leve e estava muito bem, tanto que venci a seletiva nacional até das remadoras da categoria aberta. Também conquistei meu primeiro título sul-americano em duas provas, no *skiff* simples e no *skiff* duplo, com uma remadora de São Paulo, os dois na categoria peso leve. Estava muito feliz com o resultado, mas tinha que lutar contra a minha compulsão alimentar, que estava muito forte. Depois da competição, comi desesperadamente até não aguentar mais e depois tinha que correr por três horas para poder gastar o que comi.

Mas o objetivo tinha sido alcançado, mesmo que a um preço muito alto. Com o resultado no campeonato sul-americano, a Confederação Brasileira nos levou para a Copa do Mundo de Lucerna, na Suíça, para competir o *skiff* duplo peso leve. Já cheguei lá bem acima do peso e tive que correr atrás para poder competir. A pesagem é sempre duas horas antes da competição, então, mesmo minutos antes eu colocava vários casacos e ia correr ou remar para suar, desidratar e assim perder o peso que faltava. Na competição, não fomos nada bem, a inexperiência e a minha dificuldade de manter o peso falaram mais alto e nós ficamos em último lugar. Foi um balde de água fria e me vi tão distante do meu sonho que, naquele momento, desisti da categoria peso leve e me mudei para o Rio de Janeiro, para remar pelo Club de Regatas Vasco da Gama.

E foi um recomeço. Engordei mais do que tinha emagrecido. Meu barco ficou muito lento e a minha motivação não existia. Pela primeira vez em muitos anos eu perdi uma regata da seletiva nacional e muita gente apostou que eu ia parar de remar. Mas o meu sonho de ser a melhor do mundo continuava dentro de mim, e aquela derrota me fez acordar. Não seria um obstáculo que ia me fazer desistir. Então voltei forte ao treinamento e, aos pouquinhos, fui recuperando a minha forma física e consegui me classificar para a minha segunda Olimpíada, em Pequim, em 2008. Fiquei na 19ª posição e piorei meu resultado de Atenas. Mais uma grande decepção.

Se você acreditar, pode superar as dificuldades

Depois dos Jogos Olímpicos, eu e meu companheiro, Gibran, decidimos ter um filho. E no final de 2008 eu engravidei. Me mantive treinando, na medida do possível, porque ainda tinha sonho que seria apenas adiado por outro sonho, o de ser mãe. Tive uma gravidez maravilhosa e a Alice nasceu no dia 1º de setembro de 2009. Eu não imaginava todas as mudanças que a bebê traria para a minha vida, pessoal e profissional.

Apenas 45 dias depois do parto já voltei a treinar e, alguns meses depois, mudamos de clube, indo para o Flamengo. Nossa rotina era puxada. Acordávamos às 5 horas da manhã e eu ia no carro amamentando e, quando chegava no clube, ela ficava com uma babá enquanto treinávamos. Isso sem contar todas as noites mal dormidas que só quem já teve um bebê em casa sabe como é.

E com essa rotina de treinamento e amamentação, acabei emagrecendo bastante sem muito esforço. Fiquei bem próxima da categoria peso leve novamente. No campeonato estadual, a próxima prova seria dessa categoria, e como eu tinha ficado um ano sem competir, perguntei para o técnico Marcão se eu podia tentar. E foi aí que as coisas começaram a mudar. Competi essa prova e venci com um ótimo tempo. Com isso, o Marcão resolveu falar com o técnico da seleção brasileira, o francês José, para que ele me levasse para a Copa do Mundo, porque eu estava com um tempo de finalista. O José concordou, mas antes eu teria que fazer um teste ergométrico para provar que estava bem. Na mesma semana, fui até a Confederação Brasileira e fiz o melhor teste da minha vida até aquele momento, me classificando para a Copa do Mundo de Lucerna, onde eu consegui um resultado inédito para o Brasil, uma medalha de bronze. Estava me aproximando do meu sonho. As três etapas da Copa do Mundo são como competições preparatórias para o Campeonato Mundial; nem todos os países vão em todas, então é mais fácil conseguir um bom resultado.

Mas alguns meses depois seria o Campeonato Mundial na Nova Zelândia e agora eu vi que realmente era possível conseguir o que eu tanto sonhava. A final foi uma prova duríssima, disputada até o final. A alemã disparou na frente e ficamos eu, a neozelandesa e a italiana disputando a prata e o bronze. Nos metros finais, eu e a italiana chegamos praticamente juntas em terceiro lugar. E depois de um tempo, veio o resultado oficial, eu perdi a medalha de bronze por 13 centésimos. Não era o resultado que eu queria, mas sem dúvida estava mais próximo do que já esteve.

No ano seguinte, o presidente da Confederação Brasileira me chamou para conversar. Disse que estava muito orgulhoso dos meus resultados e que queria investir mais em mim. Ele propôs que eu passasse alguns meses treinando na Europa para me preparar melhor e que podia levar minha família comigo. Não poderia ter motivação melhor. Comecei 2011 treinando a todo vapor.

Viajamos pra Munique, onde seria a I Etapa da Copa do Mundo, e novamente um quarto lugar. Tinha que treinar mais e melhorar tecnicamente. Nas semanas seguintes, foquei ainda mais nos treinos, treinava sob chuva, sol e muito vento. E na II Etapa da Copa do Mundo, em Hamburgo, conquistei a medalha de ouro. Foi uma medalha muito comemorada quando cheguei no Brasil, mas não podia perder o foco principal, que era o Campeonato Mundial. Por isso, não tive descanso. No dia seguinte, já voltei aos treinos.

Algumas semanas depois, viajamos para Bled, na Eslovênia, onde foi realizado o Campeonato Mundial. Só que houve um problema com os meus remos e eles não chegaram, apenas o barco. Fiquei desesperada procurando um par de remos que eu pudesse usar, mas não me adaptava a nenhum. Tanta preparação e treinamento para ser derrotada por um par de remos? Felizmente, na véspera da competição meus remos chegaram e competi a eliminatória, me classificando para a semifinal. Nessa fase, teria que ficar entre as três primeiras para me classificar para a final. Fiquei na segunda colocação. No dia da final estava totalmente concentrada. Quando coloquei o barco na água e comecei meu aquecimento, passou um filme na minha cabeça. Todo suor derramado, todo sacrifício feito, as dores, as frustrações e as alegrias também. Aquilo foi me enchendo de motivação a cada remada que eu dava. E quando alinhei entre as adversárias, me senti completamente preparada. Sabia que estava exatamente onde queria estar.

Foi dada a largada e desde a primeira remada eu saí decidida e na frente de todas as adversárias. Mesmo estando na frente, não aliviava nenhuma remada, porque pensava que a qualquer momento alguém podia me ultrapassar. Então, só fui remando e remando com todas as minhas forças. E, quando cruzei a linha de chegada em primeiro lugar, foi um turbilhão de emoções.

A conquista de um sonho é surreal. Ao mesmo tempo que eu lutei tanto para que aquilo acontecesse, eu custei a acreditar que realmente estava acontecendo. Foi naquele momento que eu percebi que tudo valeu a pena, toda a preparação, todas as derrotas, todos os obstáculos fizeram com que eu chegasse naquele lugar, naquele momento.

Ainda lembro com emoção do momento mais marcante, quando subi no pódio com a minha filha Alice no colo e cantei o hino nacional. Foi a coroação de uma vida inteira dedicada ao esporte. Não há nada mais satisfatório que você alcançar o seu sonho. Vá em busca do seu.

Fabiana Murer

Graduada em Fisioterapia pela Universidade do Grande ABC (UniABC – 2004), com especialização de Aparelho Locomotor no Esporte pela Universidade Federal de São Paulo (Unifesp – 2005) e curso em Fundamentos da Administração Esportiva pelo Comitê Olímpico Brasileiro (COB – 2016). Sócia e fisioterapeuta no Instituto de Saúde, Prevenção, Ortopedia, Reabilitação e Treinamento (Insport). Atuou como comentarista esportiva nos Campeonatos Mundiais de Atletismo de 2017, 2019, 2022 e 2023; nos Jogos Pan-Americanos de 2019; nos Jogos Olímpicos de 2020/2021, entre outros.

Tem dez anos de atuação na ginástica artística; 19 anos de atuação no atletismo, em salto com vara. Foi duas vezes campeã mundial no salto com vara (2010 e 2011) e também duas vezes campeã da Diamond League (2010 e 2014). Tem quatro medalhas de mundiais, três participações em Jogos Olímpicos (2008, 2012, 2016) e ficou por 11 anos entre as dez melhores atletas do mundo no salto com vara.

INSTAGRAM

Início no esporte

Início no esporte

Meu nome é Fabiana Murer. Fui duas vezes campeã mundial de salto com vara, uma das provas de atletismo. Mas o atletismo não foi meu primeiro esporte. Quando comecei nele, eu tinha dois sonhos: 1) participar dos Jogos Olímpicos; 2) fazer história. Essas eram minhas ambições ao iniciar nesse esporte.

Nasci em Campinas, interior de São Paulo, em 1981, e sou a mais velha de três irmãs. Sempre tive uma vida muito ativa, pois meus pais me incentivavam a praticar atividades físicas, ou seja, o importante era se mexer. Eles não foram atletas profissionais, mas a vida toda gostaram de esportes e sempre acompanharam os eventos esportivos como os Jogos Olímpicos.

Aos sete anos, decidiram que eu deveria começar a praticar algum esporte. Então, iniciei a ginástica artística. Gostei muito e, com pouco tempo de treino, já estava em uma pré-equipe, na qual pude me desenvolver. Isso mostrava que eu era uma criança com coordenação, agilidade e força.

Me desenvolvi dentro da ginástica artística e passei a participar de provas regionais e, finalmente, fui aos Campeonatos Estadual e Brasileiro, porém sem muito destaque.

Meu dia era todo preenchido com escola e ginástica. Nos finais de semana, eu ficava com minha família – íamos andar de bicicleta, além de algumas atividades das quais meu avô e meus primos também participavam.

Minha genética fez com que eu ficasse alta para essa modalidade esportiva. A estatura dificultou um pouco na agilidade, nas rotações e no equilíbrio.

Aos 15 anos, comecei a perceber que eu não conseguiria realizar meu sonho de chegar a uma Olimpíada.

Minhas irmãs foram para a natação – nadavam nos campeonatos brasileiros, mas não tiveram grande destaque. Elas nadam até hoje. Participam dos Campeonatos Masters de Natação. Tentei nadar, mas não gostei. Achei muito chato! Na ginástica eu ficava de ponta cabeça, dava saltos complexos... Achei que a natação não era um esporte muito radical.

Meu pai viu um anúncio no jornal para chamada de testes para o atletismo. Estavam montando uma escola de atletismo e lá fui eu fazer o teste. O resultado foi ótimo devido ao preparo que a ginástica me deu. Tinha 16 anos.

Elson Miranda foi meu treinador durante toda minha carreira, e hoje é meu marido e pai de minha filha. Ele era um dos técnicos que estava selecionando esses jovens que se apresentaram para os testes.

Ele viu meus resultados, que foram bons. Ao conversar comigo e saber que eu pratiquei ginástica artística durante nove anos, me informou que eu faria salto com vara. Foi o ano de 1997 e o salto com vara naquela época estava começando.

Em 1992, foi homologado o primeiro recorde mundial feminino. Era, portanto, algo muito novo e os recordes ainda eram baixos.

A primeira Olimpíada em que houve salto com vara feminino foi no ano de 2000. Elson me mostrou que era uma prova nova para a qual eu tinha o biotipo adequado e um bom preparo. Ele estava terminando a carreira enquanto atleta como saltador com vara – foi campeão brasileiro da prova – e estava começando a carreira como técnico. Ele queria atletas novos, masculinos e femininos, para praticar essa modalidade esportiva.

A mudança

Quando Elson conversou comigo e me mostrou as possibilidades que eu tinha dentro do esporte, gostei muito. Mas, ao mesmo tempo, tive medo e me senti insegura. A mudança era grande. O esporte era completamente diferente, não conhecia ninguém, ficaria longe das minhas amigas. Toda mudança é difícil. Ela causa questionamentos.

No primeiro momento, eu não quis. Era adolescente e, como tal, passava por um momento difícil. Mudanças do corpo, amigos com os quais queria sair para fazer e viver coisas diferentes, ter uma independência maior.

Ao chegar em casa, disse que estava hesitante. Meu pai mandou eu ir até lá e dar uma satisfação. Não fui. E ligaram várias vezes. Meu pai insistiu novamente para eu me apresentar na escola e conversar com eles.

Fui e resolvi começar. Gostei, passei a entender o que era, comecei a fazer amigos. Sempre fui muito tímida e era uma dificuldade para me adaptar em um ambiente diferente com pessoas diferentes.

No início, o salto com vara foi muito fácil, pois eu tinha todo o preparo que a ginástica me deu. Porém, alguns meses depois, comecei a perceber que o esporte exigia certa técnica e que não seria tão fácil melhorar o desempenho para saltar mais alto.

Mas esse desafio, que era tão diferente, me conquistou. E, com um ano de treino, consegui obter o índice, ou seja, a marca mínima, para participar do Mundial Sub-20 em 1998. Eu tinha, então, 17 anos e descobri que eu levava jeito para esse esporte. Passei a me dedicar ainda mais.

Fui ao Mundial, no qual saltei superbem e bati o recorde brasileiro. Porém, não foi o suficiente para ir para a final. Mas saí de lá muito satisfeita, pois havia feito minha melhor marca.

Com o tempo, bati recordes brasileiros. Em 1999, participei dos primeiros Jogos Pan-americanos que teve salto com vara para as mulheres, mas não fui muito bem.

Em 2000, houve os Jogos Olímpicos em Sidney, que foi a primeira edição do salto com vara feminino. A marca mínima para participar era alta e não consegui obtê-la. No entanto, não desisti de realizar meu sonho de participar dos Jogos Olímpicos.

Novos desafios

Quando comecei no atletismo no salto com vara, o Brasil não tinha tradição nenhuma nessa prova. Faltava conhecimento em relação à técnica, não tinha material como vara, colchão. As varas são todas importadas e custam aproximadamente U$ 600 cada uma.

O atleta, em uma temporada, usa em torno de 15 a 20 varas, pois elas têm tamanhos e flexibilidades diferentes. O atleta escolhe a vara dependendo do peso dele, da velocidade, altura que ele saltará e da técnica. Isso faz com que o salto com vara seja uma prova cara. Portanto, o Brasil não investia muito nessa prova por falta de condições e de interesse.

Mas o Elson foi aos Estados Unidos, em 1996, para buscar novos conhecimentos. Foi ótimo, pois ele pôde entender mais sobre as varas e adquirir algum material. Portanto, conforme o atleta evolui com saltos mais altos, pois ele ficou mais veloz, mais forte e melhor tecnicamente, ele terá que substituir essas varas por varas menos flexíveis para saltar ainda mais alto.

As varas não têm prazo de validade. Se elas forem bem utilizadas e bem cuidadas, elas têm duração longa. Aliás, as varas que eu usava estão com outras atletas até hoje.

Dessa forma, comecei a me desenvolver a partir desse conhecimento, varas novas e da experiência do meu treinador como atleta. Ele havia treinado com um técnico polonês que trouxe o conhecimento da Europa. Porém, o Elson não estava satisfeito com o que havia aprendido. Ele foi em busca de outras informações e, no final de 2000, conheceu Vitaliy Petrov, ucraniano, treinador especialista de salto com vara. Ele foi o treinador de Sergey Bubka, considerado um dos melhores saltadores com vara de todos os tempos. Ele quebrou 35 recordes mundiais (17 ao ar livre e 18 em recinto fechado).

Ele também treinou Yelena Isinbayeva, russa, duas vezes medalhista de ouro olímpica, tricampeã mundial e recordista mundial até hoje, pois seu recorde ainda não foi batido.

Vitaliy começou a realizar treinamento conosco até se tornar consultor do Brasil na prova de salto com vara. Isso foi fundamental para o desenvolvimento do esporte no Brasil.

A técnica era completamente diferente de tudo o que era feito no país. A maneira como segurar a vara, como começar a correr, como abaixar a vara, a decolagem e como era feita a reversão – ficar de cabeça para baixo. Era bem diferente e os treinos também.

Na época, eu era recordista brasileira e pensei "se o Sergey Bubka conseguiu ser um grande atleta, eu também conseguirei. Terei de mudar radicalmente tudo o que faço".

Toda mudança leva um tempo de adaptação. Como em tudo na vida.

Resolvi, então, realizar essa mudança radical e, no início, meus resultados caíram muito. Vi outras atletas saltando mais do que eu, baterem meu recorde. Não consegui nem mesmo subir ao pódio no Troféu Brasil de Atletismo (o Campeonato Nacional).

Foram dois anos muito difíceis, muito complicados, pois as pessoas começaram a falar que minha carreira havia terminado, que o melhor a fazer era parar, estudar e trabalhar.

Raras foram as pessoas que acreditaram em mim. Uma delas foi o Elson. Outra fui eu mesma. E o diretor da equipe, Sergio Coutinho, que me deu a chance de continuar na equipe. Eu recebia um salário e encontrei a tranquilidade de poder só treinar e viver do esporte.

Sentia que estava melhorando durante os treinos, mas nas competições o salto não saía. Fiquei muito chateada e chorei muito após várias competições. Mas algo me dizia que tudo daria certo. E depois de dois anos, em 2002, consegui quebrar a barreira dos 4 metros, que era uma marca que eu sonhava em conquistar. Na competição seguinte, consegui a marca de 4,06 metros e retomei o recorde brasileiro.

A partir de então, deslanchei e pude sonhar novamente em participar de uma Olimpíada. Em 2004, eu quase consegui. Para poder ir à Olimpíada teria que fazer duas vezes a marca mínima, mas novamente não consegui realizar o sonho.

Isso me deixou mais forte e mais determinada a buscar o que eu desejava.

Em 2005, participei do meu primeiro Mundial adulto. Saltei 4,40 metros e por muito pouco não fui à final. Esse mundial foi uma prova importante, pois as pessoas começaram a ver uma brasileira saltando com uma boa técnica. Consegui o patrocínio de varas da Spirit, empresa americana fabricante de varas.

Meu desenvolvimento melhorou demais, pois eu tinha varas específicas para cada período de treino e competições, e conforme eu precisava de mais varas, a empresa fornecia. Isso foi um divisor de águas.

No ano de 2006 eu considero ter subido um degrau na carreira. Eu desejava bater o recorde sul-americano que era de uma argentina, com 4,42 metros. Fui atrás da marca nos Gran Prix que aconteciam no Brasil e estava decidida a bater esse recorde. Eram 11 horas da manhã e o calor era insuportável em Belém. Fiz 4,40 metros e a barra subiria para 4,45. Havia uma americana que também saltou os 4,45 – consegui e bati o recorde sul-americano, mas eu estava em segundo lugar na prova. A barra foi para 4,50 metros, as duas saltaram e ela continuava na minha frente. Pensei: "Bati o recorde sul-americano e não vou ganhar a prova? Preciso ganhar essa prova!". Estava cansada, pois a prova foi longa.

Lembro-me do público batendo palmas para me incentivar no momento da corrida. Deixei minha mente livre e consegui saltar 4,55 metros, batendo novamente o recorde sul-americano na mesma competição. A americana não conseguiu saltar.

Ganhei com uma excelente marca, que me abriu portas nas competições internacionais. Lá eu ganharia experiência para buscar melhores marcas e colocações. Era a oportunidade de buscar o índice para realizar meu sonho de participar dos Jogos Olímpicos e fazer história nessa prova no Brasil e no mundo.

Conquistas

A partir de 2006, passei a competir nos Estados Unidos e na Europa. Tive oportunidade de encontrar atletas que também participariam do Mundial e das Olimpíadas. Essa convivência com elas foi muito importante, pois me deu a certeza de que eu poderia saltar alto e conseguir boas marcas. Em 2006, consegui boas colocações e ganhei uma competição muito importante na Europa.

O ano de 2007 já foi mais complicado, uma vez que era o ano de véspera das Olimpíadas e essas atletas vinham melhorando suas marcas. Houve os Jogos Pan-americanos no Rio de Janeiro e eu tinha um grande sonho de conquistar uma medalha por ocasião desse evento. Consegui a medalha de ouro.

Em 2008, fui em busca da possibilidade de participar dos Jogos Olímpicos de Pequim. Consegui estabelecer a marca mínima facilmente. Participei deles com a terceira melhor marca do mundo. Porém, infelizmente, não competi bem. Houve um erro da organização da competição. Uma das minhas varas não estava na pista no momento da prova final. Isso me desconcentrou completamente e não consegui voltar bem para a prova. Terminei em 10º lugar e saí de lá muito chateada. Desejava bem mais do que isso. Queria sair com uma medalha em um Mundial ou em uma Olimpíada.

Ao longo dos anos, adquiri, experiência e meus resultados foram crescendo.

Em toda minha carreira, tive poucas lesões e foram bem tratadas em curto prazo e sem cirurgias.

Em 2010, entre janeiro e março, há os campeonatos em pista coberta. Estava treinada e me sentindo muito bem. Nesse ano houve o Mundial em Doha, no Qatar, quando consegui conquistar a medalha de ouro. Foi a primeira medalha de ouro de uma mulher em mundiais de pista coberta.

Nesse mesmo ano, foi o primeiro campeonato do Diamond League. É uma série de competições nas quais o atleta soma pontos. Quem consegue conquistar mais pontos ao final do campeonato, vence. Fui campeã duas vezes desse circuito – em 2010 e em 2014.

Em 2011, tive um *overtraining* durante a temporada de treinos de pista aberta, entre maio e junho. Fui obrigada a descansar em relação ao salto com vara. Isso me ajudou a chegar no Mundial muito determinada a buscar uma medalha. Me sentia muito bem, tudo se encaixando. Consegui conquistar a medalha de ouro: a primeira de ouro do Brasil em campeonatos mundiais.

Isso só fez corroborar minhas intenções em conquistar mais medalhas, melhores marcas e títulos para continuar a fazer história dessa modalidade no Brasil.

Durante todos esses 19 anos em que estive no atletismo, passei por altos e baixos. Surfamos em momentos excelentes e em outros ruins. Porém, a motivação, a determinação de se superar deve ser mais importante do que qualquer outra coisa. Isso faz com que a gente vá para frente.

Sempre tentei ver as situações pelo lado positivo. Se me machuquei, aprendi que precisava de uma técnica melhor para poder saltar melhor.

Sempre achei uma boa explicação para os problemas e lesões pelos quais passei.

Competi até 2016, quando das Olimpíadas do Rio de Janeiro. Não consegui medalha, pois tive uma lesão – hérnia cervical. Mas tentei até o último momento a fim de não me arrepender depois.

Fim da carreira como atleta, início da carreira como profissional

Após a Rio 2016, me aposentei enquanto atleta profissional, totalmente satisfeita com tudo o que conquistei.

Nunca imaginei conseguir chegar até onde cheguei: quatro medalhas de Mundiais, duas Diamond League, três medalhas de Jogos Pan-americanos, vários recordes sul-americanos e fazer história no atletismo.

Atualmente, trabalho como fisioterapeuta na área de postura e prevenção. Há sete anos, junto com Elson, meu marido e ex-treinador, abrimos o Instituto de Saúde, Prevenção, Ortopedia, Reabilitação e Treinamento (Insport), do qual participam os fisioterapeutas que cuidavam de mim: Rodrigo e Lídia, bem como o médico ortopedista Dr. Cristiano Laurino.

No Insport, aplico os exercícios que fizeram da minha preparação, enquanto atleta profissional, uma trajetória sem lesões. Levo esse preparo às pessoas. Trabalho com movimentos que melhoram a postura, fortalecimento dos músculos, tendões e articulações.

Acredito que meu trabalho ajude as pessoas a terem uma boa qualidade de vida para que consigam fazer o que gostem em seu dia a dia.

Georgia Michelucci

Farmacêutica especialista em Saúde Pública e atualmente somando como educadora física. Coordena um Projeto Social Orgânico chamado "Canoa para Todos", disponibilizando a prática de canoa polinésia a quem quiser, bem como a dança polinésia com o grupo Kuleana Dança. Todas as atividades são gratuitas há mais de dez anos (desde 2012). É mãe de Andryas (31), Thyzara (21) e Yadran (14), e vovó de Adryan (dois anos e nove meses). É apaixonada por "movimento", e desde os quatro anos de idade pratica dança e diversos esportes – vôlei, corrida, mountain bike, caiaque, surf e, nos últimos 12 anos, canoa polinésia. Tem três títulos de ouro subsequentes de Pan-americano (2019, 2022 e 2023). É tricampeã brasileira na categoria *Master* 40 V6 (2021, 2022 e 2024). Consagrou-se Top 6 no último Mundial em Samoa (agosto de 2023) e Top 4 no último Mundial de Sprint no Hawaii (agosto de 2024).

Na parte cultural, com a dança polinésia, participa ativamente de campeonatos na categoria "danças populares" e obtete vários troféus e elogios, por meio de seu grupo de dança, por serem mulheres maduras embelezando e motivando pessoas pelos "palcos da vida".

INSTAGRAM

O mar muito além de mim

A odisseia, a fuga

A presença do mar, nosso planeta água, entrou em minha vida pela história de meus ancestrais.

Sou descendente de uma família vinda da Croácia (antiga Iugoslávia). E é essa longa, tensa e intensa história, rica de decisões, desprendimentos e de muita coragem que lhes conto.

Minha família habitava numa região frente ao Mar Adriático, em uma relação muito íntima com o mar. Minha avó era uma exímia nadadora, meu avô praticava remo com seus irmãos, e meu tio-avô era velejador. Uma relação direta com o mar.

A Segunda Guerra havia acabado, mas a pressão e a tensão permeavam minha família. O regime comunista se consolidava na Iugoslávia. Meu bisavô, engenheiro químico, teve sua fábrica de sabão e óleos etéricos nacionalizada, passando de dono a empregado do sistema. Sofria com os "convites" para integrar o partido. Sabia que uma recusa formal seria, para ele e sua família, um grande risco à segurança.

Sob as memórias recentes da Primeira Guerra Mundial, meu bisavô, meu avô e meu tio-avô, em prol da proteção da família, tomaram a difícil decisão de fugir para a Itália atravessando o Mar Adriático a bordo de uma pequena embarcação de 6 metros, com propulsão à vela e motor, que ficou pronta no início de novembro de 1950.

Havia uma forte vigilância nas ilhas costeiras para evitar a fuga e a evasão dos iugoslavos pelas fronteiras marítimas. A fuga foi na noite de 15 de dezembro de 1950, às 20 horas e 10 minutos, saindo de Kostrena, deixando a casa toda iluminada como referência em terra. Sob uma forte intempérie climática, usaram apenas as velas da pequena embarcação, evitando chamar a atenção da vigilância nas ilhas que, em meio à tormenta, não era tão eficiente.

Após a passagem pelas ilhas costeiras e pela vigilância, acionaram o motor, cruzaram a península da Ístria, atravessaram o Mar Adriático e chegaram à costa italiana. Era pleno inverno, saíram apenas com a roupa do corpo, documentos, alguns valores e a esperança de chegar ao seu destino.

No interior da pequena embarcação de 6 metros, toda minha história. Ali estavam meu bisavô (Conrad, à época com 51 anos), minha bisavó (Aranka, 45 anos), minha avó (Nada, 22 anos), meu avô (Ante, 32 anos), meu tio avô (Nenad, 18 anos), meu tio-avô (Egon, 24 anos), sua esposa (Renê, 20 anos) e minha mãe (Perica, quatro anos). E a família Prosen: Vlado Prosen, Danira e o filho Micheto, de nove anos.

Depois de passarem pelas ilhas, meu avô, com um farolete, indicava o melhor caminho, pois ainda havia muitas minas remanescentes da Segunda Guerra.

Deixaram para trás todos os bens, conquistas e as vidas consolidadas em busca de novas terras, novas expectativas e um recomeço. Muitas incertezas, em que a única certeza era estarem vivos nessa grande e perigosa aventura. O Mar de Liberdade.

Quando fecho olhos, ainda sinto a força e o desapego de tudo que deixaram em busca da nova vida. Muitas vezes, nutro-me dessa força da presença de SER. Sinto-me responsável pela manutenção do esforço ancestral, de ESTAR.

A tempestade, o mar bravio, a embarcação fazendo água e muitas incertezas... Resgatados por um pesqueiro italiano ainda na madrugada, finalmente chegaram em Cattolica, a cidade dos pescadores, por volta das 16 horas.

Depois de quase um ano em um campo de refugiados na Itália (IRO), após muitas entrevistas e exames médicos, foram aceitos e, aos poucos, encaminhados para o Brasil. Os primeiros a chegar, Egon e Renê, que estava grávida, vieram de avião. Pouco tempo depois, Conrad e Arank, de navio. Engenheiros químicos com promessa de trabalho nas indústrias Corona e Matarazzo em São Caetano do Sul (SP).

Ante, Nada, Nenad e Perica foram os últimos a embarcar, de terceira classe, no navio Anna C com destino ao Brasil. Desembarcaram no Porto do Rio de Janeiro, com destino a São Paulo de trem. E, finalmente, a família estava reunida em São Caetano do Sul, morando todos na casa do gerente da Indústria Corona, meu bisavô, o primeiro a estar empregado.

Meu avô, economista, conseguiu trabalho no chão de fábrica da Elevadores Atlas.

Em 1952, passando pela Praça da Sé, minha bisavó deparou-se com folhetos de divulgação de loteamento da empresa Melhoramentos em São Sebastião (SP). Levavam os interessados com transporte e hospedagem gratuitos (Hotel Grande). Foi amor imediato, porque os remetia às lembranças da terra natal – topografia semelhante e o reencontro com o mar. Em minha primeiríssima infância, passávamos as férias inteiras na água e nosso quintal era a praia.

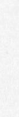

Na minha infância, interessava-me em saber toda a história e tudo sobre as aventuras vividas pela minha família. Minha avó (recentemente falecida) e eu tivemos momentos de longos cafés da tarde, relembrando, sorrindo e chorando juntas com todas as emocionantes passagens ao longo do tempo.

Segundo minha mãe, meu desenvolvimento foi rápido; antes de um ano, eu já andava e falava bem. Desde sempre fui decidida em minhas escolhas. Determinada e esforçada, destacava-me nos estudos.

Em 1979, passamos a morar em São Sebastião, na nossa casa de veraneio. E como criança, tinha a percepção de férias eternas, o mar estava lá todos os dias. Fiz meus primeiros amigos, conclui o Ensino Médio no CENE (escola pública), prestei vestibular para Farmácia na Faculdade Osvaldo Cruz e voltei a morar em São Caetano do Sul na casa de meus tios, mas sempre focada no retorno ao MAR.

Minha vida, desde pequena, estava baseada no *movimento*. Desde então, já dançava pelos espaços mais inusitados. Minha mãe morria de vergonha. Após muita pressão, ela me colocou na aula de dança. Por muito tempo, eu sentia que eu era a DANÇA. Expressava meus sentimentos e deixava fluir o mundo em mim pela dança. Fiz vários esportes, mas, até 25 anos, a dança foi o principal. As horas de treinos e dedicação me levaram aos principais eventos de dança do país por anos.

Sempre fui de muitos amigos, empolgadíssima por motivar encontros e integrar todos; sempre amiga de diferentes do grupo e a conexão com o todo.

Depois, me apaixonei pela corrida e pela *bike*, passei a treinar e carregar pessoas nas aventuras (viajando, correndo e pedalando) e nas provas pelo Brasil.

A canoa polinésia me encontrou

E foi numa dessas aventuras com amigos que "tropecei" numa canoa polinésia. Sinto que a canoa me escolheu.

Numa comemoração de aniversário da minha treinadora Laura Pedersen, em 2011, fizemos uma remada com minha família e amigos no Paddle Club Ilhabela. Naquele momento, me conectei, tive sensações exponenciais da canoa. No início, não entendia bem o que acontecia quando saíamos para remar. Um misto de liberdade, exploração, pertencimento, unidade, entre outras sensações que, achava, iriam arrefecer com o passar da empolgação. Mas, ao contrário, somente aumentaram. Minha relação com a canoa só cresce com o tempo.

Desse encontro mágico, aconteceram muitos outros. Marcos Moller e Luciana Moller, gestores do Paddle Club Ilhabela, vinham de madrugada de bote buscar-nos em São Sebastião quase todos os dias para treinarmos em Ilhabela. Eu, cada dia mais encantada, apaixonada, convidava todos para vivenciar essa experiência. De repente, o barco deles ficou pequeno para os remadores de São Sebastião, já que éramos muitos. E eu, arrastando família, amigos, conhecidos para remar comigo.

Eu, atleta pronta de outros esportes, logo estava competindo em uma equipe feminina OC6 (6 remadoras) do Paddle Club Ilhabela. E logo alcancei excelentes resultados.

E desde 2012, a canoa polinésia passou a ser meu principal esporte, e mais, passou a ser meu estilo de vida. Mantendo-me no mar todos os dias, como um instrumento de conexão, com as pessoas, a natureza e com Deus. A prática da canoagem envolve corpo, mente, alma e espírito. O despertar da consciência é conexão, estar desperto, atento, em harmonia e com respeito à canoa, aos remadores e ao oceano. Silêncio e sincronia, para que a força impressa nas águas seja sinérgica, seja superior à soma das forças dos remadores.

O grupo de remadores era grande em São Sebastião. O Paddle Club Ilhabela nos emprestou uma canoa até que as nossas chegassem. Enquanto não tínhamos nosso treinador, mantivemo-nos remando como uma comunidade caiçara. O tempo passava, as canoas começaram a chegar, mantivemos o formato de encontros livres, de custos fixos e com horários flexíveis. De acordo com a disponibilidade dos remadores que sabiam lemear conduzindo-as ao mar. Rapidamente, eu já estava lemeando, e ávida por conhecer tudo sobre a canoa, buscava autonomia. E hoje, com muito prazer, levo pessoas para remar, possibilitando-lhes a experiência que tive no primeiro encontro.

A canoa trouxe e ainda traz os irmãos do mar. Em especial, o capitão Douglas Moura. Digo que ele é meu *kahuna* (título havaiano de sacerdote experiente, mestre ou conselheiro) e, com ele, fui além do esporte. Mergulhei no mundo da navegação, das grandes expedições e todo o planejamento. E foram várias experiências de sucesso, novos e lindos lugares. E com os conhecimentos de Douglas, me senti capitã, forma carinhosa de tratamento que os remadores me dedicam.

Naturalmente, éramos um Projeto, o "Canoa para Todos". E diariamente surgiam mais pessoas, em diversas capacidades vindo remar. E nos desdobrávamos em entender as necessidades e colocar todos no mar. Não demorou para que surgissem novos desafios, pessoas com necessidades especiais, um novo mergulho de grandes aprendizados.

Surgiu um novo grande encontro: o mestre dos mares Luciano Facchini, um ser que vive "para" e "da" canoa. Triatleta em outros tempos e sobrevivente de um fatídico acidente que o deixou na condição de cadeirante. Encontrou o movimento para sua alma inquieta na canoa. Com Luciano, aprendi muito sobre adaptação e sobre receber a todos. Pensando e acolhendo integralmente, tanto temporariamente quanto de forma duradoura. E no refino da adaptação, fomos da busca de qualidade de vida para o esporte de alto rendimento. Juntos, começamos a fomentar a categoria dos PARAVA'As (paratletas de canoa polinésia – Va'a) na modalidade coletiva para campeonatos nacionais e internacionais. O processo é orgânico e natural, conectando pessoas de vários estados do Brasil, e tirando-as da zona de conforto, motivando-as a serem exemplos nacionais. O projeto vai de vento em popa com Luciano no leme, e eu na proa.

E não esquecendo dos jovens de mente e alma, também me envolvi com esses seres um pouco mais *masters* do que eu – categorias 70, 75 e 80. Desde 2018, passei a coordenar cerca de 30 atletas de alto rendimento em viagens nacionais e internacionais. Entre eles, meu pai (78 anos). Inúmeras viagens conhecendo seres e lugares nesse turismo esportivo. Eles me chamam carinhosamente por Dindinha, madrinha encantada por vê-los fortes e motivados no mar. Vida longa a esses jovens que abrem alas para o meu futuro.

Dança e canoa polinésia

Onde ficou a dança nesse contexto? A dança surgiu mais uma vez pela canoa. Saudosa da época em que a dança era minha maior expressão e que fazia parte de um passado distante em importância. Mas não se deu assim... A remada era também uma espécie de dança entre remadores, a canoa e o mar.

E em algumas tentativas de voltar à dança, conectei-me com Martine Blair. Coreógrafa e dançarina com vasta experiência global, compartilhou comigo a formação de corpos de baile com dançarinos polinésios. E numa fantástica experiência no Tahiti, certifiquei-me que a dança e a canoa estariam juntas para sempre em minha vida. Conheci, na prática, a importância da dança e da canoa polinésia na rotina do povo, sendo essas práticas desenvolvidas como matérias obrigatórias nas escolas.

Os polinésios são orais, guardando suas histórias e deuses em cantos sagrados, numa estreita relação entre o balanço do mar e os movimentos da dança, que, com pés e mãos, contam suas narrativas de geração em geração. É o corpo em oração, reverenciando com a dança vinda do coração, harmonizando o corpo e a vida com a natureza. Coincidência ou não, os polinésios acreditam que uma boa relação com a dança refina a relação com a própria vida.

Assim, em 2018, comecei a coordenar um grupo de dança polinésia integrado com as remadas. Começamos a engatinhar nesse novo caminho, nos mesmos moldes do Canoa para Todos. Porque é assim que gosto de fazer: tudo de graça para todos. E assim, por onde passava, compartilhava o pouco que sabia, incentivando a formação de grupos, como os que vi nas comunidades do Tahiti (dançam e cantam todas as tardes em família). E assim as coisas começaram a fluir.

Porém, com a pandemia, a dança assumiu o papel de "medicamento" para ajudar a tratar as "loucuras" que com ela vieram. Ministrava aulas on-line abertas para todos em todo o Brasil nos finais de tarde.

Experimentei e compartilhei essa conexão e o poder que a dança polinésia tem sobre o corpo, a alma e a natureza, ajudando a entender e passar pelo isolamento da população durante a pandemia (2020). Passei pela pandemia com grandes ganhos pessoais e coletivos. Ao final dela, éramos muitas mulheres dançando on-line e presencialmente. E aprendemos a essência do poder da dança para festejar, ou simplesmente existir.

Passamos a dançar em vários lugares, momentos e eventos. Na simplicidade da praia ou em espaços mais sofisticados. Danças em eventos da própria dança ou de remadas diárias. Percebemos com muita gratidão a importância de ambas as práticas e seus efeitos em nós e nos outros. Muitas mulheres migraram da canoa para a dança, assim como também o contrário, estabelecendo essa simbiose canoa e dança, percebendo as nuances entre o mar no corpo e a dança.

A canoa despertou em mim uma espécie de instinto ancestral, cuja força na remada, percepção e planejamento nas expedições que ainda faço, não compreendia muito bem de onde vinham. Estava tudo guardado em mim, bastando a canoa para despertar e lapidar em mais acertos que erros. Atualmente, navego o Brasil em vários eventos de canoa polinésia, unindo meus irmãos do mar no espírito da remada, envolvendo a maior diversidade de pessoas (idosos, crianças, adolescentes, pessoas com necessidades especiais...).

A canoa polinésia é mais que esporte, é cultura, é história. É uma espécie de ente familiar com batismo e propósito familiar. Antes de ser esporte, fazia parte do modo de vida das populações polinésias na busca por novas terras, alimentos, encontros, e até mesmo como ferramenta de batalhas.

Minhas conquistas pessoais com a canoa são um capítulo à parte. Mas como atleta de alto rendimento, minha gratidão proporcionada pela remada por lugares e seres que jamais imaginei conhecer. Colocando-me em minha melhor forma física em tempos de master, possibilitando-me competir em categorias abaixo da minha até hoje. Como mencionado, a canoa é um estilo de vida, não somente força física e técnica; são conexões internas e externas nos possibilitando sermos mais fortes do que pressupomos.

Meu portfólio de atleta sustenta campeonatos regionais, nacionais, panamericanos e mundiais, em remadas de curta, média e longas distâncias (acima de 60 km), com excelentes resultados.

Creio que esses resultados nas competições vêm do perfeito casamento entre eu e o oceano, assim como no modo de vida de meus ancestrais.

A vida é uma jornada repleta de desafios, superações e descobertas. Olhando para trás, vejo claramente como o mar, essa imensidão azul que me envolve, é mais do que um elemento da natureza. Ele é um fio condutor que entrelaça minha história, desde os passos corajosos dos meus ancestrais até as remadas vigorosas nas águas que percorro hoje. É um lembrete de que a força ancestral que corre em minhas veias também pulsa no coração de cada ser humano.

Quando conecto minha pá na água, nos encontramos pelo mar

Ao pensar no legado que desejo deixar para a nova geração de atletas, vejo-o refletido nas águas que corto com minha pá. Quero inspirar outros a encontrarem no mar não apenas um espaço para competir, mas um lugar de conexão, crescimento e respeito. Que cada remada seja um convite para descobrir a força interior, superar desafios e construir uma comunidade unida pelo amor ao oceano.

Que minha jornada seja um testemunho de que o mar, muito além de ser um desafio atlético, é um catalisador de transformação pessoal e coletiva. Que cada remada seja uma lembrança de que, quando nos conectamos com o oceano, nos conectamos com a essência mais profunda de quem somos e com a promessa de um futuro ancorado na coragem, respeito e amor pelas águas que nos sustentam.

Juliana
Silva

Também conhecida como Ju Fênix, tem 40 anos e é nascida em Goioerê, no Paraná. Formada em Engenharia Têxtil e Engenharia Elétrica, com pós-graduação em Engenharia de Produção. Em 2015, após um acidente de carro, foi diagnosticada com tetraplegia na C6 e C7. O tênis de mesa fez parte de sua reabilitação e, três meses depois, em 2017, ela estava competindo em nível nacional. É a atual mesatenista campeã do Brasil e a 13ª do mundo. É paralímpica também na modalidade Tiro com Arco e a 1ª do *ranking* brasileiro 2023 do Tiro com Arco. Trabalhou com desenvolvimento humano, com diversos cursos e formação em Líder *Self Coach* pelo Instituto Brasileiro de Coaching (IBC). Palestrante e formadora no curso de autoconhecimento e automotivação "Faça-se Fênix". Escritora do livro autobiográfico *"Fênix – a paratleta que renasceu por meio do esporte e da gratidão"*, publicado em novembro de 2023. Em um ano na modalidade conquistou no individual e em dupla mista a medalha de prata, vice-campeã no Parapan de Tiro com Arco. Teve sua 1° participação nas Paralimpíadas de Paris representando a modalidade de Tiro com Arco, chegando nas etapas individuais até as 8° de finais e na dupla mista as 4° de finais. É a 12° do ranking mundial.

INSTAGRAM

A paratleta que renasceu por meio do esporte e da gratidão

Quem é Juliana Silva?

Nasci em uma cidade do interior do Paraná chamada Goioerê, com cerca de 35 mil habitantes, onde a agricultura é a maior fonte de renda. Em 11 de dezembro de 1984, pesando 1,8 kg e cabendo na palma da mão de minha mãe, comecei uma luta de sobrevivência e de inúmeros renascimentos ao longo da vida, o que me deixou cada vez mais forte e, agora, conhecida como Ju Fênix.

Cresci em meio a muito amor e cobranças, sendo a caçula de três filhos. Aos dois anos de idade, com um quadro de asma que só piorava, com a saúde frágil, tive inúmeras crises respiratórias – quando corria, quando tinha contato com um mínimo de poeira, terra, animais. Mesmo assim, nunca deixei de fazer o que gostava e duas dessas coisas eram dançar e montar a cavalo. Trabalhei desde criança como modelo fotográfica e de passarela.

Ainda criança até minha adolescência, passei por *bullying*, anorexia, depressão que quase tirou minha vida – isso, pela busca do padrão de beleza que a sociedade colocava para ser modelo. A briga com a balança era constante e a definição de uma menina baixinha, gordinha em vários ambientes, principalmente na escola, trouxe resultados negativos, o que só alimentava a minha busca de ser perfeita aos olhos de todos.

Quando se está prestes a perder algo em sua vida, quando a escuridão o consome, a fé te guia até a luz e você tem que acreditar que tudo é possível, se nada acabou, é porque ainda tem esperança; e foi nessa busca de amor pela vida que eu renasci mais forte e cheia de luz.

Entrei na faculdade de Engenharia Têxtil aos 18 anos, realizei uma pós-graduação em Engenharia de Produção e me encontrei em meio às construções. Depois, me formei em mais uma graduação, de Engenharia Elétrica. Durante esses processos de formação, trabalhei paralelamente no desenvolvimento humano e tive a formação em *Coach*. Apesar de tantos números, nunca me afastei da dança, me profissionalizando e, por nove anos, sendo professora de tango.

O acidente de carro

Em 8 de Junho de 2015, o carro que eu dirigia capotou numa curva na rodovia, caindo ribanceira abaixo por 15 metros e batendo contra uma rocha. Esse evento não só marcou o fim de uma vida como eu conhecia, como também representou o início de uma jornada de reabilitação física e emocional sem precedentes.

Os seis meses seguintes foram um turbilhão de desafios físicos e emocionais para mim. Enquanto estava na UTI, enfrentei diversas cirurgias e complicações de saúde. A incerteza sobre o meu futuro pairava sobre mim como uma sombra constante, e a linha entre desistir e manter a fé tornou-se cada vez mais tênue.

No entanto, foi durante esse período sombrio que descobri a prática diária da gratidão como uma âncora em meio à tempestade. Enquanto lutava para recuperar minha saúde física, encontrei consolo na expressão de gratidão pelos aspectos positivos da minha vida, por menores que fossem. Essa prática não apenas me ajudou a manter uma atitude positiva, mas também a reconstruir minha força interior e determinação para enfrentar os desafios que estavam por vir.

A introdução ao esporte como parte de minha reabilitação foi um ponto de virada crucial em minha jornada. Por meio da canoagem e da natação, comecei a reconectar-me com meu corpo de uma maneira completamente nova, descobrindo minha capacidade de superar limitações físicas e alcançar novos objetivos. O esporte não era apenas uma forma de exercício físico, mas também uma fonte de esperança e inspiração para mim, mostrando-me que ainda havia beleza e propósito em minha vida, apesar das adversidades.

Esses detalhes adicionais não apenas enriquecem minha narrativa, mas também oferecem ao leitor uma compreensão mais profunda dos desafios que enfrentei e das estratégias que empreguei para superá-los. Ao compartilhar esses momentos cruciais de minha jornada de recuperação, não apenas inspiro, mas também educo e capacito outros a enfrentar suas próprias batalhas com coragem e determinação.

Prazer, me chamo Esporte

Com o acidente de carro, não mexendo nada da cabeça para baixo, precisei de uma ressignificação em minha vida e, logo após a minha alta hospitalar, fui apresentada ao esporte como parte da reabilitação, iniciando na canoagem e na natação.

O instrutor de natação também era de iniciação no tênis de mesa e, já no primeiro dia de aula de natação, apresentou a raquete de tênis de mesa e foram três meses de insistência para que eu fosse fazer uma hora de treino.

Essa insistência rendeu três horas entre o treino e explicações teóricas da modalidade, que rendeu uma motivação para conhecer ainda mais. Saí de lá e fui até a AACD, onde tinha a modalidade de tênis de iniciação até o alto rendimento. Era sexta-feira quando tive uma conversa com a coordenadora esportiva e, na segunda-feira, fui realizar uma aula experimental;

na terça-feira estava federada e confederada, podendo participar de competições estadual e nacional.

Ainda era muita informação. Tudo estava acontecendo tão rápido e, como se não fosse suficiente, pedi para participar da minha primeira competição em nível nacional, que seria depois de três meses. Foram horas incansáveis de treino, todos os dias da semana, até o dia da competição.

Aconteceu no sul de Santa Catarina. A ansiedade aumentava quanto mais próximo chegava o dia "D", até o momento em que me vi chegando perto da mesa para fazer meu primeiro jogo. Cada adversária, uma leitura de jogo; era preciso lembrar sempre que uma partida se faz ponto por ponto e que o jogo só acaba quando termina. Foi com esse pensamento, foco e determinação que cheguei até a final e conquistei o meu primeiro ouro.

Só entendi o que realmente tinha acontecido quando chamaram meu nome ao pódio para o primeiro lugar e colocaram a medalha de ouro em meu pescoço. Sensação indescritível, mais que incrível: era o retorno de todo o meu esforço, da minha dedicação, de todas as escolhas difíceis.

Eu chorei de alegria, nem sabia como olhar para câmera na hora da foto. Só procurava minha mãe, bem ali na minha frente, em lágrimas, a mão tremendo tentando segurar o celular para tirar uma foto. Quando saí do pódio, olhei rapidamente para aquele cenário atrás de mim: as mesas, o ginásio... e me dei conta de que o tênis de mesa tinha me escolhido. Sorrindo, agradeci em silêncio por viver aquele momento, depois de tantas lutas.

Não foi um jogo que mudou minha vida, foram vários.

Conquistar o primeiro ouro é um processo, manter esse ouro é outro processo

Comecei a competir em nível nacional no segundo semestre de 2017, com três meses de treino, e ainda em 2017, no mês de dezembro, fiz minha primeira participação internacional na Argentina, onde conquistei bronze no individual e bronze na dupla.

Durante esse novo processo, aprendi mais sobre meu estilo de jogo, como aproveitar melhor minhas horas de treino, estudar sobre todo o material que utilizo para competir, estudar e analisar jogos de adversários, assim como o meu após cada competição. Tudo o que tinha que evoluir e, principalmente, compreender que perder também significa ganhar.

Cada campeonato traz um aprendizado e esses são os meus melhores títulos! De 2017 até 2023, conquistei cerca de 45 vitórias, alcançando sempre o título de 1ª do *ranking* nacional, sendo 12ª no *ranking* mundial, vice-campeã brasileira e trabalhando muito para que, em 2023, eu conquistasse o título de campeã brasileira.

O esporte ressignificou minha vida

O esporte é minha comunicação não verbal internamente e com o exterior. É quem fica mais próximo dos meus sentimentos, é o que me desafia a ser sempre minha melhor versão. Me ensina a ter paciência, levantar sempre que eu caio e que perder também significa ganhar.

Ressignifica minha qualidade de vida e reabilita meu corpo e mente. O esporte me faz ver tudo de uma perspectiva diferente e o aprendizado de incontáveis coisas que a vida tem para oferecer. Em um processo constante de cura e humanização, explorando o seu maior potencial.

Enfrentar cada desafio dentro e fora do campo ou da mesa é uma forma de me expressar, de mostrar ao mundo quem eu sou e do que sou capaz. A cada movimento, eu manifesto minha determinação, paixão e resiliência. Mesmo nas derrotas, encontro força para seguir em frente, sabendo que cada obstáculo é uma oportunidade de crescimento.

Desde o acidente que mudou minha vida, o esporte se tornou não apenas uma atividade física, mas uma parte fundamental da minha jornada de reabilitação e autodescoberta. Ele me lembra diariamente que sou mais forte do que qualquer adversidade e que o verdadeiro poder reside na minha capacidade de superar, de me reinventar e de continuar avançando, mesmo quando o caminho parece difícil.

Assim, cada momento dedicado ao esporte é uma celebração da vida, uma expressão do meu espírito indomável e uma afirmação do meu compromisso em viver plenamente, independentemente dos desafios que possam surgir.

Um novo horizonte me levou até o Tiro com Arco

A busca de um sonho me levou a conhecer outra modalidade esportiva e a entender que amor pelo esporte é quando você se permite se autoconhecer, enxergar além, dar a oportunidade e até mesmo a ancestralidade.

Cada vez mais fui me engajando no multiverso esportivo e traçando objetivos, o sonho de participar de uma paraolimpíada crescia.

Nasci em uma cidade de origem indígena – Goioerê –, uma das brincadeiras era de arco e flecha na rua, e éramos nós mesmos quem os fazia de galhos de árvore. Meus filmes que me levavam a viver aquela época sempre foram de dinastias, documentários de épocas em que sempre sentia uma semelhança com os atores que reproduziam a arte do arco e flecha.

Minha sensibilidade quando o arco está em minha mãos é como se já fosse familiar há muito tempo, e foi o que senti quando fiz uma aula experimental na cidade de Santos (SP). Tiveram que me ajudar a segurar e puxar o arco em razão de eu não ter 100% de controle de tronco nem forças nas mãos.

Mesmo com apoio, quando soltava a flecha, é como se aquela cena fosse familiar e me senti preenchida quando consegui acertar o alvo que estava a 18 metros de mim.

Como a escola é em São Paulo, eu subia e descia duas vezes na semana, e em março de 2023 foi quando comecei a me preparar para as futuras competições.

Foram realizadas várias adaptações para que eu pudesse erguer e puxar o arco sozinha. Em dois meses, estava competindo *indoor* a 18 metros de distância e trazendo o ouro; em três meses, estava participando do brasileiro *outdoor* de 50 metros de distância, no qual fui vice-campeã brasileira. No mesmo mês, fiz a seletiva para compor a seleção brasileira e passei.

Em julho, me mudei para São Paulo, intensificando os treinos. Minha dedicação e foco eram cada vez maiores e, em dez meses praticando, foram 11 medalhas de ouro e duas de prata. Sou a 1ª no *ranking* paulista *indoor* de 18 metros, 1ª no *ranking* brasileiro *outdoor* de 50 metros e 1ª no *ranking* brasileiro *indoor* de 18 metros.

A preparação está agora para atingir o índice necessário para as competições internacionais e as Paralimpíadas de Paris.

Praticar duas modalidades distintas exige separar cada uma quando já está a caminho do treino; a determinação e o foco são os mesmos, porém as habilidades são diferentes. Aos poucos, sinto o Tiro com Arco mais presente no meu dia a dia, mais próxima do meu sonho e realizada todas as vezes que levanto o arco, desço puxando a flecha, miro no alvo e, quando disparo a flecha e vejo o percurso até atingir o centro, o amarelo, o 10 do alvo, solto minha respiração e o meu coração fica preenchido de alegria e amor.

Faltando menos de dois meses para as Paralimpíadas de Paris, uma última possibilidade de conseguir a tão sonhada vaga. O campeonato para atingir o índice aconteceria em Maricá, no Rio de Janeiro.

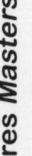

Com a passagem aérea cara, entre outros custos, não tinha condições de ir dessa forma, pensei em outra possibilidade, que na verdade não me agradava muito, que era ir de carro, pois ter que fazer o percurso do meu acidente depois de nove anos me deixou ansiosa.

Tinha dois desafios pela frente, o primeiro era encarar um medo que até então nunca tinha pensado que enfrentaria, a imagem do acidente ficava vívido em minha mente o tempo todo e o segundo, atingir a pontuação necessária e com isso minha tão sonhada vaga para as Paralimpíadas de Paris.

Quando finalmente cheguei em Maricá, meu corpo estava todo dolorido de tanta tensão, uma forte dor de cabeça, começou a preocupação de que meu estado físico e mental interferisse no dia seguinte, em que aconteceria a competição.

Quando coloquei a cabeça no travesseiro e sonhei com a sensação que seria conquistar a vaga, minha mente ficou o tempo todo imaginando cada flecha chegando até o alvo, até que peguei no sono.

Era uma manhã com chuva, e não tinha passado por esta experiência de atirar com um tempo assim. Me posicionei na linha de tiro, a árbitra inicia a competição e a chuva deixa a mira um pouco embaçada, mas o meu foco era dar o meu melhor em cada flecha.

No final da competição eu escuto aplausos, vejo abraços, lágrimas, ainda não estava entendendo o que estava acontecendo, era como se eu estivesse amortecida. Meu técnico em lágrimas me abraça e diz "boa viagem pra Paris, a vaga é sua". Neste momento minhas lágrimas caíam e eu perguntava "eu atingi o índice?" e uma voz lá no fundo disse "não só a vaga como você bateu o recorde brasileiro na sua classe".

Sonho que saiu do papel e se tornou realidade, lá estava eu nas Paralimpíadas de Paris 2024, com um ano e oito meses na modalidade, chegando até as oitavas de finais no individual e nas quartas de finais em dupla mista e atingindo o 12° lugar no ranking mundial.

Karina Knak

Gaúcha, 47 anos, ex-jogadora profissional de basquete. Sua carreira foi interrompida por diversas lesões no joelho. Assim, traçou outros planos e seguiu seu sonho de infância: tornou-se médica veterinária, cirurgiã e oncologista de cães e gatos, aos quais se dedica a salvar vidas. Atualmente, superando seus desafios, é jogadora de basquete master. Em 2021, foi vice-campeã brasileira; em 2022, foi campeã brasileira pela UVB-SP e campeã panamericana pela Seleção Brasileira 45+. Também é gestora do projeto social Associação das Meninas do Basquete de Santa Cruz (@AMBSantaCruz), que ensina basquete para meninas de 9 a 17 anos. É, ainda, mãe da Carol, que já segue seus passos no basquete. Hoje, ela entende os planos que Deus fez para ela e, assim, consegue conciliar sua profissão, sua família e sua paixão pelo basquetebol.

INSTAGRAM

Por que eu?

Quando fui convidada a fazer parte deste livro, a primeira coisa que surgiu em minha mente foi esta pergunta:

— Por que eu?!

Uma mulher comum, mãe, tutora de quatro cachorros e um gato, empresária, com duas pós-graduações, ex-jogadora de basquete profissional que teve sua carreira interrompida precocemente por conta de várias lesões no joelho direito, e hoje é jogadora de basquete *master* e gestora de um projeto social, a AMB Santa Cruz.

Refleti durante duas noites, pois durante o dia é impossível, já que minha vida é uma correria — acordo às 6 horas da manhã, preparo um saboroso café da manhã, levo minha filha Carol para a escola, vou para a academia, depois para o trabalho, saio por volta das 17 horas, vou para a quadra acompanhar os treinos das meninas e, às vezes, bato uma bolinha (não resisto, né?) e chego de volta lá pelas 20 horas.

Mas voltando à dúvida... por que eu?

— Será que mereço fazer parte deste livro de vencedoras no esporte?

Vou deixar aqui minha história e, no final deste capítulo, espero que a sua resposta seja sim, pois a minha determinação e resiliência me trouxeram de volta a praticar o meu esporte favorito. E minha vida no basquete *Master* tem me dado muito orgulho de toda minha trajetória até aqui.

O desafio

Geminiana típica, costumo dizer que "adestrada", sempre fazendo mil coisas ao mesmo tempo, apaixonada por esportes e animais. Na minha infância, queria ser veterinária e atleta. Pratiquei diversos esportes, começando com a ginástica rítmica.

Você imagina uma menina de 11 anos, na época com 1,87 m e 57 kg, fazendo ginástica rítmica?

Sim, era ridículo, mas eu sou dessas que não liga para o que os outros pensam, faço o que eu tenho vontade, e acreditem: eu passava dentro do arco! Pena que não havia celular para eu provar! Felizmente, meu irmão me zoava demais e desisti a tempo!

— Obrigada, mano!

Depois, pratiquei atletismo (salto em altura, arremesso de dardo) e voleibol, até descobrir o meu verdadeiro esporte e me render ao basquetebol, com 13 anos e 1,84 m, na época.

Foi amor à primeira cesta!

Mas por que o basquetebol?

Simplesmente porque ele é mágico, inteligente e extremamente difícil!

Você já tentou jogar basquetebol?

Para mim, é o esporte mais apaixonante de todos, pela

quantidade de fundamentos, arremessos e finalizações variadas com movimentos precisos, sempre com alguém tentando te impedir de conseguir acertar a bola naquele aro de 45 cm de diâmetro a uma altura de 3,05 m do chão.

Esse é o lance para mim: o desafio. Eu amo um desafio!

Pontapé inicial

Nascida em Porto Alegre (RS), vim com meus pais, Francisco e Beatriz, para a bela cidade de Santa Cruz do Sul.

Tive a sorte de estudar no Colégio Mauá, uma escola que acredita no esporte, e lá, com meu professor e amigo Reginaldo Soares, comecei a praticar basquetebol. Em 1989, aos 13 anos, participei da equipe no Clube Ginástica, onde conquistamos o título de vice-campeãs estadual infanto-juvenil, o primeiro título de basquete feminino da cidade.

No ano seguinte, passei a treinar no Clube Corinthians, e numa dessas tardes de treino, a minha vida mudou.

Após um treino, o ex-jogador da seleção brasileira Marcel de Souza, que na época jogava em Santa Cruz, me apresentou a técnica Jeanine F. Chagas e o diretor da equipe, Perdigão Evaldo Gonçalves. Eles vieram de Jundiaí, em busca de novas jogadoras para a equipe de base mirim.

Na semana seguinte, fui até Jundiaí com meus pais para conhecer toda estrutura. Retornei à Santa Cruz decidida e encantada com a ideia de ser uma jogadora – eu, com 14 anos, em São Paulo, numa das maiores estruturas de basquetebol do país?! Que sonho!

Sim, era isso que eu queria para mim!

No dia 12 de maio de 1990, eu e meu pai, meu maior incentivador, partimos. Lembro que minha mãe chorou muito.

Sentimentos confusos de tristeza em deixar minha família, minha casa, minha escola e meus amigos e, ao mesmo tempo, uma alegria e um "friozinho" na barriga em poder vivenciar algo novo, ser uma atleta, novas oportunidades, novos amigos, morar sozinha aos 14 anos, treinar com jogadoras de seleção brasileira. Será que eu seria capaz de lidar com tudo isso?

Fui muito bem recebida pela equipe e mantenho amizade com algumas atletas até hoje. Uma vez por ano vou a Jundiaí para o churrasco de reencontro, que agora chamamos de "encontro de *Masters*". Sou muito grata à minha técnica querida Jeanine, pela oportunidade e por tudo que vivi no esporte.

Gratidão!

Minha carreira

Quando cheguei em São Paulo, tudo era novo para mim, escola nova, longe da minha família, morar em república sem ter as mordomias de casa. Eu nunca havia lavado roupa nem sabia cozinhar! Tudo era desafiador, principalmente a intensidade dos treinos. A equipe era fantástica: uma equipe mirim imbatível e eu mal sabia arremessar no lance livre. Quando o treino acabava, eu ficava mais tempo na quadra para conseguir evoluir meus fundamentos e buscar meu espaço.

Em 1990, conquistamos o título de Campeão Paulista mirim, e em 1991, o vice-campeonato. Fui convocada para a seleção brasileira infanto-juvenil, depois fui cortada, mas, para mim, foi uma honra estar naquele grupo.

No final de 1991, a equipe perdeu patrocínio. Eu amava estar ali, com minhas amigas e técnica. Será que tudo teria acabado para mim? As despedidas, mudanças e incertezas fazem parte da vida do atleta. Fui contratada para a equipe de Guarulhos, para a temporada 1992, ou seja, um novo desafio. Eu e mais duas amigas fomos para a mesma equipe e para mesmo apartamento. Nossos pais se conheciam, então facilitou muito a nossa adaptação. Lá também fomos muito bem recebidas e acolhidas por toda equipe.

Lá consegui conquistar meu espaço como titular absoluta na minha categoria e integrei a equipe adulta profissional, com 16 anos de idade. Um sonho se realizando. Treinos de manhã e à tarde, escola à noite e muitos campeonatos.

Em 1993, comecei a ser reconhecida. Guarulhos era fã do basquetebol, ginásios lotados e distribuição de autógrafos, realmente o basquete tomava conta da minha vida! Eu traçava planos e, como toda atleta, sonhava em subir ao pódio cantando o hino nacional!

Infelizmente, em julho tive uma entorse grave no tornozelo e perdi a chance de convocação para seleção brasileira. Mas não desisti! Haveria outras oportunidades, portanto, segui firme com os treinos.

A temporada não havia acabado e eu já havia recebido proposta de quatro equipes. Eu queria dar o meu melhor nas finais.

Um grande dia: queríamos aquela medalha de bronze. Estávamos preparadas, mas numa jogada em que fiz uma finta para ir para bandeja, tive uma entorse de joelho. Uma dor aguda, insuportável, que me tirou da partida e, a partir dali, o destino teria outros planos para mim.

Último jogo do ano, com uma ruptura de 50% de ligamento cruzado anterior. A tristeza tomou conta de mim e, para completar, um mês após o ocorrido recebi a notícia de que o time estava sem patrocínio, e eu desempregada e lesionada.

Voltei para minha cidade. Estava triste e perdida, até que recebi uma ligação do técnico Barbosa, um dos melhores técnicos de basquete feminino do Brasil.

Gratidão!

O inesperado aconteceu e tive a oportunidade, mesmo lesionada, de ir para uma das melhores equipes do país. Me lembro de quando a Magic Paula entrou na sala de fisioterapia e foi conversar comigo, para me apoiar. Acho que só gaguejei!

Foram três meses de fisioterapia intensa, até ter a liberação do médico da equipe. Parecia perfeito demais! Me sentia plena, sem dor. No terceiro treino, o joelho não resistiu e houve uma ruptura completa do ligamento. Minha primeira cirurgia.

A recuperação não foi fácil, pois, na época, as técnicas promoviam muita dor no pós-operatório. Eram cerca de 3 horas de fisioterapia diariamente. Foi o período mais difícil como atleta. Enquanto todas treinavam, corriam e buscavam as vitórias, eu me esmerava diariamente para conseguir esticar a perna, depois a voltar a caminhar e, aos poucos, voltar às quadras. A fisioterapeuta Ligia foi fundamental na minha recuperação, assim como consultas com psicólogos e o apoio da dona Hilda (mãe da Magic Paula). Mulher maravilhosa! Chorava muitas vezes em silêncio. Tentei ser forte o tempo todo, mas foram longos sete meses... No final do ano, retornei às quadras. Seria meu primeiro ano na categoria adulta, voltando de uma lesão grave. Eu estava animada, cheia de vontade de jogar basquete. Três semanas após o meu retorno, recebi a notícia de que havíamos perdido o patrocínio. No outro dia, para minha surpresa, recebi uma proposta da equipe de Bauru, e na mesma semana parti cheia de vontade de jogar.

A equipe era ótima, várias jogadoras da seleção brasileira, treinos intensos e muitos jogos. E nesse ano tive novamente várias microentorses e passei a usar joelheira, para ter mais estabilidade. Eu não queria desistir.

Joguei mais uma temporada e ficamos entre as quatro melhores equipes do país. Em janeiro de 1996 conquistamos o Pan-americano de Clubes em Honduras, onde realizei meu sonho de subir no pódio e cantar o hino nacional. Foi um momento mágico: ginásio lotado, muita torcida para o Brasil e, de virada, ganhamos a final da Argentina.

Foi do jeitinho que sonhei; uma emoção que todo atleta profissional merece sentir.

Em meio a tudo isso, meu pai começou a me pressionar a voltar aos estudos, pois as lesões estavam cada vez mais recorrentes e eu, em breve, teria de fazer uma nova cirurgia.

Passei no vestibular em Marília, a 100 km de Bauru, e resolvi realizar meu sonho de infância e me tornar médica veterinária.

Treinava de manhã em Bauru e estudava à tarde em Marília. Viajava 200 km todos os dias, mas estava feliz, até que meu joelho falhou mais uma vez e, dessa vez, tive uma ruptura de 70% do ligamento reconstruído na cirurgia anterior.

Após muitas conversas com meu pai, optei em largar minha carreira no basquete e seguir meus estudos, pois não queria passar por uma nova cirurgia e mais sete meses de fisioterapia.

E assim segui meu novo caminho, o de salvar vidas!

A experiência como atleta foi extremamente enriquecedora na minha vida e me ensinou a ser resiliente, superar os desafios, respeitar e ouvir outras opiniões, evoluir diariamente. Isso me tornou uma mulher segura e respeitada. O esporte transformou minha vida e continua transformando a vida de muitas mulheres!

Independentemente das minhas leões, eu faria tudo novamente. Mas, dessa vez, cuidaria mais do meu corpo. Naquela época, o fortalecimento muscular, a alimentação e o sono não eram tão valorizados como na atualidade.

O desmame

A fama do esporte na região me trouxe muitas oportunidades, inclusive em participar da equipe do município em Jogos Abertos e Regionais, e por meio do basquete tive bolsa integral durante quase toda minha faculdade, pois meu joelho suportava treinos leves.

Aos poucos, fui me dedicando mais ao estudo e me afastando das quadras – como dizemos na área veterinária, fazendo o desmame. Procurei não olhar para trás, apenas em agradecer as oportunidades que tive e se seguir em frente, com muita saudade e boas lembranças.

Me formei e fui trabalhar em Florianópolis. No ano seguinte, recebi uma proposta para trabalhar em Joinville, onde o basquete continuou fazendo parte da minha vida. Encontrei amigos que jogavam na equipe masculina de lá e participei de uma equipe que jogava campeonatos amadores.

O esporte te dá isso: amizades, momentos de lazer, diversão.

Montei minha própria clínica e consolidei minha carreira de médica veterinária. Meu joelho não me atrapalhava em nada, suportava bem os treinos leves e divertidos. O esporte havia virado entretenimento para mim, até que, em um jogo, eu quebrei o pé. Então, decidi me afastar e só ficar nas arquibancadas. Fiz natação, boxe e continuei na academia para manter meu corpo em forma e saudável.

Nessa mesma época, perdi meu pai. Ele teve câncer. Foi uma fase difícil, pois ele era a nossa base familiar, um homem incrível que sempre me deu os mais sensatos conselhos e sempre me deu muito amor e segurança. Impossível não sentir saudades do meu Francisco.

Sedentarismo

Minha carreira como médica veterinária era intensa. Tive um relacionamento sério no qual tivemos a Carolina, meu maior tesouro. Era difícil exercer o papel de mãe e trabalhar 10 horas por dia, então comecei a ter a necessidade de voltar para perto da minha família e acompanhar o desenvolvimento da minha filha.

Em 2011, de volta a Santa Cruz do Sul, fiquei um tempo sem trabalhar. Em 2012, montei uma clínica com atendimento com hora marcada e consegui curtir a infância da minha filha. Acompanhei a Carol em tudo, mas cometi o erro de parar minhas atividades físicas. Virei sedentária... Na época, não percebi o mal que causei a mim mesma, pois estava curtindo o papel de supermãe.

Em 2017, em um parque aquático, tive a infelicidade de romper o restante do meu ligamento. Vida sedentária, 20 kg a mais e com uma artrose imensa. Uma nova cirurgia veio; dessa vez, apenas uma artroscopia e uma promessa de que eu voltaria para a academia e teria que emagrecer, porém, com um pedido médico de que eu não poderia mais realizar atividades de alto impacto.

Cirurgia feita, meta não cumprida e permaneci no sedentarismo, que acredito ter sido um dos maiores erros da minha vida, pois só me levou à baixa autoestima e a dores no corpo.

O retorno às quadras

Em 2018, recebi um convite do Reginaldo para conhecer um novo projeto chamado Meninas do Basquete. O grupo logo me cativou e entrei para o projeto como auxiliar técnica, até que durante um dos treinos tive uma nova entorse. Porém, dessa vez, no joelho esquerdo – uma ruptura completa de ligamento cruzado anterior. Decidi operar logo e coloquei na minha cabeça que voltaria o quanto antes a ter uma vida saudável. Voltei à academia, fiz reeducação alimentar e comecei a eliminar os quilos indesejáveis.

Em 2019, passei pelo processo de separação e busquei no basquete uma forma de me manter ativa e feliz, e fui incentivada a voltar a jogar.

O basquete, mais uma vez, mudou à minha vida.

Treinos mais intensos, já havia eliminado 15 kg e participei do Campeonato Brasileiro Master no Rio de Janeiro. Foi incrível! Encontrei amigas que não via há cerca de 15 anos; havia jogadoras com até 70 anos, cada uma com sua história de superação, uma energia indescritível para mim. Voltei a jogar e, sim, eu consegui! Recebi o convite para jogar na equipe UVB, de São Paulo. Desde então, decidi não me entregar mais às dores e buscar qualidade de vida para mim.

Faço sessões de fisioterapia, academia, muito gelo, luto diariamente contra a minha artrose, mas só consigo pensar que minhas dores no corpo reduziram quase totalmente. Hoje, sou ativa, disposta e tenho uma ótima autoestima.

Em 2021, conquistei o vice-campeonato brasileiro 45+ pela UVB. Em 2022, aos 46 anos, realizei um dos meus sonhos e joguei pela seleção brasileira 45+, com a qual me tornei campeã panamericana na Argentina; fui campeã da Copa Independência pela equipe de Campinas; e campeã brasileira pela UVB. Em 2023, conquistei o terceiro lugar no torneio Sul-Sudeste, fui convocada para a seleção brasileira 45+ B e disputei o Mundial na Argentina.

No basquete *Master*, conheci várias mulheres com histórias de superação. O esporte não tem idade, ele tem força de vontade. Faça aquilo que você deseja, mentalize e não desista! Hoje, tenho um orgulho imenso em ter conquistado novamente meu espaço no esporte, mesmo após os 40 anos. Sou exemplo para muitas meninas e mulheres, e procuro passar toda essa motivação e energia para elas.

Minha carreira prosperou muito. Sou pós-graduada em Cirurgia e Oncologia, e tenho uma equipe maravilhosa que mantém a excelência nos atendimentos da clínica enquanto eu viajo com o basquete.

Minha filha Carolina está com 13 anos e 1,91 m, e vem se apaixonando pelo basquete. Nós estamos sempre juntas. Deixo a Carol seguir o que o coração dela manda, não interfiro. Não sei se ela será atleta profissional ou não, mas, como mãe, posso afirmar que o basquete a tem tornado uma pessoa melhor em todos os sentidos – resiliência, segurança, aprendendo a trabalhar em equipe, respeitar, escutar, se dedicar e conciliar com os estudos.

Conheci o Duda em um campeonato *master*. Viajamos juntos para os campeonatos. Hoje, nós três somos uma família na qual um apoia o outro.

Em 2022, me tornei gestora da Associação Meninas do Basquete (AMB), que se tornou referência no estado do Rio Grande do Sul em basquete feminino, com cerca de 60 meninas, de 9 a 17 anos. Participamos de vários campeonatos, conquistamos vários títulos e temos várias delas em seleções gaúchas. Essa é minha maior conquista no esporte: poder dar oportunidade a elas!

Consigo passar para essas meninas um pouco do que eu vivi e o que meus treinadores e minha família me proporcionaram. Eu vivo tudo isso intensamente; a cada jogo é uma emoção diferente.

Quero deixar registrada aqui a minha gratidão a todos que fizeram e fazem parte da minha trajetória, a todas as mulheres que praticam esporte e, principalmente, às que praticam esporte *master*, pois ele simboliza superação diária e determinação. Fazer parte deste livro me fez acreditar ainda mais no quanto cada momento vivido no esporte vale a pena.

Seguimos...

Karina Knak

Karol Meyer

Graduada em Direito, com especialização em Direito Tributário, e formada na Escola da Magistratura de Santa Catarina: Foi bancária e sempre se desdobrou para conseguir treinar. Por muitos anos, usou suas férias para intensificar os treinos ou conseguir chegar a uma competição.

Foi um caminho árduo ser uma mulher praticante de um esporte radical e pouco conhecido no "país do futebol". Mesmo assim, conquistou oito recordes mundiais para o Brasil, além de se tornar atleta com reconhecimento internacional e uma das mulheres pioneiras no estudo e ensino do esporte.

A paixão pelo mar continua, mas foi buscar fora d'água novas emoções por meio do ciclismo. Viu seu coração sair de 33 bpm para 191 bpm, tomou gosto por sentir a natureza de outras formas, não somente debaixo d'água. Na *mountain bike*, os desafios de subir grandes montanhas se tornou uma paixão.

Do fundo do mar ao topo das montanhas!

INSTAGRAM

Não mergulhamos somente com o pulmão, mergulhamos, sobretudo, com o coração!

"Não mergulhamos somente com o pulmão, mergulhamos, sobretudo, com o coração!"

– Karol Meyer

Ainda muito pequena, ganhei de meu pai o livro "*Segredos do fundo do mar*", que me deixou fascinada. Quando eu não estava na escola ou fazendo as tarefas em casa, passava horas desenhando. Minha especialidade era o fundo do mar: peixes de cores, formas e tamanhos variados.

Eu ficava imaginando: o que será que existe embaixo da água? Sonhando em mergulhar com muitos seres marinhos.

De bicicleta, sempre adorei atravessar a ilha encarando morros íngremes. Adepta de esportes radicais, como *rafting*, mal sabia que acabaria praticando e conquistando recordes em um dos esportes mais extremos, de alto risco, como o mergulho em apneia.

Na primeira olimpíada da escola, ganhei sete medalhas de ouro, tornando-me a recordista em medalhas de ouro do Colégio Catarinense. Também pratiquei atletismo, mostrando um veio da família paterna, pois, além de meu pai ter sido jogador de futebol, meu tio José Claudionor Meyer foi campeão catarinense de lançamento de peso e minha tia Lisette Iracema Meyer era uma exímia nadadora e jogadora de vôlei. Também joguei basquete, mas acabei me rendendo à água...

Em 1988, foi lançado internacionalmente o filme que marcou a minha vida, "Imensidão Azul" (*Le Grand Bleu*, na versão original). O longa-metragem do gênero drama-romance, dirigido por Luc Besson, conta a história, que mistura realidade e ficção, da disputa entre dois mergulhadores: o francês Jacques Mayol e o italiano Enzo Molinari. Eles competiam, desde a infância, para ver quem era o melhor mergulhador. Na trama, a disputa foi até as últimas consequências.

> "O mergulho em apneia não é somente um esporte, é uma arte onde o progresso é sinônimo de compreensão, aceitação, coração e mente abertos."
> – Karol Meyer

O começo

Na juventude, eu adorava pegar onda de *bodyboard*. Em 1990, buscando ficar próxima dos mergulhos do filme, fiz vários cursos de mergulho autônomo (cilindro) para entender um pouco sobre o meio. Não havia cursos de mergulho em apneia, assim, eu comprava revistas em francês para estudar o esporte.

Toda a carreira no esporte foi muito sobrecarregada em razão de eu precisar manter meu trabalho como bancária e concluir minha formação na faculdade de Direito.

Nos momentos de folga eu treinava, viajava e mergulhava.

Em Florianópolis, para conseguir um lugar no barco de pesca e a oportunidade de praticar apneia, tive que sair com todo o equipamento de pesca submarina e fingir que ia pescar. Mas só ficava observando os peixes, pois tinha pena de matá-los. Os pescadores logo percebiam que estavam sendo enganados e desciam no lugar onde eu permanecia submersa por mais tempo para caçar. Quando eu notava que estava sendo usada para localizar os cardumes, disfarçava e mudava de local na hora de subir para respirar.

Outra coisa que eu adorava fazer era mergulhar para liberar a âncora. Qualquer oportunidade para fazer um mergulho em apneia jamais era desperdiçado.

O início do mergulho competitivo chegou tarde, somente aos 28 anos de idade, quando me convidaram para testar na apneia.

Gostei do desafio e resolvi procurar pessoas que praticavam mergulho livre pelo mundo afora.

Por meio da internet, consegui o contato da AIDA Internacional – Associação Internacional para o Desenvolvimento da Apneia. Filiei-me a ela e passei a me comunicar diariamente com os melhores mergulhadores do mundo. No primeiro momento, cheguei a hesitar, mas recebi de pronto a resposta da mergulhadora francesa Mathilde Fouchard. "Será que começo a treinar?", perguntei. A amiga francesa não demorou a responder: "*Il n'est jamais trop tard pour se jeter dans l'eau*" (Nunca é tarde para se jogar na água.) E foi o que fiz.

Foi assim o meu despertar para a apneia esportiva.

O mergulho que realizo é chamado "*Freediving*", ou "mergulho em apneia", que é a suspensão temporária da ventilação, da troca de ar entre o corpo e o ambiente, com o objetivo de atingir o maior tempo submerso ou a maior profundidade.

O praticante de mergulho em apneia, ou mergulho livre, segura o ar nos pulmões durante a imersão, sem utilizar nenhum aparelho, ou seja, suspende voluntariamente a ventilação para, mantendo o fôlego, atingir seu objetivo de mergulhar por mais tempo, maior profundidade ou maior distância. É a técnica mais antiga de mergulho.

As mulheres têm grande participação na história. Mulheres coreanas e japonesas foram precursoras desse esporte e representavam a tradição feminina na apneia. Há mais de 2.000 anos, as "amas", mergulhadoras profissionais de 17 a 50 anos de idade, desciam no mesmo estilo dos pescadores gregos, somente com o auxílio de uma pedra, para buscar alimentos e riquezas no fundo do mar. A jornada era de oito horas por dia, e com a água a uma temperatura de 10°C!

Na forma de competição, a história do esporte é recente. Só em 1996 as competições de apneia foram oficializadas, pela AIDA.

Sou a primeira e única brasileira a vencer um campeonato mundial em 1999. Com esse feito, me tornei a primeira atleta da história desse esporte a quebrar um recorde mundial dentro de uma competição. Antigamente, só existiam tentativas de recorde isoladas. Seria o equivalente a realizar o primeiro recorde dentro de uma Olimpíada.

De lá para cá, além dos oito recordes mundiais, dois continentais, 23 sul-americanos e dez nacionais, colecionei vitórias em diversos eventos internacionais e nacionais.

Fui pioneira no ensino e no desenvolvimento do esporte no continente americano e fundei uma associação filiada à AIDA Internacional com esse objetivo, a AIDA Brasil.

Recordes

Quando descobri o mergulho livre como esporte, logo tracei um objetivo: conseguir o que nenhuma mulher havia conquistado. Foi assim durante a infância; em qualquer atividade queria romper barreiras, ir além do comum.

Passei dos primeiros mergulhos de simples contemplação do fundo do mar para a entrega total ao esporte num piscar de olhos.

Minhas principais conquistas foram:

- 12/12/2023 – Prêmio Atleta de Valor – Sou do Esporte;

- 01/01/2013 – Prêmio Suunto AIDA Internacional – Eleita melhor instrutora de apneia do mundo;30/06/2012 – Troféu Rank Brasil – Atleta com o maior número de recordes mundiais para o país;21/05/2012 – Skandalopetra 68,9 metros – Recorde mundial – Histórico – Bonaire – Caribe;

- 26/06/2010 – Skandalopetra 61,5 metros – Recorde mundial – Lindos – Grécia;

- 26/05/2010 – Recorde mundial em profundidade – No Limits Tandem 121 metros – Dupla com Patrick Musimu;

- 10/07/2009 – Apneia estática 18 minutos e 32 segundos – Recorde mundial – Histórico para Guinness Book – Florianópolis/SC;

- 20/12/2007 – Título internacional ICARE TROPHIE – 1º melhor atleta de apneia no mundo em 2007 – Lausanne, Suíça;

- 14/09/2007 – Título de primeira atleta sul-americana a unificar recordes em todas as modalidades;

- 31/12/2006 – Título internacional ICARE TROPHIE "Pela completa carreira no esporte" – Especial – Suíça;

- 16/07/2006 – Apneia estática 7'18 – Recorde continental – Histórico – Florianópolis/SC – 2ª melhor marca no mundo;

- 2002 – Eleita a melhor atleta de aventura – OUTSIDER 2006 – São Paulo/SP;

- 12/07/2006 – Apneia estática 7'01 – Recorde continental – Histórico – Florianópolis/SC – 2º atleta no mundo a quebrar a barreira dos 7'00;

- 19/09/2003 – Lastro variável 80 metros – Recorde sul-americano – Fernando de Noronha – 1º atleta a descer em apneia no abismo "Paredes";

- 08/09/2003 – Imersão livre 57 metros – Recorde sul-americano – Fernando de Noronha – Primeira mergulhadora livre a tocar no Naufrágio da Corveta Ipiranga V17;

- 6'02 – Recorde mundial – Hugarda, Egito – 1º atleta na história do esporte a realizar um recorde mundial durante uma competição de mergulho livre;

- 18/06/1999 – Apneia estática 5'49" – Recorde mundial.

> "Pressão?! Somente a da **água**."
> – Karol Meyer

Principais recordes

Recorde mundial de estática com ventilação de O_2 para o Guinness Book Tm: 18'32" e 59 centésimos

A preparação teve que começar meses antes, com treinos específicos de apneia estática e no seco (aquela em que o atleta prende a respiração fora da água). Para testar meus limites nessa nova modalidade, tive que abrir mão de tentar o recorde em apneia estática. Nos treinamentos, já estava atingindo facilmente os 7 minutos e meio sem ventilar com oxigênio. E sabia que poderia chegar aos 8. Mas tive que escolher entre as duas tentativas e resolvi lutar para escrever meu nome e o do Brasil no *Livro dos Recordes*. Dois dias antes de atingir oficialmente a nova marca, eu já havia conseguido ultrapassar os 18 minutos, num dos treinamentos que foi acompanhado por alunos e professores de natação. Fui aplaudida de pé quando saí da água. Era só me concentrar e repetir a dose.

Sempre gostei de praticar apneia estática, principalmente a primeira parte, que é puro relaxamento.

Quando você está treinado, seu corpo se acostuma com uma alta taxa de dióxido de carbono, as contrações do diafragma aparecem mais tarde, então você consegue prolongar o período de relaxamento por até 5 minutos.

No dia 10 de julho de 2009, às 13 horas, fui para a piscina da Racer Academia, de Florianópolis, sob a supervisão de mergulhadores de segurança, de testemunhas, instrutores, alunos da academia e juízes oficiais. Para me manter desligada do mundo e concentrada no mergulho, apliquei técnicas de ioga. E para não deixar o recorde afundar, tomei cuidados: a cada minuto respondia com um sinal combinado e indicava que estava tudo bem. No último minuto, os sinais foram ficando mais frequentes. De 15 em 15 segundos até sair da água. Com 18 minutos, 32 segundos e 59 centésimos, nesse dia me tornei a mulher com maior apneia do planeta. A marca ficou entre as melhores, inclusive no masculino, pois, naquela época, o italiano Gianluca Genoni acabara de fazer 18 minutos e 2 segundos, e me espelhei nele para tentar superar a marca. Em treino, já consegui ficar mais de 21 minutos sem respirar. Essa conquista foi importantíssima e perdura até hoje. Mesmo que haja categorias diferentes para registro da marca (feminino e masculino), o recorde chamou atenção internacional por ter sido quebrado por uma mulher e, é claro, sempre comparam com as marcas masculinas. Independentemente do sexo, faça o seu melhor, não crie barreiras, ultrapasse os limites, redefina conceitos.

Entretanto, é muito importante, para qualquer praticante, não esquecer jamais da segurança na prática de qualquer modalidade de apneia. Também é essencial informar que não podemos mergulhar em profundidade com oxigênio puro, pois a alta pressão parcial de oxigênio gera toxidade e poderá causar graves acidentes.

Recorde mundial absoluto – No Limits Tandem
Dupla mista: 121 metros

O recorde que conquistei com Audrey Mestre *no "No Limits Tandem* Feminino" era de –91 metros, mas, dessa vez, seria uma investida maior: ultrapassar os –100 metros, fazer um recorde absoluto em dupla, ao lado do amigo e maior mergulhador de todos os tempos, Patrick Musimu.

O amigo mergulhador ajudou muito na construção da máquina (*sled*), no plano de segurança e também nas dicas para compensação dos ouvidos.

Tudo funcionava muito bem; uma câmera foi acoplada ao trenó e permitia observar todos os detalhes das partidas, descidas e subidas.

A meta era bater a marca realizada por Pipin Ferreras e Audrey Mestre, de –115 metros e, também, a de Pipin e Benjamim Franz, de –118 metros. Os mergulhos fluíram tão bem que foi possível antecipar o dia da tentativa do recorde. Na véspera, já comemoramos muito a descida aos –111 metros. Enfim, havíamos conseguido romper a barreira dos –100 metros. Faltava muito pouco...

Meu maior temor, após dominada a compensação, era a "narcose das profundezas", uma espécie de embriaguez por nitrogênio quando se está submerso. Esse gás, que compõe o ar que respiramos, sob pressão, dissolve-se nos tecidos e acaba atrasando a transmissão de impulsos nervosos nos neurônios. Eu precisava de toda a lucidez possível no fundo do mar.

A narcose é causadora de inúmeros acidentes, alguns fatais, e é considerada um dos maiores perigos enfrentados pelos mergulhadores scuba e apneia, devido à dificuldade de raciocínio que provoca, levando à indução ao erro ou ao aumento da autoconfiança.

Alguns problemas externos vinham à cabeça, mas o amigo ajudava dizendo: "Você é uma campeã. Pense como campeã".

E deu tudo certo. Passados −100 metros, retirei o grampo do nariz e compensei como Musimu. Dali em diante, seguimos em absoluta sintonia, passamos os −111 metros atingidos dias antes e chegamos aos sonhados −121 metros de profundidade! Alguns segundos de contemplação, um OK para a câmera sub, soltamos os lastros da máquina e acionamos o balão para a viagem de volta à superfície. Em 3 minutos e 15 segundos, emergimos e comemoramos muito a nova marca, ao lado de todo o time.

Para a dupla, o recorde foi possível pela associação e pela coordenação de habilidades, enriquecidas por um espírito de equipe aventureiro e vencedor.

Musimu elogiou:

"Karol possui uma maravilhosa personalidade e habilidade para se tornar a mergulhadora mais profunda da terra. Sua paixão pela arte do mergulho é uma inspiração para muitos."

Patrick Musimu faleceu um ano depois, num acidente em piscina. Foi um choque muito grande receber essa notícia; mais um grande amigo do mergulho que morria acidentalmente na água. Guardo até hoje lembranças lindas de todos: Loic Leferme, Audrey Mestre, Natalia Molchanova.

Maternidade e ciclismo

Engravidei aos 45 anos. Augusto nasceu de forma natural, após 25 horas em trabalho de parto. Durante a gestação, senti muitas dores nas juntas e fui adaptando os exercícios, alternando atividades com menos impacto. Mergulhei até o 8º mês de gravidez; eram mergulhos rasos, chamados *snorkeling*. Amamentei por um ano e, com dois meses, consegui voltar às atividades gradualmente. Os horários se invertem; a gente se vira para dar conta de tudo. Passei a admirar ainda mais as mães, elas são "santas"!

Lembrava e lembro muito de minha mãe, que infelizmente não está mais presente, com profundo amor e gratidão por tudo que aprendi ao seu lado.

Nesse retorno gradativo, passei a procurar por um esporte que fosse mais viável nessa nova fase e decidi tirar a *bike* velha do *hobby box*... Na verdade, eu sempre treinei *spinning* para condicionar as pernas para o mergulho e, a partir de 2016, passei a utilizar meus conhecimentos de respiração e apneia para melhorar no ciclismo e deu supercerto!

Os treinos iniciaram na *mountain bike*, ultramaratonas, mas logo passei a pedalar em bicicleta de estrada e contra relógio, passando por três equipes de ciclismo famosas. Dentre elas, fui campeã por equipes pela Funvic, da Volta Feminina do Uruguai.

Em 2023, me tornei tetracampeã nacional de ciclismo (categoria Master C) e unifiquei o título nacional em três modalidades: XCM (*Mountain bike* maratona), Estrada e Contra Relógio, fato inédito para a Confederação.

O maior prêmio de toda a minha carreira recebi da entidade Sou do Esporte e BandSports; fui homenageada com o Troféu de Atleta de Valor (esporte não olímpico), pelos feitos e representatividade dentro e fora das águas profundas, principalmente para as mulheres!

Hoje, trabalho com o que mais gosto, palestras motivacionais para empresas "Folego nas Empresas", cursos de mergulho em apneia, cursos de respiração e apneia aplicados aos esportes, além do curso on-line Fôlego.

Mergulhe fundo nos teus sonhos!

Marilza Cândida Saldanha

É advogada e triatleta, estando entre as 2% melhores triatletas do mundo em sua categoria. É casada e mãe de dois filhos. Campeã brasileira de Ultraman, Marilza possui uma impressionante lista de conquistas: completou 11 vezes o Ironman; participou três vezes do Campeonato Mundial em Kona; completou 25 Ironman 70.3; correu três ultramaratonas, incluindo a Comrades, na África do Sul; e finalizou 18 maratonas.

INSTAGRAM

Sonhar e realizar!

"SUCESSO: é a paz de espírito resultante da satisfação de saber que você fez o possível para atingir O SEU MELHOR."

Sou Marilza Cândida Saldanha, filha do meio de dois irmãos maravilhosos, Sirionan e Wasd. Sim, os nomes dos meus irmãos são incomuns. Sou filha de uma mulher forte e guerreira, no sentido literal da palavra, mas igualmente enérgica, daquelas que corrigia com um olhar, e caso fingíssemos não ver, depois o castigo vinha. Mas se tenho uma heroína em minha vida, essa é, sem dúvida, a minha mãe, D. Ilda.

Me casei aos 16 anos e tenho dois filhos, que são meu orgulho, a certeza de que Deus me presenteou com dois seres humanos únicos: Brunno e Jefferson! Nasci numa cidade ao pé da Serra do Roncador, banhada pelos Rios Garças e Araguaia, chamada Barra do Garças, no interior do Mato Grosso.

Sempre fui uma sonhadora, queria estudar, conhecer o mundo, praticar esportes, me formar em Pediatria. Mas, como sobreviver no interior de Mato Grosso, onde o casamento aos 16 anos de idade era considerado normal e aceito? Aliás, a mulher que não se casasse jovem, dificilmente constituiria uma família. Fui mãe do meu primeiro filho, Brunno, aos 17 anos de idade.

Era uma época em que a mulher não tinha identidade própria. Ela era a "esposa do fulano de tal". Sabiam o nome e a qualificação profissional do marido, mas você não existia como um ser independente.

Comecei a trabalhar aos 12 anos, como secretária numa escola de inglês, por meio período, para ajudar minha família e nunca mais parei.

Mas quando me casei, meu marido não permitia que eu trabalhasse; queria que eu ficasse em casa cuidando da casa e do filho, o que definitivamente não estava nos meus planos.

Na época, eu estava terminando o Segundo Grau – hoje, Ensino Médio – e queria continuar meus estudos, mas ele também não permitiu; terminar o curso técnico em Contabilidade seria o máximo da permissão. Trabalhar e continuar estudando foram os motivos das nossas primeiras brigas.

Não me intimidei e fui atrás de trabalho. Consegui uma vaga no antigo Banco Real e continuei estudando.

Foram tempos bem difíceis, culminando com minha separação logo após o nascimento do meu segundo filho. Tinha 22 anos de idade.

Senti muito preconceito na época, por ser separada e com dois filhos pequenos. Até os amigos próximos se afastaram. Continuei trabalhando e estudando.

Creio que tudo isso só me fez mais forte!

Meus filhos foram crescendo e éramos nós três. Eu procurava incentivá-los a estudar, praticar esportes e foi justamente levando-os para a aula de natação que eu tive contato com esse esporte.

A logística era complicada para levá-los à piscina. Então, eu ficava esperando a aula terminar.

Numa dessas aulas, um professor me perguntou se eu queria aprender a nadar. Incrédula, perguntei se era possível na minha idade, e ele disse: *"Claro que é possível!"*. E assim, na aula seguinte, já fui pronta para aprender a nadar. E me apaixonei pelo esporte. Frequentava as aulas três vezes na semana e abria a academia (era sempre a primeira a chegar) para começar bem cedinho. Na época, eu era sócia numa loja de calçados e trabalhava pela manhã lá; à tarde, eu cumpria mandados, pois era oficial de Justiça do Tribunal de Justiça do Mato Grosso; e à noite eu cursava Direito.

Já havia terminado a faculdade de Letras, formação concluída pela Faculdade Federal do Mato Grosso. Sempre fui apaixonada pelos estudos e pela leitura.

Na época que eu fazia aulas de natação, por volta de 1998, eu lia as revistas *Boa Forma*, entre outras.

Em uma das matérias falavam sobre os brasileiros que haviam feito a prova de Ironman no Havaí, nos Estados Unidos.

Devorei a matéria! Lembro bem da frase que usaram para definir os atletas que praticavam esse esporte: *"músculos de ferro e nervos de aço"*.

Comentei com meu professor de natação e ele me disse que isso era para pessoas que nem conhecíamos, tipo alienígenas, algo muito distante da realidade dos meros mortais.

Tinha uma matéria completa com Fernanda Keller, o ícone do triathlon brasileiro. E no mesmo momento eu pensei: *"um dia farei esse esporte"*.

Lógico que era um sonho extremamente distante. Eu não corria, não pedalava, sofria para aprender a nadar e, com uma rotina maluca, que mal me permitia ter tempo para refeições, que dirá ir atrás de aprender tudo que envolve as provas de triathlon. Então, o sonho ficou adormecido por longos anos.

Em 2000, me formei em Direito e me mudei para São José do Rio Preto, interior de São Paulo. Mas continuava trabalhando no Mato Grosso, na cidade de Rondonópolis. Continuava no cargo de oficial de Justiça, com os filhos já adolescentes e o mais velho iniciando a faculdade. Fiquei até 2007 viajando mais de mil quilômetros para trabalhar, ou seja, ficava mais na estrada do que na minha casa, e com isso não tinha tempo nem rotina para praticar nenhum esporte.

Até o dia em que completei 40 anos de idade. Fui comemorar meu aniversário em Buenos Aires, na Argentina. Justamente nesse dia resolvi entrar numa farmácia e conferir meu peso, pois sentia que todas as minhas roupas estavam apertadas, me causando desconforto. Fiquei pasma: estava dez quilos acima do meu peso.

Claro que o peso corporal não subiu do dia para noite; são aqueles quilinhos que vamos ganhando (e ignorando). Porém, chega um momento que é impossível ignorar. Fiquei chateadíssima nesse dia; não queria sequer ir ao show de tango, programado para comemorar o meu aniversário.

Prometi a mim mesma que, quando retornasse a Rio Preto, eu tomaria providências para emagrecer.

E assim dei início ao meu processo de emagrecimento. Comecei com caminhadas, cortando tudo aquilo que eu sabia que não me fazia bem, que não era saudável e, com isso, fui reduzindo meu peso corporal. Pesquisei na internet alguns tipos de esporte possíveis para mim e qual deles queimava mais calorias por hora – na época, apontavam a corrida como o mais eficaz.

Comecei caminhando, depois pequenos trotes, até conseguir correr 3 quilômetros sem parar. Foi uma comemoração incrível.

Minha admiração no esporte era para aquelas pessoas que corriam 10 quilômetros todos os dias. Eu pensava: "meu Deus, como é possível? Como aguentam?".

Entrei numa equipe de corrida do clube social que eu frequentava, Automóvel Clube. Era um clube bem tradicional na cidade e corríamos a cada 15 dias. Um dia, em 2007, o técnico do grupo me inscreveu numa corrida em comemoração ao aniversário da cidade. Era uma corrida de dez quilômetros. E no dia marcado lá estava eu, com tênis de passeio, a camiseta do clube e um shortinho. Não sabia nem colocar o *chip* no pé. Deu a largada e eu só fui acompanhando o fluxo de corredores. Ao final da corrida, terminei bem cansada, mas muito feliz. Entreguei o *chip* e estava indo embora, quando ouvi meu nome pelo microfone. Pensei: não fiz nada de errado. Mas fui lá ver o que era. Tinha chegado em primeiro lugar na minha categoria 40-44. Me senti tão forte, tão guerreira e determinada! Vi que as pessoas aguentam, sim; que só quando colocamos nosso corpo para fazer algo pela primeira vez conhecemos nosso limite quando somos efetivamente testados. Eu admirava pessoas que conseguiam correr 10 quilômetros e lá estava eu completando essa distância e com direito a troféu! Foi incrível. Nunca mais parei de correr. Corria por conta, sem orientação profissional, somente com o intuito da perda de peso corporal. Perdi 10 quilos na época e voltei ao meu peso médio de 58 quilos.

Porém, no ano de 2008, eu havia pedido exoneração do meu cargo público. Tinha viajado à Austrália para visitar meu filho. Meu casamento estava desmoronando e culminou com a separação em abril de 2008.

Minha vida se transformou num caos total. Estava longe da minha família, meu filho mais novo morava comigo e o outro estava na Austrália. Estava sem emprego, ou seja, sem salário fixo. Não conhecia outro modo de ter um salário a não ser empregada.

Me pegava à noite chorando sem saber o destino a dar à minha vida, se continuava em Rio Preto ou se voltava para o Mato Grosso.

Para não cair em uma depressão profunda, comecei a correr todos os dias, até entrar em uma equipe de corrida, Adalberto Garcia. O técnico era um ex-atleta olímpico, apaixonado pela corrida, e ainda continua...

Aos poucos, fui tomando as rédeas da minha vida novamente. Já era formada em Letras e Direito, tinha conseguido minha OAB. Havia terminado uma pós-graduação em Direito Penal e Processo Penal e estava cursando outra em Ciências Penais.

Assim, no início de 2008, comecei a advogar e minha vida foi entrando nos eixos novamente. E continuei me dedicando mais e mais aos treinos de corrida. Fiz todas as provas de corrida que tinha na região e, em 2010, comecei as maratonas e ultramaratonas. Nesse mesmo ano, fiz seis maratonas Oficiais do Brasil e mais outra maratona de montanha na Austrália, em Blue Mountains – próximo à cidade de Sydney. Encerrei o ano com sete maratonas e foi então que me descobri nas grandes distâncias.

Em 2011, fiz mais algumas maratonas para adquirir mais experiência. O objetivo era participar da rainha das ultramaratonas, que é a Comrades, que acontece na África do Sul. Assim, em junho de 2012, fiz essa memorável ultramaratona. Sem dúvida, uma das melhores e mais emocionantes provas da minha vida.

Para concluir a Comrades dentro do tempo estabelecido pela organização, que é de 12 horas, tive que treinar muito. O percurso da Comrades é bem desafiador, com muitas subidas e descidas, e uma grande parcela dos corredores não consegue concluir dentro do tempo limite de 12 horas. Eu a completei em 9h20 e detalhe: nessa prova não existe tempo líquido e bruto, como na maioria das corridas de rua. A partir do momento da largada, seu tempo já está contando. Nessa prova, quilômetro a quilômetro, fui me descobrindo mais forte, mais resiliente, mais emocionada com tanta gente se superando e vencendo seus medos e suas dores, com o objetivo final de cruzar aquele memorável pórtico. Ali, sim, vi que se eu me dedicar, me concentrar, pensar positivo e agir, eu consigo realizar um sonho que de tão grande me causava medo, que era correr 90 quilômetros entremeados nas montanhas da África do Sul. Com a participação na Comrades, resolvi resgatar um sonho antigo que era fazer triathlon.

Comecei a treinar bicicleta junto com a corrida e voltei a nadar – com o único objetivo de completar uma prova de triathlon. Assim, em novembro de 2012, fiz minha primeira prova de triathlon, na distância *sprint* (900 metros de natação, 22 quilômetros de bike e encerrando com 6 quilômetros de corrida). Essa prova tem a distância um pouco diferente da distância oficial de um *sprint*, que é 750 metros de natação, 20 quilômetros de ciclismo e 5 quilômetros de corrida, e foi realizada na cidade de Pirassununga, interior de São Paulo.

Em outubro de 2012, casei-me com Marco Tulio e, em novembro, com o triathlon. E desde então o triathlon entrou na minha vida sem pedir licença. Me encontrei nesse esporte e fiz dele meu estilo de vida.

Por causa do triathlon, me interessei por natação em águas abertas, provas de ciclismo, e continuei nas corridas de rua.

A diversidade de treinos para concluir uma prova é muito vasta. Trabalham-se todos os músculos do corpo. E há de se ter um cuidado muito especial para não correr o risco de lesões em decorrência do esporte.

Principalmente quando começamos nos esportes com mais de 40 anos de idade.

No triathlon, comecei na categoria 45-49. E lá se vão 11 anos nesse esporte tão maravilhoso e desafiador.

E se Deus me permitir, continuarei nele até quando eu estiver respirando e sentindo meu coração pulsar de amor por ele.

Conclusão

Embora tenha começado após os 40 anos de idade e somente com o objetivo de perder peso e ter uma vida mais saudável, o esporte me trouxe muita disciplina, resiliência e oportunidade de conhecer e competir em vários lugares do mundo. Atualmente, esta mera brasileira está entre as 2% melhores triatletas do mundo em minha categoria. Todos os anos a classificação muda e tenho conseguido me manter entre as 2% do mundo com muito treino, muita superação, perrengues, me abstendo de muita coisa em prol do esporte.

Entrei na menopausa de uma forma mais leve, menos sofrida e credito isso ao esporte que pratico.

Para mim, que sequer sabia colocar um *chip* de corrida no pé, ter participado de grandes corridas pelo mundo e ter concluído uma prova de Ultraman, que consiste em nadar 10 quilômetros, pedalar 421 quilômetros e correr uma dupla maratona 84,4 quilômetros e me sagrar vencedora geral feminina dessa prova, é algo surreal. Nem em meus melhores sonhos eu ousaria imaginar algo assim.

Essa prova merece uma consideração: foi a primeira vez que cruzei a linha de chegada acompanhada por meu filho Jefferson e meu marido, Marco Tulio. A emoção dessa prova foi indescritível para todos nós. A logística dessa prova é a de o atleta ter autonomia por três dias de prova, com seus *staffs*, que foram meu filho e meu marido. Que trabalho lindo de equipe!

Concluir 11 provas de Ironman, nadar 3.800 quilômetros, pedalar 180 quilômetros e correr 42 quilômetros, com três participações no Campeonato Mundial de Ironman, no Havaí, considerada a Meca do Triathlon, é algo incrível.

Mais 25 provas de Triathlon, ou Ironman 70.3 pelo Brasil e pelo mundo, com duas participações no Campeonato Mundial de Iron 70.3, uma no Canadá, em Mont-Treblant, e outra em Nice, na França.

E mais 3 ultramaratonas e 18 maratonas.

Em 2021, sagrei-me campeã geral feminino do UB515, na distância de 10 quilômetros de natação, 421 quilômetros de ciclismo e 84.400 quilômetros de corrida, realizada em 3 dias.

Esses resultados vieram sem a menor pretensão, pois meu objetivo é ter qualidade de vida e envelhecer com dignidade, tendo o esporte como um aliado nessa busca pela longevidade. A *performance* é consequência do tanto de energia colocada nos treinos, além da orientação e do apoio de toda a equipe, que deixa o atleta preparado para treinos e competições com saúde.

A minha trajetória no esporte só demonstra que os sonhos nunca envelhecem; eles ficam adormecidos, aguardando um momento mais oportuno. Jamais devemos desistir de realizá-los, pois nossa vida é única e devemos aproveitar cada dia como se fosse o último. Não devemos esquecer da finitude da vida, mas que isso não seja motivo para nos deprimir com angústias futuras. Devemos focar no hoje e no que podemos fazer de bom para termos o nosso momento num dia cheio, seja lendo, praticando um esporte, enfim, investindo em nossa saúde física e mental.

Quando somos muito jovens, carregamos muitas angústias e incertezas, nos preocupamos demasiadamente com o futuro, no que as pessoas pensam a nosso respeito. Trazemos uma carga de problemas mal resolvidos na infância e adolescência. E um livro que me ajudou em todo esse processo foi:

"Você pode curar sua vida", da Louise L. Hay.

Mayra Santos

Nascida em Juiz de Fora (MG) e tem 44 anos de vida repletos de desafios e conquistas. Iniciou na natação de águas abertas em 2015 e, desde então, tem quebrado barreiras, tornando-se uma referência no esporte. Radicada em Portugal desde 2004, combinou sua paixão pela natação com uma incansável busca por superação.

É fundadora da primeira empresa especializada em férias de natação da Ilha da Madeira – SwimMadeira. A missão da empresa é permitir que qualquer nadador, independentemente de seu nível de nado, possa viver experiências autênticas, em locais naturais únicos com total segurança.

Ela acredita que a vida é feita para ser vivida intensamente, buscando a alegria em cada desafio. Seu propósito é mostrar que, mesmo diante das adversidades, é possível encontrar força e alegria para seguir em frente. O oceano é seu palco, mas sua missão vai além das águas, abraçando a capacidade de inspirar e apoiar aqueles ao seu redor.

INSTAGRAM

Navegando pelos sonhos

A história de Mayra Santos

Tudo posso naquele que me fortalece. Estas são as palavras que ecoam em cada fase de minha vida e todas as vezes em que entro em um mundo desconhecido e cheio de desafios. Hoje, sou conhecida e tratada como "Rainha dos mares", apesar de uma infância distante do mar, mas com uma paixão latente pelos desafios. Olho para trás e agradeço por todo caminho que percorri e a força que encontrei em cada momento dessa jornada.

Meu nome é Mayra Santos, nasci em Juiz de Fora, no interior de Minas Gerais, em 1979, oito anos depois de minha irmã que insistia para ter uma "mana". Ia me chamar Joana, mas minha irmã pediu à minha mãe para me dar o nome de Mayra e isso foi, sem dúvida, a melhor coisa que ela fez por mim. Venho de uma família pobre de recursos, mas rica em valores. Meu pai se separou da minha mãe com duas filhas quando eu tinha apenas seis anos, e minha mãe nos criou sozinha e não nos deixou faltar nada. Trabalhava como faxineira em um dos melhores colégios da cidade, no qual tivemos a oportunidade de estudar. Morávamos em frente à escola e, no quintal, tínhamos um complexo desportivo cheio de oportunidades com as diferentes modalidades esportivas que fui experimentando. Apesar de minha mãe ter estudado somente até a "quarta classe", do que eu me orgulhava muito, tinha conhecimentos incríveis sobre tudo e sempre nos orientou nos estudos e no esporte. Cheguei a praticar ginástica olímpica, balé, atletismo e até que, de tanto insistir, eu fiz um teste para entrar para a natação. Sempre me senti muito bem no meio aquático, e como não temos praia, era nos clubes esportivos que nos refrescávamos no calor. A piscina estava quase no meu quintal e me lembro de passar lá dias inteiros na brincadeira. Lembro-me também, como se fosse hoje, da primeira vez que mergulhei na piscina grande. Minha mãe não me deixava ir para a piscina grande com medo de que eu me afogasse, mas eu jogava objetos, como um pente, dentro da piscina com a desculpa de ir buscá-lo. E assim surgiu a oportunidade de entrar para a natação.

Sonhava em ser atleta e ir aos Jogos Olímpicos, porque os olhos da minha mãe brilhavam e ela vibrava ao ver todas as aberturas dos Jogos. Queria dar essa alegria a ela. Mas não foi possível. O universo tinha reservado outro caminho e não quis que fosse dessa maneira. Não tive oportunidade de ir a competições maiores além dos jogos escolares.

Nossa vida mudou completamente quando minha mãe foi demitida do colégio e tivemos que mudar de casa para um bairro distante. Na quinta série, fui estudar em uma escola pública e, para ajudar minha mãe, tive que abandonar esse sonho e começar a trabalhar aos 15 anos. Tudo bem, eu até gostava; trabalhava e estudava à noite, e queria ser médica. Até que comecei a namorar e engravidei aos 17 anos. Não era uma gravidez desejada, pois lá se foi o meu sonho de ser médica. Descobri minha gravidez muito tarde e, quando me dei conta, entrei em trabalho de parto com menos de sete meses de gravidez. Era um menino, Matheus. Ele não resistiu e faleceu quatro horas após o nascimento. Sem mesmo me dar conta, engravidei novamente e, dessa vez, apesar de tão nova, era uma gravidez desejada e ela foi até o final.

Nasceu minha menina linda Nayara, que foi o meu presente de Natal antecipado.

Trabalhava na área da saúde em uma clínica de exames de imagem. Era técnica em Densitometria Óssea e, apesar de não ser médica, eu me sentia feliz com meu trabalho. Porém, queria ainda mais, queria dar um futuro melhor para minha filha e não conseguia ver que conseguiria isso ali. Foi então que dei a dura notícia à minha mãe: sua filha caçula iria tentar a vida na Europa. Comecei os planos para ir para a Alemanha logo depois que minha melhor amiga se casou com um alemão e foi embora levando com ela a sua filha. Senti que tinha que fazer algo pela minha vida e deveria ser o mais rápido possível.

Tomar uma decisão dessa magnitude é uma tarefa árdua, especialmente quando se tem uma filha. Foi, sem dúvida, a decisão mais difícil que já tomei em minha vida: deixar minha filha no Brasil por pelo menos três meses. Contudo, era uma decisão que precisava ser tomada. Decidi iniciar um curso intensivo de alemão e embarcar em um intercâmbio, realizando extensas pesquisas. Durante esse processo, conheci um alemão muito simpático que cuidava sozinho de um casal de filhos. No entanto, havia um obstáculo: ele morava em Bonn, quase quatro horas de viagem até a casa da minha melhor amiga. Mesmo assim, não pude deixar passar essa oportunidade. Ele possuía uma casa no Brasil, falava português fluentemente e seu desejo era morar aqui. Estava disposto a me ajudar em troca de cuidar da casa e dos filhos adolescentes. Era a única oportunidade de entrar na Alemanha. Além do peso na consciência por deixar minha filha com apenas quatro anos, enfrentava o preconceito de que uma mulher só saía do país para se prostituir. Tinha apenas três meses para conseguir um emprego, caso contrário, teria que retornar.

Era o verão mais quente da história da Alemanha. Quando cheguei, em agosto de 2003, os termômetros marcavam 39 graus. Tanto as pessoas como o tempo eram mais quentes do que as minhas expectativas. Fiquei apaixonada pela Alemanha, mas me desiludi quando soube que permanecer lá seria impossível, a não ser que me casasse ou engravidasse. Isso não fazia parte dos meus planos. Foi então que conheci um português que me falou da Ilha da Madeira e me explicou que a porta de entrada dos brasileiros na Europa era por Portugal. Arrumei minhas malas e voltei ao Brasil completamente desiludida e sem esperanças, mas com planos de voltar, dessa vez, para Portugal. Pesquisei sobre a Ilha da Madeira e descobri que lá era uma ilha turística e que não era tão pequena assim. Mais entusiasmada fiquei quando descobri que, estatisticamente, os alemães eram os que mais visitavam a ilha. Isso me encheu de esperanças.

Sem pensar duas vezes, arrumei minhas malas, a enchi de esperança, reuni os poucos euros que tinha e embarquei com a cara e a coragem para a Ilha da Madeira, deixando pra trás, mais uma vez, minha filha e minha mãe, prometendo que voltaria para buscá-la em dezembro, precisamente no mês de seu aniversário. Lembro que meu amigo tinha uma van e nos levou até o aeroporto, para que minha família pudesse se despedir de mim. No caminho, íamos cantando a música do grupo Falamansa, «Decola», uma música que me marcou bastante. A minha alegria foi a tristeza da minha família. No caminho de volta para casa, todos estavam em silêncio, chorando, como se tivessem acabado de voltar do meu velório.

Cheguei à Ilha da Madeira com uma mala cheia de CDs, roupas e muita esperança de que eu conseguiria. Dessa vez, não poderia falhar. Precisava mostrar à minha família que eu havia feito a escolha certa e que o meu destino estava naquele pedaço de terra no meio do Atlântico, que todos chamavam de *A Pérola do Atlântico*. Meu Deus, que mar é esse?! Simplesmente me apaixonei por aquela imensidão de água. Lá estava o maior navio de cruzeiro do mundo no porto. Foram tempos de muita aflição, mas consegui um contrato de trabalho logo depois de um mês que ali estava. Isso me encheu de esperanças.

Foram momentos muito bons, mas difíceis, até receber

uma proposta para trabalhar nos Açores; aceitei. Em dezembro, como prometido, voltei para buscar minha filha e fomos para os Açores. Ficamos lá durante um ano, até que resolvi voltar para a Ilha da Madeira, que sempre me acolheu muito bem. Porém, passei momentos muito complicados financeiramente. Sozinha, com uma filha, não tinha muitas esperanças, estava com medo de ter que voltar, mas lutava com todas as minhas forças para conseguir ficar.

Em 2007, conheci o João e a partir daí tudo mudou. Encontrei minha alma gêmea, minha cara-metade. Em 2010, nasceu nosso filho Nayan e, em 2011, nos casamos em um barco no meio do oceano, longe de imaginar que, um dia, passaríamos juntos grande parte do tempo dentro dele. João não tinha filhos, mas rapidamente assumiu o papel de pai para minha filha. Foi então que percebi que queria dar a ele um filho biológico, fruto do nosso amor.

Em 2015, fui trabalhar em uma empresa de telecomunicação que ficava bem ao lado de um clube. Nesse clube tinha uma piscina de 25 metros e o único horário que eu tinha disponível para treinar era o horário que a raia de nado livre estava disponível. Se você prestar bastante atenção ao seu redor, perceberá que o universo está tratando de te colocar no lugar certo para você seguir a sua vocação, sua paixão. Às vezes, deixamos passar as oportunidades por falta de tempo, porque estamos cansadas do trabalho, porque temos que colocar o filho na escola e naquele horário não dá. Vinte e cinco anos depois voltei a entrar em uma piscina, colocar um maiô, a touca de natação e os óculos e a mergulhar de cabeça na minha paixão.

Tudo aquilo que aprendi na escolinha de natação voltou automaticamente a me tocar fundo e não demorou muito para um treinador me abordar e perguntar se eu gostaria de me juntar aos nadadores *masters* que treinavam lá. Tudo estava acontecendo tão rapidamente: estava treinando na piscina e, em menos de um mês, surgiu o convite para me inscrever em uma prova de natação de águas abertas que o clube estava organizando. Nadar no mar? Aquele mar azul cristalino? Praça de natação em mar aberto? Não tem tubarões? As dúvidas surgiam na minha cabeça, mas como sempre fui aventureira e destemida, resolvi aceitar e me juntar a um grupo para treinar no mar.

Lembro-me do primeiro treino como se fosse hoje. O mar estava agitado e o treinador, que estava em um caiaque, virou e caiu na água. Foi um momento cômico. Recordo-me de sentir a água salgada e olhar a profundidade daquele oceano sem saber que estava mergulhando fundo numa paixão sem volta. Não demorou muito e eu estava pesquisando tudo sobre águas abertas, até que descobri em um vídeo que um atleta aqui na Madeira fez uma travessia até as Ilhas Desertas e nadou com golfinhos. Só conseguia me imaginar fazendo isso. Falei com meu treinador logo que terminei a primeira prova de águas abertas.

"Quero fazer a travessia a nado até as Desertas." O treinador me olhou pensando que eu estava brincando. No outro domingo, me juntei a dois entusiastas que costumavam treinar juntos para fazer um "treininho" de 5 km de Santa Cruz a Machico. No dia seguinte, contei ao meu treinador e ele não acreditou. "Você realmente quer fazer isso?" Então, começamos a treinar duro focando longas distâncias. Mas não organizaram nenhuma travessia nas Ilhas Desertas, então ele me propôs fazer uma prova longa na Espanha.

Um ano se passou e eu fiz as malas para El Hierro, uma ilha espanhola que pertence ao arquipélago de Canárias. Todos os anos, em setembro, há uma competição com várias distâncias e meu treinador me inscreveu na de mais longa distância: 18 km. Foi uma prova de superação em uma reserva cheia de vida marinha, da qual tive o prazer de participar. Quando voltei, expliquei que já não queria mais fazer a travessia das Ilhas Desertas. Com ar de deboche, meu treinador me interrompeu e disse: *"Ah! eu sabia que você desistiria dessa ideia maluca. Isso exige muita dedicação e muitos treinos"*. E eu continuei: *"Na verdade, quero fazer a travessia Porto Santo à Madeira"*. Momentos de silêncio.

Entre Porto Santo e a Madeira existe um braço de mar entre as duas ilhas que vulgarmente se dá o nome de "Travessa". É onde há uma forte corrente que agita as águas daquela passagem. Esse braço de mar tornou-se lendário pelo terror que inspira ao povo madeirense, que tinha que atravessar em pequenas embarcações a vapor ou a vela. Essa travessia de 42 km foi concluída com sucesso por um madeirense em 2008. Em 2015, tentaram organizar uma travessia coletiva com quase 15 atletas e apenas três deles concluíram com sucesso. Entre esses atletas estavam nadadoras de renome, com títulos nacionais, que nadaram a vida toda, mas não conseguiram resistir às águas tempestuosas da "Travessa".

Em meio às páginas da minha vida, meu propósito emerge numa busca incessante para me tornar a primeira mulher a superar a "Travessa" e concluir a travessia a nado entre Porto Santo e a Madeira. Esse desafio tornou-se o meu foco principal, a paixão que guia cada braçada e a determinação de transformar obstáculos em degraus para o sucesso. Meu propósito é o fio dourado que tece os capítulos da minha história, um convite para inspirar, compartilhar e deixar um legado marcante, em que cada vitória não é só minha, mas uma chama que acende também nos corações daqueles que me acompanham. Convencer as pessoas de que eu era capaz de realizar uma travessia como essa foi o meu primeiro desafio. Acordava às 5 horas da manhã para treinar. Meus dias eram longos e longe da família e amigos, festas e jantares. Minha frase mais comum era *"Não posso, pois tenho que treinar"* e foi assim durante quase três anos de preparação. Finalmente, chega o dia do desafio.

No dia 3 de setembro, fui de avião para Porto Santo. Meu marido e eu éramos os únicos que acreditavam que eu concluiria esse desafio. No jantar com a equipe, ouvia frases do tipo *"Mayra, se você chegar, todos irão se espelhar em você, mas se você não* chegar... *Você está preparada para caso isso aconteça?*". Eu respondia sempre: *"Não, eu não consigo imaginar outro desfecho sem ser a minha chegada à Madeira"*. Então, chegou o grande dia e, com 40 anos, no dia 4 de setembro de 2019, com todo apoio da minha equipe, me lancei ao mar no Ilhéu da Cal, em Porto Santo, e nadei 12 horas e 7 minutos até a Ponta de São Lourenço, sem traje de neoprene. Fiz história ao ser a primeira mulher a concluir essa travessia. *Sim, eu consegui!* E cheguei com centenas de pessoas à minha espera. Entre políticos, amigos e desconhecidos que queriam ver de perto a mulher que venceu a Travessa e fez história na Ilha da Madeira. Cheguei ao som de uma canção que virou o hino das minhas travessias e meus desafios:

"Mãe, eu te avisei na hora de sair

Olha eu não volto, se eu não conseguir

Faz muito tempo e eu aqui de volta

O pai, tem tanta gente boa por aí

Com essa missão que é de fazer sorrir

Felicidade essa é minha escola

Bora que o vento não me derrubou

E a turbulência por aqui passou

Aproveita e decolar

Atrás do teu sonho meu amor

Vou atrás, vou atrás

Levo o amor a alegria e a paz

Decola eu quero é mais, simbora"

Contudo, essa foi apenas a primeira nota em uma sinfonia de superações. Pois meus sonhos não têm distância, eles estão sempre perto da minha força e vontade de vencer. Eu nadei tão bem que cheguei mais rápido do que as minhas expectativas.

Não é que tenha sido fácil, mas meu desejo de chegar fez com que eu superasse as grandes ondas, as marolas da Travessa e o cansaço. Todos falam sobre a maneira como eu interagia com toda a equipe que me acompanhava. Eu nadei preocupada com o bem-estar deles e com a segurança de todos. Eram dois barcos a me acompanhar e, por vezes, a vaga era tão grande que só conseguia ver a bandeirinha de Portugal que estava no ponto mais alto do barco.

Quebrei recordes, desafiando o tempo e as expectativas. Conquistei um lugar no *Guinness Book* ao conseguir nadar 31 horas continuamente em piscina. Cada mergulho, uma afirmação de que o impossível é uma fronteira a ser desafiada, uma narrativa que se desdobraria, revelando mais desafios e triunfos anos após anos.

O ano de 2023 foi marcado por desafios únicos por mares nunca nadados. A volta épica da Ilha Dourada foi uma jornada com 11 horas, 19 minutos e 52 segundos de duração para percorrer 32 km em pleno inverno.

Ao folhear as páginas da minha vida, mergulhamos juntos nas águas salgadas e doces de desafios e conquistas que moldaram a nadadora e a mulher que sou hoje.

A próxima página? Quem sabe! Mas uma coisa é certa: continuarei a nadar com propósito, inspirando cada mulher a abraçar a grandiosidade dentro de si.

Minha história, marcada por desafios e superações, visa iluminar o caminho para aqueles que enfrentam suas próprias batalhas. Quero ser uma fonte de inspiração, destacando que, mesmo nas águas mais turbulentas da vida, a resiliência e a determinação podem nos levar a conquistas extraordinárias. Ao compartilhar meus triunfos e obstáculos, busco inspirar outros a perseguirem seus sonhos com coragem, acreditando que cada desafio é uma oportunidade para florescer e superar. Que a minha jornada seja um farol de esperança para aqueles que ousam sonhar e nadar contra a corrente.

Ao encerrar este capítulo, deixo um conselho: **trabalhe com propósito**.

O sucesso está em ser um exemplo e fazer a diferença em cada empreitada. Cada desafio vencido é uma oportunidade de inspirar outras mulheres.

Ao longo da minha jornada, a frase "Tudo posso naquele que me fortalece" guiou-me.

Recomendo a leitura do livro *O Maior Vendedor do Mundo*, de Og Mandino, uma obra que inspira a buscar grandeza em cada capítulo da vida.

Nora Rónai

Doutora em Arquitetura pela Universidade Federal do Rio de Janeiro (UFRJ). Durante 20 anos, foi arquiteta da SERVENCO e é professora aposentada da Faculdade de Arquitetura e Urbanismo da UFRJ. Viúva do escritor, professor e tradutor Paulo Rónai, tem duas filhas, um neto, três netas e nove bisnetos.

Escreveu três livros: "Memórias de um lugar chamado onde", "O desenho do Tempo" e, para crianças, "O roubo da varinha de condão e outras histórias".

Seus lazeres preferidos são a leitura, a jardinagem e a natação, que pratica todas as semanas. Desde 1993 participa de competições como nadadora master.

Obteve 12 recordes mundiais, 1 Pan-americano, 71 Sul-americanos e 73 brasileiros.

Há mais de 20 anos figura entre as Top Ten (lista das 10 melhores nadadoras do mundo) da World Aquatics – ex-FINA (Fédération Internationale de Natation).

Obs.: Capítulo escrito por Fabienne Guttin, coordenadora desta obra.

Infância em Fiume

Nora Rónai é nadadora *master* e, em fevereiro de 2024, completou 100 anos. Pode então, participar das provas de natação da faixa etária 100+.

Ela nasceu em Fiume, Itália, hoje Croácia. Durante séculos, Fiume pertenceu à República de Veneza. A língua fiumana era um dialeto italiano. Camillo Cavour, então primeiro-ministro do Reino da Itália, foi um dos líderes da unificação italiana. Assim Fiume passou a pertencer à Itália. Mas, antes disso tudo, Fiume era uma propriedade particular de Maria Tereza da Áustria, da família Habsburgo. Ela era rainha do Império Austro-Húngaro.

Para a Itália, Fiume não valia muita coisa, pois o país, em toda a sua extensão, tinha mar e portos muito mais importantes. Maria Tereza deu à Hungria a cidade de Fiume, que se tornou a única saída do país para o mar. Tornou-se um porto comercial e industrial. Havia uma ferrovia que ligava a Hungria a Fiume. A Hungria começou a importar e exportar por Fiume, e a cidade floresceu e tornou-se muito cosmopolita. Fiume era uma pequena Nova York. Lá se falavam várias línguas: húngaro, fiumano, alemão, croata. Se você quisesse comprar alguma coisa na feira, seria mais fácil caso entendesse algumas palavras de croata.

Depois, nas guerras napoleônicas, os navios de guerra

ingleses chegaram em Fiume e ameaçaram bombardear a cidade. As senhoras da sociedade se juntaram e subiram no navio *Capitania* para pedir que poupassem Fiume, pois a cidade era neutra. O almirante acabou dando uma grande festa para homenagear essas senhoras, ocasião em que vários oficiais ingleses pediram dispensa e se casaram com muitos dessas mulheres fiumanas. Assim, havia na cidade também famílias meio inglesas.

Essa foi a cidade em que Nora nasceu.

Havia estabelecimentos balneários na bacia de Fiume. Seus pais e seu irmão pegavam o *vaporetto* e iam passear nesses balneários. A única coisa que não se dizia – para não ter problemas com o turismo – é que ali havia muitos tubarões em certa época do ano. Eles vinham atrás dos cardumes de atum. Nessa época, não era aconselhável exceder os limites das enormes proteções de ferro que circundavam esses estabelecimentos balneários. Pagava-se para entrar nesses estabelecimentos e recebiam-se cabines para mudar de roupa, com chuveirinho e com banquinhos nos quais as pessoas podiam se sentar ou deixar as roupas. Havia essas comodidades. Trocava-se de roupa e banhava-se nessas enormes "piscinas" protegidas por redes de aço. Quando não era época de tubarões, podia-se nadar de um estabelecimento para o outro. Não eram distantes – ficavam a 1 km um do outro. Todos da família nadavam. A mãe de Nora sempre acompanhava os filhos e os segurava em suas costas quando estavam cansados. Ela era uma excelente nadadora. Os meninos tinham máxima segurança em águas límpidas. A família gostava muito de esportes.

A mãe jogava tênis, nadava e remava muito bem. O pai era remador de *skiff* e esgrimista. Aliás, ele conheceu a mãe de Nora pois praticava esgrima com o irmão dela. Usavam o sabre e a meta deles era arrancar os botões das roupas um do outro. Ao final dos embates, Iolanda recosturava os botões. O pai, Edoardo, se apaixonou por ela. Iolanda e Edoardo tiveram dois filhos: Nora e seu irmão, que faleceu muito cedo em um acidente de carro.

Moraram em Fiume até 1941. Chegaram ao Rio de Janeiro em maio daquele ano. Eles ficaram no Rio, pois não tinham dinheiro para seguir com o navio, *Cabo de Hornos*, até São Paulo.

Paulo, o marido de Nora

Nora saiu de Fiume nessa época e só voltou depois de casada, na companhia de seu marido. Ele era húngaro e, com 17 anos, já traduzia Ovídio e vários poetas. Paulo Rónai era conhecido na Hungria, pois já havia publicado muitas traduções. Ele era filólogo, tradutor e escritor.

Quando foi rejeitado na universidade por ser judeu, um amigo ariano desistiu da vaga dele e a cedeu para Paulo. O reitor ficou tão comovido que aceitou os dois. Com isso, Paulo ficou conhecido na faculdade. Quando as perseguições tiveram início, Paulo foi levado para um campo de concentração. Ele e outros prisioneiros foram soltos por ocasião do Natal para comemorar a festa. Ele aproveitou e pediu um passaporte que lhe seria concedido sob a condição de que assinasse uma declaração de que nunca mais voltaria à Hungria. Seguindo conselhos de seu professor da universidade, Paulo assinou a declaração e veio para o Brasil.

Ele chegou um mês antes de Nora, com o mesmo navio espanhol com o qual ela veio: o *Cabo de Hornos*. Esse navio era comercial, ou seja, transportava mercadorias. No porão do navio, instalaram treliches e lá foram colocadas as pessoas. Era muito sujo e muito ruim. Logo depois que Nora veio com sua família, o navio foi vendido para sucata. As pessoas sofreram muitas humilhações nele.

Depois da guerra, Paulo foi convidado pela universidade a voltar à Hungria para dar palestras e ser homenageado. Ofereceram uma passagem de avião. Nora se opôs à ideia e lhe disse que o governo deveria pagar sua ida e volta de navio, já que fora de navio que ele viera para o Brasil. Seria uma viagem de "desagravo". Assim foi feito. Foram com o *Giulio Cesare* e voltaram com o *Augustus*, dois transatlânticos gêmeos de uma companhia italiana de navegação. Paulo ficou comovido com o retorno à Hungria. Nora, pessoalmente, desde que chegou ao Brasil, nunca mais sentiu saudades. Achava estranha a posição de Paulo, que sofria muito de saudades. Ele nunca perdeu a sensação de pertencimento ao seu país, a sensação de ser húngaro. Depois de tudo o que fizeram com ele, Nora não entendia esse sentimento; ela era muito mais nova do que ele – tinha 17 anos a menos.

Apesar da sua raiva em relação aos europeus e de não querer sentir nada como nostalgia ou saudades da Europa, a única ocasião em que sentiu alguma coisa semelhante foi quando viajaram de trem de Viena para Budapeste. O trem parou no meio do caminho, em Sankt Anton, onde puderam descer durante alguns minutos. Ao descer, pisaram na neve. E, de repente, Nora se deu conta de que a neve tem cheiro, sim. Pegaram a neve e fizeram bolas para jogar um no outro. Riram e choraram. Nora sentiu, naquele momento, que tinha perdido alguma coisa na vida. Nunca havia sentido isso. É uma pessoa que gosta de ir para frente e nunca olhar para trás, nem pelo retrovisor!

Sentiu saudades, mas decidiu apagar aquilo imediatamente. E nunca mais sentiu nada assim. Na realidade, ela tinha ódio e vergonha da Europa, pois todos viam o que estava acontecendo lá e ninguém fez nada.

Nora conheceu seu marido aqui no Brasil. Tinha uma colega que adorava ir à praia, mas ela não tinha tempo. A colega dizia que na Ilha do Governador as praias eram muito mais limpas. Nora aceitou o convite e foram passar o dia lá. Ao chegar na ilha, o dia virou noite. O céu escureceu e caiu uma chuva estrondosa. A mãe da colega sugeriu que fossem se refugiar na "casa do Paulinho". Nora conhecia Paulo Rónai de nome, pois ele escrevia no *Correio da Manhã*. Ela tinha mais ou menos 26 anos. Nessa época, já trabalhava como assistente de Geometria Descritiva na Faculdade de Arquitetura da Universidade do Brasil, que depois se tornou a Universidade Federal do Rio de Janeiro (UFRJ).

Esportes

Nora trabalhava como desenhista e estudava no centro da cidade. Aproveitou e se inscreveu no Clube Ginástico Português, onde fazia esgrima – usava o florete. Mas no verão, a roupa e o protetor de rosto esquentavam demais. Após o término da aula, todos iam para a piscina, onde Nora conheceu um colega que havia estudado no Massachusetts Institute of Technology (MIT), nos Estados Unidos, e havia sido treinado por um treinador muito famoso.

Ele ensinava saltos ornamentais. Seu nome era Eduardo Guidão da Cruz. Ele foi por diversas vezes campeão carioca de saltos ornamentais. No Clube Ginástico não havia plataforma, apenas trampolim. Guidão era excelente saltador, mas não sabia treinar ninguém direito e Nora ficava cheia de hematomas. Mas, de alguma maneira, aprendeu, pois era persistente. Ele era do Fluminense e levou Nora para lá para treinar na plataforma de 10 metros. Assim, ela se tornou saltadora. Devia ser o ano de 1945, quando Nora tinha seus 21 anos.

Em 1949, aos 25 anos, para poder participar do Sul-americano de saltos ornamentais, natação e polo aquático em Montevidéu, a Confederação Brasileira de Desportos (CBD) naturalizou Nora gratuitamente. Os advogados da CBD conseguiram sua naturalização com dispensa do prazo regulamentar a fim de que ela pudesse representar o Brasil.

Natação

Nora sempre nadou. A água sempre foi sua terapia. Na piscina, afogava sua eventual tristeza ou, se estivesse doente, corria para lá e nadava vigorosamente. Depois dos 400 metros, não sentia mais nada. Tinha a sensação de que a água realmente a abraçava, como se fosse sua mãe. Era sua forma de espairecer e esquecer o que a afligia. Ela precisava nadar para se sentir bem.

Mas, para as competições, começou a treinar tardiamente. Começou a competir como *master* aos 69 anos. Na época, morava em Nova Friburgo e, quando se mudou para lá, se certificou de que haveria uma piscina para se refugiar.

Estava nadando quando chegou uma delegação dos masters do Clube Icaraí, de Niterói, para fazer propaganda da natação master. Nesse grupo estava Gastão Figueiredo, um grande campeão. Estavam lá aliciando nadadores.

Quando Nora terminou de nadar, Gastão se aproximou e lhe disse que ela nadava bem. Ele a informou de que haveria um campeonato Sul-americano de Natação Master e que teriam um ônibus à disposição. Convidou-a a nadar com eles. Ela aceitou, achando que seria divertido. Gastão fez sua inscrição e rumaram para o campeonato, em Belo Horizonte. Tiveram bons resultados. Assim ela continuou, por muitos anos.

Até dezembro de 2023, quando teve um AVC, Nora nadava duas vezes por semana, durante o verão. Mas ultimamente começou a achar a água muito gelada. Os médicos não recomendam nadar em água gelada na sua idade. Portanto, substituiu a natação por 40 minutos de esteira. Agora, depois do AVC, teve que recomeçar do zero. Mas já está andando 15 metros por dia. Quer manter sua capacidade aeróbica.

Águas abertas

Quando criança, Nora nadava em águas muito limpas. No Rio, uma vez, nadou com Aurélio Buarque de Hollanda, amigo de seu marido. Estavam nadando no mar e, de repente, viram na sua frente um "objeto" não identificado. Desde esse momento, Nora ficou com nojo de nadar no mar e preferiu as piscinas.

Desafios inusitados

Aos 81 anos, saltou de paraquedas. E isso foi "culpa" das filhas. Elas têm medo de altura e de aventuras que as desafiem. Todas as vezes em que seus netos queriam fazer algo diferente, as filhas diziam – "peçam à sua *nonna*!".

Um dia, Nora estava no carro com a filha Cora e a neta Bia. Estavam em Jacarepaguá quando Bia disse que ali havia muitos amigos dela que saltavam de paraquedas. Ela afirmou que saltaria se sua mãe também saltasse. A resposta automática veio rapidinho: "peça para sua *nonna*". Nora aceitou e foram tentar a aventura.

O instrutor deu um salto e, em vez de ir para a frente, deu um mortal de costas. Então, no início Nora ficou um pouco tonta, mas conseguiu se situar no espaço. A queda livre dura mais ou menos uns 45 segundos, e isso dificulta um pouco a respiração. Depois vem o tranco do paraquedas se abrindo e tudo fica mais fácil e pode-se apreciar todo aquele panorama. Foi muito interessante! Ela teria repetido a dose se a médica não tivesse dito que foi muito imprudente.

Longevidade

Quanto à longevidade, Nora acredita que a genética ajuda. Mas não há somente isso. Para preservar essa matéria-prima genética, deve-se evitar fumar, beber e cometer excessos. Ela acredita também que a calma e a serenidade ajudem.

Tentar fazer com que os outros à sua volta se sintam bem reflete também em sua própria saúde física e mental, apesar de todas as adversidades que a vida nos reserva. Seu marido Paulo dizia: *"Se você quiser viver durante muito tempo, você tem que concordar em envelhecer"*. Ao envelhecer você se dá conta de que seu corpo perde aos poucos a flexibilidade, a força, a resistência, a explosão... Então, não se deve deixar que a alegria que está em sua alma escape. Tentar ser feliz, talvez esse seja o segredo da longevidade.

Na BBC News

Em 2017, Nora foi incluída na lista das 100 Mulheres da BBC, apontada como uma das mulheres mais influentes do mundo. Ela diz que não tem a mínima ideia de como foi parar nessa lista! Foi procurada por uma jornalista da BBC, mas nem ela nem suas filhas sabem como ela chegou até ela. Tiraram fotos e foram embora!

Como surgiram os livros que escreveu

"O roubo da varinha de condão e outras histórias"

Nora já morava em Friburgo e, toda a vez que a filha Laura precisava de uma babá, a chamava com urgência. Para que as crianças dormissem, Nora contava uma história. Mas as crianças queriam que a Laura repetisse a história. Ela contava a história a Laura, mas as crianças reclamavam que a história que ela repassava adiante não era exatamente a mesma que Nora contara. Crianças são assim, querem a história original, sempre do mesmo jeito. Então, resolveu escrevê-las. Com isso, as histórias se acumularam. Nora entregou a coletânea à Laura e ela conseguiu sua publicação.

"Memórias de um lugar chamado Onde"

— Relato de como foi sua infância e como fugiu da Europa.

"O desenho do tempo"

— Continuação do primeiro livro, contando da época em que já estava a salvo no Brasil, como casou e como foi sua vida aqui.

Um dia, uma de suas netas precisou entrevistar o avô ou a avó para tirar a nota necessária em Português. O objetivo era saber como foi a infância deles. Como ela não morava aqui no Rio de Janeiro, Nora escreveu sua história e enviou a ela. Ela copiou, entregou e tirou a nota necessária para passar de ano. Então, Nora resolveu continuar a história. Não escreveu o livro para ser publicado. Escreveu para que sua neta lesse e soubesse como foi sua infância.

Patrícia Britto

Formada em Educação Física pela Universidade Católica de Salvador e pós-graduada em Natação e Atividades Aquáticas e Fisiologia do Exercício pela Universidade Gama Filho, no Rio de Janeiro. Atua há mais de 20 anos como professora de natação. Atualmente, ensina natação infantil na Escola de Natação do Yacht Clube da Bahia, onde começou como atleta, e é coordenadora da Escolinha com sua metodologia de ensino própria.

INSTAGRAM

Eu nadei 13km de borboleta

O início

Eu, Patricia Queiroz Britto, sou filha de Maria Telma Queiroz Britto, professora de inglês, e de Antonio Carlos Nogueira Britto, médico. Em 21 de dezembro de 1997, realizei o meu maior desafio como nadadora, que foi atravessar 13 km no nado de borboleta, da Ilha de Itaparica, saída de Mar Grande, praia do Duro, para Salvador, com a chegada na praia do Porto da Barra.

Desde criança, sempre gostei de tomar banho de mar. Num belo dia de praia, meu irmão e eu estávamos brincando com as ondas. Em certo momento, utilizando uma boia circular de isopor, fui molhar minha cabeça quando veio uma onda mais forte e levou minha boia. Comecei a mergulhar sem alcançar os pés no chão, ou seja, passei por um início de afogamento. Meu irmão Marcus gritou por socorro e, de imediato, minha tia Luíza, que deveria estar mais próxima, apareceu para me salvar. Passado o susto, no dia seguinte, minha mãe matriculou meus irmãos e eu na escola de natação da Associação Atlética da Bahia (AAB). Na época, eu tinha quatro anos, e foi quando comecei a dar as minhas primeiras braçadas. O susto que passei não me deixou traumatizada, ao contrário, quanto mais aprendia os fundamentos da natação, mais eu gostava de ficar na piscina brincando com meus amigos até a hora de voltar para casa.

Aos sete anos, na categoria mirim, participei da minha primeira competição, quando recebi uma flâmula de 3º lugar, nos 25 metros nado peito, estilo com o qual não havia me identificado tanto. Certo dia, aguardando meus pais após o treino, fiquei na borda da piscina assistindo aos treinamentos da equipe principal. Observando o nado borboleta, que me encantou pela potência e velocidade, tentei realizá-lo sozinha, na piscina infantil, quando o treinador da equipe principal, professor Di Renzo, parou e viu o meu esforço em aprender a nadar borboleta. Fiquei lisonjeada em receber dicas e orientações dele.

Em uma competição, no extinto Clube Português, participei da minha primeira prova de borboleta, ainda como mirim e ganhei a minha primeira medalha de ouro. Fui observada pelo treinador Ronaldo Souza, conhecido como "Índio", que havia dito ao meu pai: "Sua filha será uma promessa na natação no nado borboleta". Daí para frente, não parei mais. Na categoria infantil, conquistei o meu melhor título interestadual, consegui ser a primeira recordista e campeã na prova dos 100 metros borboleta, com o tempo de 1'21". Recorde inédito realizado na piscina do Clube Náutico Atlético Cearense, no Campeonato Norte-Nordeste de Natação.

Bons resultados sempre nos motivam a pensar em uma próxima conquista, que seria me tornar campeã brasileira. Aos dez anos de idade, deixei de frequentar as aulas de *ballet* para focar na natação. Gostaria de ter continuado, mas, infelizmente, as aulas estavam se chocando com os horários da natação. Procurei ajuda de minha mãe para tomar essa decisão. Ela simplesmente disse-me para eu ir dormir e, no dia seguinte, teria a minha própria resposta. Ela disse-me: "A vida é feita de escolhas". Se for para me tornar uma campeã brasileira, precisaria trilhar um caminho com muita dedicação. Na natação, eu poderia brincar com meninos e meninas, participar de campeonatos interestaduais, adquirir experiências competitivas e culturais através das viagens. Então, decidi ficar na natação.

Ao final de dez anos de carreira, na categoria júnior/sênior, no ano de 1986, com 17 anos, consegui o tão esperado título de campeã brasileira na prova dos 100 metros borboleta, com o tempo de 1'06", na piscina do Grêmio Náutico União, em Porto Alegre. Obtive também o 3º lugar na prova dos 200 metros borboleta, com o tempo de 2'25". Com esses resultados, consagrei-me nadadora e recordista do nado borboleta na Bahia.

Recorde duradouro a ser batido

O de 200m borboleta foi o mais antigo a ser superado. Permaneceu por 37 anos até ser vencido pela atleta Celine Bispo. Não foi fácil atravessar esse longo período de dez anos para conseguir esse resultado. Algumas mudanças, adaptações e renúncias foram exigidas. Troquei de colégio para realizar os treinos dobrados, duas vezes ao dia por duas vezes na semana; procurei um médico desportista que me indicou uma nutricionista a fim de receber orientações sobre uma dieta balanceada. A minha vida social também ficou controlada. Com os resultados das competições, foram muitos altos e baixos que não interferiram para me desanimar. O mais importante de tudo foi ter recebido sempre o apoio e incentivo de meus pais, o famoso "paitrocínio".

A ideia

Partiu de um amigo, chamado Juvenal Barreiro, que realizou esse feito no ano anterior. Após ele completar os 13 km no nado borboleta, incitou-me dizendo que se ele conseguiu, eu poderia fazer também e me tornaria a primeira mulher a realizar esse feito.

Induzida pelo convite, decidi realizar essa façanha, uma vez que eu já era considera a nadadora de borboleta da Bahia. Revelei esse desejo ao meu treinador, Rafael Spínola, que ficou perplexo. Desafiou-me com um teste para a tal proeza. O teste consistia em nadar um percurso de 6 km, ida e volta, do Porto da Barra até o Museu Solar do Unhão.

Foi em um dia de sábado que convidei a equipe de águas abertas da AAB para me acompanhar. Durante o trajeto, recebi o incentivo dos nadadores e do treinador do Yacht Clube da Bahia, que assoviavam na minha passagem de volta ao Porto da Barra. Apenas um atleta, chamado, Marcelo Collet, concluiu o percurso ao meu lado e confirmou ao técnico Rafael, que eu havia realizado o trajeto. O teste correspondia quase metade da quilometragem da travessia Mar Grande/Salvador. Pelas mudanças e horários da tábua de maré, parecia que eu havia nadado mais do que os 6 km. Nesse dia, pela manhã, a maré estava de vazante, dificultando o trecho de ida, pois nadei contra a correnteza; em compensação, o trecho de volta foi a favor, facilitando o meu retorno para praia do Porto da Barra. Concluindo essa etapa, a minha motivação aumentou em realizar o grande desafio: nadar os 13 km. Fiquei muito feliz ao ouvir do meu treinador que eu estava apta para tal aventura. Só sabemos do que somos capazes quando testamos nossos limites.

Preparação

Como era final de temporada, esperei começar o ano seguinte para me preparar de forma definitiva até a próxima 35ª travessia, marcada para o dia 21 de dezembro de 1997. Precisava participar do Circuito Baiano de Maratonas Aquáticas para estar classificada. Após anunciar o meu desafio, muitas pessoas questionaram-me se eu faria as etapas do Circuito com o nado borboleta. Simplesmente eu respondia que não, apenas nadaria o nado borboleta no dia da travessia. As pessoas ficavam incrédulas e gostavam de me provocar. Quanto mais provocações eu recebia, mais aumentava minha vontade em realizar o desafio. Durante a minha preparação, toda vez que eu ouvia um "não", eu ficava mais incitada em treinar mais forte. Para cada "não" que eu ouvia, eu somava dois "sins" na minha gaveta de confiança, dentro do meu cérebro. Eu não entrava em confronto com essas pessoas. A melhor resposta era ficar em silêncio ou apenas dar um simples sorriso. No esporte, a melhor resposta dada é quando demonstramos nossas capacidades e habilidades até conquistar o resultado. Portanto, nunca me desanimei com atitudes e comentários alheios. Não desisti do meu objetivo, uma vez que ele pertencia somente a mim. Ninguém tem o direito de fazer você desistir dos seus sonhos.

Fui taxada por muitos como "louca". Mas, quem, algum dia não fez uma loucura ou teve vontade de fazer algo diferente na vida? Decidi, então, que essa seria a minha primeira "loucura". Se me consideravam a nadadora de borboleta, como duvidavam da minha capacidade, uma vez que eu tinha facilidade em nadar borboleta? Por que "loucura" se eu estava numa excelente fase de treinamento? Seria "loucura" se eu estivesse me lançado ao mar sem nenhum preparo físico, mas eu estava condicionada. Eu possuía uma peculiaridade que me dava certa confiança: treinar as séries principais com o nado borboleta. Com antecedência de três meses antes da prova, meu treinamento foi intensificado com o nado borboleta. O último treino foi realizado em dois turnos: no da manhã, nadei uma hora sem parar e completei 4 mil metros de borboleta. Pela tarde, o aquecimento de mil metros variou com educativos de perna e braçadas de borboleta, sendo a série principal de 40×100 metros de borboleta, com saída a cada 1'40". Fiz uma média de 1'30", com intervalo de descanso de dez segundos. Nesse dia, o total do treino foi de 9 km de borboleta. Constatei que estava muito bem preparada. No final, aqueles que me observaram treinar, os que acreditaram e os que não acreditaram, ficaram surpresos.

O grande dia

No dia anterior ao da largada, resolvi ir com minha mãe para a Ilha de Itaparica dormir em uma pousada, a fim de acordar cedo e ficar preparada para o momento. Mas não foi uma boa ideia. Na pousada fazia muito calor e, por isso, acionamos o ventilador. Durante a noite, tive uma crise de asma que não sei dizer se foi por conta da emoção, ansiedade ou pela poeira espalhada pelo ar. Fiquei horas sem dormir até que tomei um medicamento chamado Franol, para aliviar os sintomas da asma. Quando melhorei, por volta das 5 horas da manhã, já estava no horário de me levantar. Uma noite mal dormida deixou-me nervosa e ansiosa para encarar o desafio. Minha mãe, uma católica devota, procurou me acalmar com suas orações. Ela ficou muito preocupada com o meu estado, pois eu me apresentava bem debilitada; não me alimentei direito durante o café da manhã. Consegui comer um pouco de batata doce e beber o café com leite. Ao lembrar que foram muitos treinos e muita dedicação, nada me faria desistir das braçadas sem antes eu alcançar o outro lado da Baía. Portanto, não seria uma noite mal dormida que frustraria o meu desafio. O alívio veio logo em seguida, quando entrei no mar e comecei a nadar.

Cheguei no local da largada com meus acompanhantes, que subiram no barco. Ter largado 30 minutos antes da prova principal foi a melhor opção, porque, logo em seguida, veio um temporal na Baía de Todos os Santos, onde muitos nadadores ficaram à deriva sem encontrar seus respectivos barcos e guias. Por sorte, eu já estava no mar ao lado do meu barco, quando a fiscalização se aproximou e perguntou à equipe se eu continuaria na prova. Sinalizei que sim. Foi difícil. O mar cresceu, as ondas batiam forte, muitas rajadas de vento, trovões e raios. Quem estava no mar e no barco não conseguia visualizar nem Salvador nem a Ilha de Itaparica. Foram momentos preocupantes. Eu só fazia rezar e pedir a proteção divina. De dentro do mar, olhei para minha mãe e a vi com uma fisionomia tensa, segurando um terço na mão, em oração. Com a presença de minha mãe no barco, senti-me protegida. Estava confiante que nada iria interferir no meu desempenho e me fazer desistir. Eu só queria nadar, a minha vontade era chegar logo na praia. Conseguimos avistar Salvador quando faltavam uns 30 minutos da chegada. Imaginem o trabalho de quem estava no barco nos guiando! O tempo melhorou e o mar acalmou. Entretanto, a ansiedade aumentou em tocar meus pés na areia.

Para quem vai atravessar a nado, a boa dica é: não olhar

para frente, pois a distância torna-se uma ilusão de ótica, o que parece perto, continua longe. É importante olhar para o seu guia e seguir as orientações dele. Porém, como não olhar para frente no nado borboleta, uma vez que o nado exige uma respiração frontal? Graças a Deus, até o temporal foi favorável. Sem visibilidade, não pude ter parâmetro da distância de Salvador evitando a ilusão de ótica. Isso só aumentou a minha fé em Deus e o trabalho das pessoas que estavam no barco.

A chegada

A chegada foi linda e emocionante! De dentro d'água ouviam-se os fogos de artifícios. Meu treinador havia combinado para eu realizar um *sprint* final, nadar em um ritmo de velocidade forte faltando uns 50 metros do pórtico de chegada. Essa chegada animaria a torcida e quem estivesse assistindo. O público questionava se eu havia realizado todo o percurso nadando daquela forma rápida. Evidente que não, pois cheguei inteira, sorridente e muito feliz acenando para todos. Nadei de forma controlada, mantendo um excelente ritmo de braçadas, a fim de completar. Missão cumprida. Senti-me realizada. Não parecia que eu tinha passado por todos os contratempos na noite anterior. A sensação de colocar os meus pés na areia da praia foi indescritível. Ser recepcionada de forma calorosa foi muito maravilhoso também. Muitos abraços, inclusive o de meu pai, que estava na praia me esperando. Embora eu tenha recebido o apoio do Clube dos Empregados da Petrobrás (CEPE), que custeou o aluguel do barco, eu frequentava a piscina da Associação Atlética da Bahia, o que facilitou a logística de meus treinos. Fui ovacionada na premiação recebendo um lindo buquê de flores e uma medalha de honra ao mérito. Posteriormente, recebi homenagens de algumas entidades esportivas, como a Federação Baiana de Desportos Aquáticos (FBDA), a Associação dos Nadadores *Masters* da Bahia (ANMBA) e do próprio CEPE.

Reconhecimento

No ano 2000, participei do Campeonato Mundial de Natação *Master*, em Munique. Lá consagrei-me vice-campeã mundial na prova dos 200 metros nado borboleta. Com esse resultado, recebi a medalha Top 10 FINA (Federação Internacional de Natação). Após esse evento, fui pessoalmente a Londres. Fiz uma ponte aérea entre Munique e Londres pela empresa da Varig, da qual eu era colaboradora. Levei todos os documentos necessários para que o *Guinness Book* homologasse o meu recorde, porém eles não me atenderam por eu não ter agendado uma reunião com antecedência.

Até aquela presente data, 21 de dezembro de 1997, nenhuma mulher havia nadado 13 km no nado borboleta – o acontecimento deveria estar registrado no *Guinness Book* mas, infelizmente, não foi concluído por questões burocráticas. O Guinness de Londres estava encerrando o contrato com a editora representante aqui no Brasil, cuja sede ficava na cidade de São Paulo.

Nadar 13 km de borboleta me tornou exclusiva, e somente agora comecei a colher os frutos em ser reconhecida por essa tão grandiosa façanha. Apesar de meu nome não ter sido publicado no Livro dos Recordes, isso não diminuiu a minha proeza, uma vez que a do nadador Juvenal Barreiro foi feito. Juvenal e eu havíamos estudado todas as orientações e regras necessárias para colocar o nome dele no livro. Concluir essa travessia foi a tarefa mais extraordinária que pude realizar como nadadora.

Portanto, nunca desista dos seus sonhos, por mais que eles pareçam difíceis. Tudo acontece no momento certo. Devemos ter paciência e perseverar sempre! Desistir nunca, porque o reconhecimento é muito gratificante!

E, na vida, os acontecimentos se coadunam. Em 2022, numa competição a nível nacional realizada em Salvador, a

Fabienne Guttin, que ouviu falar sobre mim, convidou-me para a minha primeira *live*. Depois surgiu o convite para eu ser coautora deste tão conceituado livro, em uma edição inédita. Não foi no *Guinness Book*, mas foi neste livro que pude registrar o meu grande desafio.

Obrigada, Fabienne e a toda equipe da Editora Leader, por terem me escolhido para participar deste grande feito: homenagear as mulheres esportistas masters do Brasil.

Atleta de esgrima que iniciou a prática do esporte aos 49 anos, sempre defendendo o Clube Athletico Paulistano de São Paulo. Com experiência nacional e internacional, já participou de mais de 190 torneios, conquistando mais de 110 medalhas nesses dez anos no esporte.

Entre suas conquistas estão os títulos de tricampeã sul-americana e seus oito campeonatos brasileiros, ambas na categoria veterana. Sua arma principal é a espada, mas compete também com o sabre.

Ela demonstra um compromisso notável com a promoção da igualdade de gênero e o empoderamento das mulheres no esporte, atuando como líder do Comitê Esporte do Grupo Mulheres do Brasil (de 2020 a 2024). Além disso, é sócia-fundadora da Esgrimaster, entidade que promove torneios para a categoria veterana e desempenha um papel fundamental como capitã de Planejamento de Carreira na *startup* Soul Brasil Esportes, na qual utiliza sua vasta experiência na gestão de projetos para orientar atletas em busca do sucesso esportivo.

Seus setores de atuação abrangem não apenas o esportivo, mas também a educação, em que compartilha seu conhecimento e sua paixão pelo esporte com outros, e seus interesses em temas espaciais demonstram sua curiosidade e visão de futuro em explorar novos horizontes.

INSTAGRAM

Meus duelos internos e pelas pistas da esgrima

Fotos by: Renata Danicek

Em 1953 o renomado autor e ilustrador japonês Osamu Tezuka lançou um mangá intitulado "*A Princesa e o Cavaleiro*". Esse mangá foi posteriormente adaptado em uma série de televisão, em 1967. Enquanto refletia sobre minha jornada na esgrima, percebi uma conexão profunda entre a protagonista dessa obra e eu, uma atleta que há uma década empunha uma espada, desvendando um novo mundo de possibilidades físicas, mentais, psicológicas e relacionais.

Desde os primeiros passos até o topo dos pódios, essa é a história de como a dedicação e a determinação moldaram minha jornada que ainda está inacabada, permitindo-me usar conhecimentos de uma longa carreira no mundo corporativo e interesses da infância para lapidar minhas andanças de atleta numa fase mais adulta pelas pistas da esgrima. Minha jornada é um testemunho de como podemos buscar nossos sonhos de infância ou não, independentemente das barreiras que possam surgir em nosso caminho.

Certa manhã de sábado

Por muitos anos, a esgrima não estava em meus pensamentos; talvez se encontrasse adormecida na lembrança do desenho da infância. No entanto, sempre valorizei a saúde do meu corpo, praticando diversos esportes ao longo da vida. Na minha infância, nadei com entusiasmo e, na época do colégio, lancei-me no basquete. Mais tarde, tive a oportunidade de integrar um time competitivo de handebol durante a época da faculdade. Ao ingressar na vida adulta e no mundo corporativo, a rotina exigente de longas horas de trabalho permitia-me apenas frequentar a academia do clube nos finais de semana.

E eis que, em uma ensolarada manhã de sábado, enquanto seguia meu caminho até a academia, deparei-me com uma cena inusitada no ginásio do clube. Jovens vestidos de branco estavam envolvidos em um torneio de esgrima, desafiando-se uns aos outros em uma disputa intensa. Aquilo despertou em mim uma sensação única, algo que há muito tempo não experimentava. O imaginário da capa e espada e daquela heroína da infância voltou.

O som do aço cortando o ar, a precisão dos movimentos, o som do placar eletrônico anunciando o toque recebido, o ponto do esgrimista e a adrenalina da competição e da torcida me envolveram de imediato. E foi assim que me aventurei a conhecer o esporte, começar a treinar e competir, não imaginando que esse esporte poderia ser uma oportunidade para aprimorar minhas habilidades físicas e mentais, aprender com meus erros, controlar a frustração e a excitação de possíveis conquistas, superar os obstáculos no caminho e me relacionar com meus rivais de pista, mas amigos de vida.

E assim comecei timidamente meus treinos, apenas observando a equipe do clube já jogando vestida em suas roupas completas e, dia a dia, comecei a transformar meu corpo e minha perspectiva em relação a esse esporte.

Durante o primeiro ano, participei de aulas semanais teóricas e práticas e adquiri meu conjunto inicial de materiais. Comecei comprando uma luva e, em seguida, investi em um novo par de tênis adequados, pois os que eu estava usando não proporcionavam estabilidade para meus pés e pernas.

Então, depois de meses nesse entendimento do marchar e romper, atacar e me defender, moldando meus músculos, chegou o dia em que fui para o meu primeiro jogo em sala, completamente vestida com as camadas e os acessórios de uma verdadeira esgrimista. Com inúmeras camadas e conexões nos aparelhos eletrônicos, lá estava eu, totalmente pronta na sala d'armas de meu clube, usando roupa e espada emprestadas da sala. Fico imaginando o que passava pela mente da minha adversária, mais experiente e jovem. No entanto, esse primeiro jogo mostrou que eu tinha feito a escolha certa pelo esporte. No momento que coloquei a máscara, percebi outra pessoa, focada e fechada no meu próprio mundo. Não havia nada na minha mente além da atleta e o olhar fixo na minha oponente, dividindo a pista comigo e que tinha como objetivo me tocar com a ponta de sua espada e eu, na forma mais primitiva, tentar me defender ou atacá-la também.

A paciência desse dia e a receptividade de todos os atletas do clube nesses momentos iniciais foram essenciais para minha continuidade nos treinos, desenvolvimento e persistência nesse esporte.

Superando os primeiros obstáculos

A trajetória na esgrima foi desafiadora. Conciliar minha vida de atleta com as responsabilidades profissionais e familiares não foi uma tarefa simples. No entanto, os treinos noturnos se tornaram uma fonte de alegria, pois pude perceber gradualmente minha evolução técnica e o controle de estresse que recebia diariamente no trabalho que exercia, pois lá eu estava inserida nos meus pensamentos, fechada e focada em mim mesma, e nada mais preenchia minha mente nessas horas, apenas o esporte e suas particularidades.

Comecei a treinar duas vezes por semana, cada vez mais forte, e a iniciar minha preparação para um ciclo de competições. No entanto, antes mesmo de começar, enfrentei meu primeiro obstáculo: conseguir liberação de um dia de trabalho para poder viajar para competir e representar o Brasil numa viagem internacional. Sim, um torneio sul-americano era o primeiro no ano. A negociação na empresa começou e tive que mostrar o documento oficial da Confederação Brasileira de Esgrima, no qual meu nome estava entre as atletas convocadas oficialmente como representante brasileira na categoria. O torneio era em Montevidéu, no Uruguai. Percebi nas conversas como profissionais do mundo corporativo não conhecem a rotina de um atleta e a importância dessa convocação, mesmo na amplitude que é representar nosso país. A falta de conhecimento fez com que eu tivesse que conversar com diversas áreas da empresa, desde a chefia até o RH, tudo para me liberarem apenas em um dia (uma sexta-feira), no qual precisava estar no local para revisão do material, procedimento usual de segurança para que todos os atletas tenham uma melhor garantia de não se acidentarem ao longo do torneio. Após muitas conversas e acordos na empresa, reduzindo meu período de férias em um dia, finalmente segui rumo ao aeroporto.

E no aeroporto já temos, atletas da esgrima, os primeiros desafios para o despacho do equipamento, que, por sua própria dimensão, destoa das malas convencionais. E entre explicações do equipamento que estava levando e verificações de documentos, segui para o embarque, na torcida para que tudo chegasse certo e sem danos ao destino.

Nem tudo está em equilíbrio

Os treinos e as competições seguiam ao longo dos anos. Derrotas e momentos de dúvida pessoal como a permanência ou não no esporte também permearam meus pensamentos. Transformei cada obstáculo em um degrau para evoluir no meu aprendizado. Meus treinadores e colegas de equipe foram pilares de apoio, mas o verdadeiro combustível vinha da minha família e de amigas próximas que forçavam para que eu olhasse para dentro de mim, entendesse o motivo da frustração e não desistir.

A prática da esgrima despertou meu espírito competitivo e me ensinou a valorizar o treinamento árduo. As viagens para torneios fora da minha cidade começaram a se tornar uma constante e, para evitar conflitos na empresa, participava apenas dos que eram realizados aos sábados ou domingos, embarcando na sexta-feira à noite e retornando no domingo, usualmente no último voo do dia.

Lidar com o cansaço de voltar de um fim de semana de competições e acordar cedo no dia seguinte para dar continuidade à minha jornada de trabalho era verdadeiramente exaustivo.

Equilibrar minha carreira profissional com meus treinos e viagens para competir na esgrima não foi tarefa fácil. Não misturar meus assuntos profissionais com o esporte era algo que tinha que cuidar constantemente, pois estava numa época em que ter uma atividade de lazer não era bem-vista, pois podia causar uma divisão de energia e produtividade. Esses momentos requeriam da minha parte disciplina, organização e gestão eficiente do tempo e de custos, temas em que tinha competência pela própria atividade que exercia na empresa. No entanto, aprendi que a paixão verdadeira não conhece limites e o cansaço e as dores eram rapidamente superados.

Já mais madura no esporte e encerrando meu contrato profissional, comecei a ter mais liberdade e flexibilidade na minha agenda. Busquei apoio externo a partir de uma equipe multidisciplinar, com uma preparação física orientada, fisioterapeuta de prontidão e nutricionista para orientações alimentares e de suplementação.

Além disso, conversei com amigas mais experientes e expandi meus treinos para outras academias, tudo com o objetivo de ampliar minhas possibilidades de avançar no esporte. Amigas me mostraram que era necessário elevar meu patamar competitivo, pois já não conseguia evoluir mais e alcançar melhores resultados treinando numa mesma rotina semanal. E foi nessa jornada que senti um maior amadurecimento técnico no esporte.

Meu pior inimigo (lesão) e o medo de parar

Foi em 2019!

Logo no meu primeiro torneio do ano, numa ação mais profunda, estiquei demasiadamente meu braço armado e senti uma pontada forte no ombro. Logo que o combate terminou, a equipe médica fez os primeiros atendimentos e percebi que algo crítico havia acontecido.

Nos dias seguintes, com o uso de bolsa-de-gelo, conseguia voltar aos treinos, porém a cada dois dias as dores me impediam de treinar da melhor forma. E assim carreguei semanas, até que precisei tomar uma dura decisão: parar de treinar para tratar adequadamente meu ombro.

Meu medo era perder todo o preparo físico e técnico aprendido durante os últimos anos e nunca mais conseguir voltar para um torneio, algo como encerrar a vida de atleta. Mas tive que dar esse passo. E assim segui para o médico e para os diversos exames necessários para um laudo adequado. Felizmente, nada havia rompido, porém, uma fisioterapia intensa e longa foi iniciada, comprometendo todo meu ano planejado de torneios, treinos e *rankings*.

Hoje, olhando para trás, percebo que tomei a decisão correta.

Com apoio de uma excelente clínica de fisioterapia, recuperei totalmente os movimentos e aprendi a fortalecer adequadamente meu ombro, num processo de prevenção de lesão.

Mas não foi somente a lesão no ombro que me afastou das pistas. Foi a mais longa parada, certamente. Tornozelo e panturrilha também já sofreram e me afastaram por dias e, a cada novo evento, fui descobrindo como trabalhar e fortalecer partes do corpo. Esse conselho deixo aqui para vocês: fortalecimento adequado previne mesmo.

Treinar é somente uma parte de ser atleta

À medida que o tempo avançou, minhas habilidades na esgrima e meu condicionamento físico evoluíram, proporcionando-me a oportunidade de alcançar novas conquistas dentro da minha categoria. No entanto, logo percebi que a vitória não se resumia apenas à determinação e ao tempo gasto na sala de esgrima.

Foi nesse momento que compreendi a necessidade de adotar uma abordagem mais abrangente. Comecei a ler biografias de atletas vitoriosos, assistir a filmes inspiradores sobre grandes competições, assistir a partidas de torneios internacionais de esgrima, estudar vídeos de treinadores experientes e ouvir histórias de atletas mais maduros e renomados no esporte. Eu queria entender a jornada individual de cada um deles e, com base nessa busca por conhecimento, comecei a criar um planejamento anual mais sólido.

A cada início de ano, com o calendário de competições divulgado, tinha a oportunidade de esboçar um planejamento preliminar. É verdade que nem sempre as datas anunciadas eram mantidas, e as cidades muitas vezes eram alteradas, mas, ao longo dos anos, percebi melhorias na organização, frequentemente influenciadas pelas confederações internacionais e seus calendários. A coordenação de todos esses detalhes se tornou essencial.

Com esse plano inicial, é possível estabelecer os grandes

objetivos da temporada, de quais torneios participar, pensar na preparação física, programar intercâmbios de treinamento, discutir com um nutricionista a suplementação alimentar e ajustar a dieta para otimizar o desempenho antes de cada torneio e incorporar a ativação cognitiva.

Avaliação tática, periodização de treinamentos, registros meticulosos de resultados e o constante realinhamento com os objetivos fazem parte do meu dia a dia. Cada passo, desde o planejamento até a execução e o monitoramento, contribui para a minha evolução como atleta e para o meu compromisso com a excelência na esgrima.

Essa abordagem holística não apenas contribui com meu desempenho nas pistas, como também me fortalece para, com experiência própria, ajudar a inspirar outras atletas que trilham seu próprio caminho no esporte.

E que comecem os jogos!

Vamos voltar um pouco no tempo e falar de algumas competições marcantes.

Minha estreia internacional aconteceu em 2012, no Campeonato Sul-americano em Montevidéu, no Uruguai, e foi também minha primeira viagem internacional sozinha. Estava competindo na categoria pré-veterana, reservada para atletas com idades entre 40 e 49 anos, que era minha faixa etária na época. O torneio ocorreu em uma sala deslumbrante no Club Naútico, às margens do Rio de la Plata. Nas primeiras rodadas, a adrenalina corria tão intensamente que mal conseguia entender o que estava acontecendo. Tudo o que sentia era meu coração batendo acelerado, quase como se quisesse escapar pela minha boca. Com grande felicidade, retornei ao Brasil trazendo minha primeira medalha de prata e novas amizades internacionais. Esse resultado inesperado e surpreendente fez aflorar em mim a crença de que eu realmente tinha talento para esse esporte.

Avançando para a categoria veterana, destinada a atletas entre 50 e 59 anos, participei do meu primeiro Campeonato Mundial na Croácia, em 2022. Lá, conheci esgrimistas com estilos e experiências diversas nesse esporte fascinante. A quantidade de atletas circulando pelo ginásio, em diferentes ambientes, era impressionante. Dessa vez, além das verificações regulares de equipamentos, todos os atletas e acompanhantes eram submetidos a testes de covid-19 na inscrição. Embora não tenha trazido uma medalha, saí com a certeza de que, com uma preparação física e técnica adequada, posso almejar melhores resultados. Percebi que, entre vitórias e derrotas, é possível competir em igualdade com algumas adversárias já acostumadas a grandes torneios pela Europa.

Essas experiências de intercâmbio com atletas de diferentes continentes são profundamente enriquecedoras, e eu encorajo todos a se aventurarem em vivências semelhantes, como as que tive a alegria de experimentar até o momento.

Inspiração

Minha jornada como atleta de esgrima transcendeu o simples ato de conquistar medalhas; agora, ela se trata também de inspirar outros a seguir seus próprios sonhos, assim como sou diariamente inspirada por atletas não apenas do meu esporte, mas de diversas modalidades, todos eles verdadeiras referências em suas áreas.

Para mim, o verdadeiro sucesso reside em impactar positivamente a vida das pessoas ao meu redor. Testemunhar mulheres maduras ingressando no universo da esgrima é uma das maiores recompensas que posso receber. Tenho plena consciência de que o cenário esportivo pertence igualmente às mulheres e, à medida que o tempo avança, me sinto cada vez mais compelida a abraçar essa missão de promover e garantir a prática esportiva para elas, independentemente de onde estejam, da idade que tenham ou do esporte que escolham.

Minha convicção é de que não existem limites para o que podemos alcançar quando perseguimos nossa paixão com dedicação e determinação. E, ao fazê-lo, não apenas alcançamos nossos próprios objetivos, mas também abrimos portas e inspiramos outras pessoas a trilharem seus próprios caminhos de sucesso no mundo do esporte e além.

E a história continua...

Aquela criança que assistia entusiasmada aos episódios da "*Princesa e o Cavaleiro*" segue com o mesmo espírito valente, percorrendo não os campos verdes com seu cavalo, mas as pistas de esgrima pelo Brasil e pelo mundo.

Carrego a espada como uma aventureira e sonhadora, da mesma forma que aquela personagem fazia, abrindo seu reinado para novas aventuras e se divertindo nessa jornada de desafios, aprendizados e muito conhecimento, desafiando monstros internos e vivendo mais um capítulo deste filme chamado "vida na esgrima".

Em Garde? Pret! Allez.

(Em Guarda? Prontos! Combate.)

Patricia Summers Medrado

Nascida em Salvador (BA), atuou por 15 anos no circuito profissional de tênis, tendo alcançado a 48ª posição do mundo em simples e o 9ª em duplas, além da medalha de prata dos Jogos Pan-americanos de 1975, no México. Foi também, durante 11 anos consecutivos (1974 a 1985), a melhor tenista do Brasil.

Em 1996, trouxe para o país o programa "Tênis nas Escolas", criado pela ITF, com o propósito de tornar o esporte acessível a todos, fundando o Instituto Patrícia Medrado, organização da sociedade civil que utiliza o esporte aliado à educação como instrumento de transformação social, além de capacitar professores para inserção da modalidade em escolas públicas.

Atualmente, ministra cursos dos programas do Instituto, é comentarista de tênis da emissora NSPORTS, colunista da TênisBrasil/UOL e líder do Comitê Esporte do Grupo Mulheres do Brasil (de 2020 a 2024).

É atleta *master* de tênis, heptacampeã mundial em simples, octacampeã em dupla feminina, bicampeã em duplas mistas e seleção brasileira de pickleball 50+.

INSTAGRAM

Escolhas e parcerias

O convite para fazer parte desta publicação me pegou de surpresa. Já escrevi alguns capítulos para livros biográficos sobre tênis, que é o esporte por meio do qual construí minha história de vida profissional e pessoal, mas, neste caso, meus olhos brilharam pelo diferencial do projeto que envolvia narrativas marcantes de várias gerações de mulheres maduras o suficiente para inspirar e motivar quem se apropriasse das suas histórias. Seja pela paixão ou pelo desempenho, quem se "entregou" a alguma modalidade certamente tem algo interessante para compartilhar.

Portanto, precisei refletir por dias para deixar um registro que fizesse sentido para quem o lesse, tentando desviar de um mero relato cronológico da minha carreira, trajetória e títulos. Nessa retrospectiva mental, concluí que na pavimentação da minha trilha houve momentos cruciais de ajustes de rota, permeados pela incerteza do sucesso e a solidão da dúvida.

É sobre alguns deles que resolvi reviver nestas páginas, nem tanto pelos fatos em si, mas pela inspiração que possa surgir a quem ler. A grande lição é não sucumbir ao óbvio e aproveitar os ensinamentos da jornada, por mais difícil que pareça.

Lá vai...

A primeira escolha – o tênis

Estudos indicam que tomamos milhares de decisões ao longo do dia. Algumas automáticas e inconscientes, outras mais complexas e conscientes.

Enfatizando a importância das mais complexas e da necessidade desse processamento ao longo do tempo, divido minha vida em decisões que precisaram de coragem e determinação. A primeira e talvez a mais importante foi, sem dúvida, a de me dedicar ao tênis profissional. Havia, sim, opções mais assertivas e seguras, já que meus dois cursos universitários culminaram em diplomas ao término do ano de 1976. Cursei Fisioterapia e Educação Física, áreas, inclusive, conectadas ao esporte. Ainda por cima, havia uma forte influência de um pai professor universitário – Adroaldo Medrado, posteriormente diretor de uma faculdade federal, que acreditava e desejava para suas filhas uma formação de nível superior, com especializações e continuidade nas respectivas áreas. Parecia, portanto, uma decisão difícil. É bem verdade que eu já vinha me destacando nas quadras – era a melhor tenista do Brasil, desde 1974, quando venci meu primeiro Campeonato Brasileiro de adultos; medalha de prata no Pan de 1975 no México; tinha apoio incontestes de uma querida tia, responsável pela minha iniciação no esporte, Rose Summers; e uma grande torcida para que isso se concretizasse.

Entretanto, analisando o cenário internacional da época, a modalidade que havia deixado de ser amadora apenas em 1968 já apresentava, no setor feminino, muita discriminação nas premiações. Sabe-se que a partir de 1970, e depois de muita luta, o tênis feminino ganhou um patrocinador de peso – a marca de cigarros americana Virginia Slims, que começou um circuito, porém só para elas, ou seja, para as melhores. Portanto, não havia qualquer garantia de carreira e ainda era prematuro confiar no sucesso das minhas *performances*. A situação não se mostrava promissora para alguém criada numa cidade com apenas sete quadras de tênis, num país com pouquíssimos torneios e distante dos centros esportivos.

A balança até parecia equilibrada, mas internamente não me restou dúvida, indecisão ou sequer necessidade de tempo para pensar. Aliás, faltou tempo para buscar os meus diplomas!

Agindo por emoção e deixando de lado a razão, fui atrás do meu verdadeiro sonho: o de conhecer o mundo jogando tênis. Arrisquei... Nunca pensei em grandes títulos, ocupar o topo do *ranking*, viver confortavelmente... nada disso. Foi o mais puro espírito de aventura, paixão pelo esporte e um destemor ao futuro que me mostraram o caminho.

A segunda escolha – São Paulo

Muitas questões surgiram após a opção que tracei para o meu futuro. Na ocasião, ainda não havia completado 20 anos, já que estive adiantada um ano na minha formação. Entrei na escola junto com minha irmã, Itana Summers Medrado, ela, sim, na idade correta. Dessa forma, a economia em livros e material didático foi representativa para nossa família de classe média.

Jovem para a vida e para as responsabilidades, precisei de maturidade para avaliar que Salvador não estava preparada para respaldar alguém com anseios profissionais do tamanho dos meus, principalmente sendo mulher e praticante de uma modalidade sempre tida como elitizada. As bases para o desenvolvimento de uma carreira são, no mínimo, apoio financeiro e condições adequadas para treinamentos.

Foi quando São Paulo apareceu no meu radar. Uma vez por ano, durante algum tempo, nosso clube, Associação Atlética da Bahia, realizava um intercâmbio com o Esporte Clube Pinheiros. Ficávamos no alojamento interno e imperava a sensação de estarmos no centro do mundo. Até hoje, o maior clube poliesportivo da América Latina, mais de 20 quadras e ao lado de um shopping moderno e cheio de encantos, a cidade marcou minha memória na época, ainda adolescente.

Associada a essa simpatia, era em São Paulo onde também morava uma grande amiga e parceira não só de viagens, mas também de dupla, como chamamos essa categoria na modalidade, para além de confrontos individuais. Claudia Monteiro e eu formamos anos depois uma das maiores parcerias do tênis brasileiro. Juntas, chegamos às quartas de finais do tradicional torneio de Wimbledon, na Inglaterra, quatro finais consecutivas no circuito da Associação das Mulheres Profissionais (WTA), fomos campeãs do Master do Avon Future Circuit, culminando no 9º lugar do mundo na classificação de duplas em 1982.

Enfim, uma dupla de sucesso que começou com uma grande amizade, tornando-se fundamental para a minha decisão de mudança de Salvador para São Paulo.

Otimista, fiz a transição e, em poucos meses, fui acolhida pelo charmoso Clube Atlético Paulistano, que defendi com sucesso por muitos anos.

Hoje, Claudia mora nos Estados Unidos, mas a amizade segue intensa, assim como a minha gratidão por ela ter me impulsionado a encarar a principal metrópole brasileira.

Se deu certo, é uma questão simples de responder. Ainda sigo por aqui!

A terceira escolha – encerrar a carreira

Já havia completado 15 anos participando do circuito internacional. Inúmeras viagens ao longo do ano. Circuito americano, brasileiro, europeu, asiático, torneios nos mais diversos pisos: saibro, sintético, grama. Participação em Grand Slams – 11 Roland Garros, 9 Wimbledons. Acompanhei a transição de pisos do U.S. Open, estive lá quando surgiu a polêmica participação da atleta trans Renée Richards, que enfrentei nas quadras, com derrota, mas com a satisfação de conhecer alguém tão inteligente e corajosa. Enfrentei as melhores tenistas da história: Billie Jean

King, multicampeã que orgulhosamente venci nas duplas em Wimbledon; Martina Navratilova, a tcheca naturalizada americana e uma das mais premiadas do circuito; Cris Evert, a americana multicampeã, conhecida como a rainha de gelo; a alemã Steffi Graf, uma das melhores de todos os tempos; Gabriela Sabatini, a argentina que venceu o aberto dos Estados Unidos e que arrancava suspiros pela beleza; e muitas outras não tão conhecidas do público brasileiro. Realizei parcialmente meu sonho de conhecer o mundo, afinal, de qualquer forma, era uma meta inatingível. Aprendi idiomas que me conectaram com grandes amizades. Tudo isso e eu ainda tinha 31 anos. Olhei ao redor e as pessoas mais próximas começavam a se retirar pelos mais variados motivos. Cansaço, maternidade, novos horizontes, pouco sucesso etc., enquanto novas tenistas surgiam cheias de gás e disposição. Comecei, por essa época, também a me questionar sobre o famoso "até quando?". Rotina de tenista, por mais que os tempos mudem, por mais que as ciências do esporte evoluam, é sempre a mesma. Atenção à alimentação, ao mental, treinos físicos e técnicos e descanso.

Naquela época, o esporte era, inclusive, mais solitário. Com premiações inferiores às atuais, o máximo do conceito de equipe que se via era viajar com um técnico, luxo permitido a poucas e ao qual tive acesso por alguns anos. Felizmente, outro vínculo de amizade me levou a conhecer uma espanhola que também havia sido a melhor do seu país por quase uma década – Carmen Perea. Quando soube da sua vontade de parar, imediatamente a convidei para exercer essa função. A parceria durou até a minha, como chamamos, "pendurada de raquete", embora nos últimos meses tivéssemos espaçado esse acompanhamento, já que outros convites surgiam para ela do seu próprio país.

Portanto, esse cenário solitário e um cotidiano repetitivo de muitos anos passaram a rondar e incomodar os meus pensamentos. Fui vislumbrando, portanto, outras oportunidades. Nunca é fácil, entretanto, deixar algo em que nos especializamos e partir para novos caminhos. O que fazer, onde e como requer um amadurecimento possível apenas se o atleta, ao longo da carreira, tiver construído algo além de contatos e parcerias. Todos nós, quando optamos por essa vida, sabemos que ela será breve se comparada a outras profissões, mas não pensamos ou planejamos, ao menos inicialmente, algo que não esteja relacionado com o nosso melhor desempenho em quadra ou campo.

Parei de competir no início de 1989. Não haveria volta.

Como sempre, essa decisão me abria uma longa estrada cheia de bifurcações. Eram necessários: muita firmeza, otimismo e disposição para o que viria a seguir, mas parti, confiante, em busca de novos desafios.

A quarta escolha – empreender socialmente

O que veio a seguir foi uma nova preparação e muito treinamento. Decidi que passar as minhas experiências, associadas a um conhecimento técnico mais especializado, poderia ser interessante e instigante. Passei, então, a fazer cursos de tênis no exterior, ao mesmo tempo em que comentava jogos na televisão. Aliás, acabei me tornando a primeira nessa área na TV brasileira. Iniciei como voluntária, pelo simples prazer de opinar sobre a modalidade e, posteriormente, como contratada de uma importante emissora do país.

Passei também a empreender, começando com um programa pioneiro de treinamento físico, tático e psicológico, numa grande rede de academias em São Paulo que, até aquele momento, era só voltada ao tênis social. Lançamos o Projeto Patrícia Medrado. Com o passar dos meses, entretanto, passei a desejar ter o meu próprio espaço, que surgiu após longa negociação, adaptações e uma bela inauguração. Foi lançada, então, em 1991, a Academia Patrícia Medrado, situada na zona sul da capital paulista, onde por nove anos tive a oportunidade de colocar de pé vários projetos, além de treinar um grupo de jovens mulheres que também trilhavam o caminho do profissionalismo.

Na academia, que possuía cinco quadras de saibro, além das aulas regulares da modalidade, criamos a área de *fitness*; construímos uma quadra poliesportiva; futebol *society* de grama sintética; aquecemos a piscina para o ensino da natação; promovemos cursos; realizamos torneios estaduais e nacionais, além de festivais esportivos; administramos uma loja e lançamos até aulas de computação numa tentativa de aproveitar todos os espaços, oferecendo produtos diferenciados.

Nunca sozinha, tudo foi realizado em parceria com uma amiga e sócia, Renata Falcio. Dividimos as inúmeras funções entre administração e coordenação durante quase uma década de esforços contínuos e realizações.

Exatamente no ano 2000, entregamos o espaço. Já havia então amadurecido a ideia de que, como treinadora, seguiria com as mesmas dificuldades de financiamento das atividades (treinos e viagens) que tive na minha própria carreira, em função da falta de foco do mercado para esse público. A demanda da academia era gigantesca e a roda nunca para. Senti que a escalada não havia terminado. Na época, já mais segura com as interfaces do pós-carreira, decidi seguir novos rumos.

Com uma mente inquieta, dois anos antes, criei, em 1998, o Instituto Patricia Medrado, organização da sociedade civil, também conhecida como organização não governamental (ONG). Com isso, uma nova perspectiva de caminho se tornou realidade. Inspirada num programa criado pela Federação Internacional de Tênis, trouxe para o Brasil o programa "Tênis nas Escolas", cujo objetivo era implantar a modalidade na rede pública de ensino por meio da capacitação de professores de Educação Física e doação de material pedagógico específico às escolas públicas.

Esse propósito me agradou. Estava mais próximo da realidade

do Brasil democratizar o acesso e aproximar o tênis do local de maior concentração de crianças.

Gosto de ensinar e assumi pessoalmente a causa. Uma turma formada significa uma possibilidade imensa de multiplicar essa abrangência, já que educadores físicos têm um número incontável de alunos e aprendem na formação apenas o que denominamos de quarteto fantástico: futebol, vôlei, basquete e handebol.

Aí estava, enfim, começando uma paixão.

Ainda hoje, 27 anos depois, sigo engajada nesse propósito, que se materializa por meio das ações e dos projetos do Instituto. Desde então, sua abrangência foi ampliada e hoje atendemos, com equipe própria, milhares de crianças e adolescentes de comunidades vulneráveis, sempre buscando transformar vidas por meio do tênis e, principalmente, pelo ensino de valores.

Orgulho-me dos resultados. Até hoje, foram mais de 1.400 professores capacitados, em 17 municípios atendidos, aproximadamente 40 projetos executados, além de um incontável número de crianças, tornando-se adolescentes, depois adultos, que se inserem no mercado de trabalho, em clubes ou academias ou com bolsas de estudos no Brasil, eventualmente no exterior. Uma alegria ajudar a minimizar as questões da desigualdade social, gerando oportunidades e abrindo portas para que tenham um melhor futuro.

Tornei-me, portanto, uma empreendedora social! E por aqui me encontro nesse momento. Como sempre, não estou só nessa empreitada. Na quadra ou na vida, não se vence sozinho. Ao meu lado, mais uma parceria imprescindível – Luisa Ganem vem me acompanhando desde 2003, na área administrativa e financeira da Instituição. Artista plástica, também produz materiais de comunicação. Felizmente, uma solução para o bom funcionamento da engrenagem que também conta com outros profissionais.

Na divisão de tarefas, passo longe das planilhas, números, pagamentos etc. Meu coração pulsa forte quando lido com pessoas, ministro os cursos, converso com alunos, equipe e apoiadores.

Epílogo

Hoje, além das questões profissionais, participo do circuito *master*, que atualmente realiza ao redor do mundo mais de 500 torneios por ano, em 70 países. Ao todo, a Federação Internacional de Tênis possui cerca de 35 mil jogadores inscritos. As categorias são por idade. Existe uma a cada cinco anos, a partir dos 30 até os 90, já que o tênis é um esporte de fim tardio. Um mundo à parte para quem ama jogar apenas pelo amor à modalidade. De forma geral, o esporte *master* contribui para a economia de um país e deveria ser de grande interesse para diversos setores como planos de saúde, indústria esportiva, turismo, hotelaria, setor alimentício etc. Os esportistas são grandes consumidores, além de exemplos quando o assunto é saúde e qualidade de vida. É lamentável que o segmento seja ainda pouco reconhecido no nosso país. Com incentivo à prática de atividade física, certamente teríamos uma população mais saudável e caminharíamos para deixar de ser o país mais sedentário da América Latina e o quinto do mundo em inatividade física.

Enfim, é isso que me move no lado pessoal. Uma mistura de consciência corporal, necessidade de movimento e a adrenalina da competição. Após tantos anos, isso ainda me motiva. Descobri que não importa se o prêmio é um cheque ou uma medalha. No jogo, nossas exigências pessoais não mudam.

A busca pela vitória é a grande meta embora os melhores aprendizados venham das derrotas. É esse impulso de buscar sempre mais, em que sinto que sou essencialmente uma tenista, envolvida nos processos de melhoria constante. Por isso, não considerei esse caminho como uma quinta decisão neste relato.

Hoje, sou heptacampeã mundial em simples, octacampeã em duplas e bicampeã nas duplas mistas, além de seis vice-campeonatos também em mundiais, desde 2001, quando aderi a esse circuito, que venho levando com extrema dedicação. Curiosa a situação do ciclo que retoma ao ponto de partida.

Posso concluir dizendo que tive sorte, visão e boas influências na minha trajetória. Em cada escolha que moldou a minha vida, fui apoiada por mulheres fortes e companheiras, que estiveram ao meu lado ajudando nesse caminhar. Comecei pela doçura de uma mãe, Eva Summers Medrado, que teve muita paciência com travessuras e inquietudes de uma filha moleca.

Rafaela Montanaro

Nascida em São Paulo, conquistou cinco títulos mundiais na modalidade Pole Sport – quatro individuais e um em duplas –, além de dois títulos sul-americanos e cinco nacionais. Foi ginasta de alto rendimento até os 12 anos de idade. Decidiu parar com o esporte após uma lesão por over-use no joelho. Foi também artista de circo. Bacharel e licenciada em Educação Física pelas Faculdades Metropolitanas Unidas (UniFMU), publicou artigos acadêmicos no American College of Sports Medicine durante o Ensino Superior. Hoje, usa de sua experiencia prática e teórica para ensinar Pole Dance mundo afora, além de se apresentar em eventos e ministrar palestras sobre Pole Dance e treinamento esportivo.

INSTAGRAM

Anima Sana In Corpore Sano

> "Aquilo que se faz por amor está sempre além do bem e do mal."
>
> – Nietzsche

Pole Dance, o esporte feminista

Sou uma #reallifepoledancer. Minha jornada nesse esporte/arte nunca foi sexual. Pelo menos para mim. Sei que muitos (homens?) olham para minhas pranchas e mortais e dizem "mas isso é *sexy* SIM!". Alguns até dizem ser vulgar e inapropriado (meu Deus, escondam as crianças! Ela disse que é atleta de *Pole Sport*!).

Do outro lado, também recebo comentários do tipo "ah, mas isso é só ginástica olímpica na barra vertical. NÃO é sexy, você está fazendo tudo errado!".

E eu me sinto confortável com ambos os tipos de comentários. Me sinto confortável sendo vista como *sexy*, ou sendo vista como "ginasta sem graça" (sim, realmente me falaram isso), porque eu sou AMBAS! E nenhuma.

Aonde quero chegar com tudo isso é: faça o que ama e não

leve em consideração os críticos. TUDO que fazemos com nosso corpo tem o potencial de ser *sexy*, afinal, é uma condição inata de nosso corpo. Uma manifestação humana. As pessoas sempre têm diferentes opiniões sobre o que é belo e o que não é, então, não importa qual luz você emita, sempre será distorcida pelas lentes do outro.

Então, foda-se!

O pole, para mim, é a junção de tudo que eu amo na vida. Desafio, criatividade, força, superação, plasticidade, expressão. A unificação de esporte e arte em sua forma mais pura. Me deu uma plataforma para alcançar e viajar pelo mundo. Pude compartilhar o que mais amo com inúmeras pessoas ao redor do mundo, ao mesmo tempo que conheci diversos países e culturas. Essas interações com tantas pessoas diferentes, que vinham a mim porque me admiravam, me fizeram entender a responsabilidade que temos quando estamos em qualquer posição de destaque. Como já dizia o sábio Tio Ben, "Com grande poder, vem grande responsabilidade". Fez-me descobrir uma enorme parte de quem eu sou e o que realmente importa para mim. Trouxe amizades para a vida toda e relacionamentos incríveis. Descobri diversos outros *hobbies*, como fazer figurinos, editar música, edição de vídeo, filosofia – gosto de colocar audiolivros durante meus treinos aeróbicos, foi onde redescobri minha paixão por filosofia, eu já havia me interessado pela área em meus anos de colegial, mas, dessa vez, resolvi me aprofundar o máximo possível. Cheguei até a cursar dois semestres on-line do curso superior.

Sendo um esporte novo, sinto que tenho como missão explicar ao mundo sobre o *pole*. Assim como qualquer movimento religioso ou intelectual, ele inicia-se unificado e começa a se diversificar criando vertentes. Eu acho isso incrível, e que sociologicamente só tem a acrescentar à causa. Mas, como na maioria das ideologias, muitas pessoas acreditam que exista apenas uma forma de fazer as coisas e passam a repudiar as formas diferentes. Com nosso querido *pole* não foi diferente.

As diversas formas de *pole*

Temos diversos estilos de *pole*. Alguns simplesmente como apresentação artística, outros como competições altamente organizadas e regras complexas e bem definidas. Aqui estão alguns deles:

- **Pole sport**: modalidade mais atlética do *pole*, com código de movimentos e regras bem parecidas com as da ginástica artística. Valoriza a técnica acima de tudo.
- **Pole art**: o maior objetivo é a expressão. Pode-se contar uma história, mostrar uma personagem, um sentimento. Pode ser visto em competições ou apresentações.
- **Exotic pole**: às vezes chamado *"classique"*, por ser a versão que representa o *pole* em suas origens. Existem competições que apresentam a categoria *exotic*; não é permitido conotações sexuais explícitas, como tocar partes íntimas, mesmo que por cima da roupa, nem nudismo.

Minha história

> *"Quanto mais nos elevamos, menores parecemos aos olhos daqueles que não sabem voar."*
> – Nietzsche

Nasci em São Paulo, capital. Meus pais se conheceram na faculdade de Educação Física. Não tive escolha a não ser atleta; estava em meus genes. Minha mãe era velocista 100 e 200 metros rasos, e saltadora em distância; meu pai, jogador profissional de voleibol; meu tio, medalhista olímpico da mesma modalidade. Eu, assim como todos eles, nasci com um espírito competitivo que não podia ser contido. Certa vez, em uma das viagens após vencer o Mundial de 2017, fomos a um bar e eles desafiaram todas as mulheres a uma competição de beber cerveja. Robby, meu marido, viu uma camiseta que dizia *"beer chugging champion"* ("campeão de tomar cerveja") e queria comprá-la assim que chegamos. Eu, como sempre, não queria gastar dinheiro com besteiras e disse que não. Aí anunciaram que o prêmio seria a tal da camiseta, e ele usou os anos de experiência me treinando, para saber o que falar para eu querer participar da competição. Foi algo do tipo "Rafa, só você pode ganhar essa competição e salvar a gente de gastar dinheiro à toa na viagem!". Me concentrei, respirei fundo e virei o copo antes de todas as outras. Ganhei a camiseta e um ânimo bem mais sociável pelo resto da noite...

Quando eu tinha três anos de idade, minha mãe achou que seria interessante me colocar na ginástica artística, já que eu adorava virar de ponta cabeça e tinha muita energia. Treinei em alto nível até os 12 anos, competi em vários campeonatos brasileiros e fui morar nos Estados Unidos para melhores oportunidades de treinamento. Nessa época, sofri uma fratura por *over training* no joelho esquerdo e precisei ir para cirurgia de emergência. Três dias depois, eu estava de volta no ginásio. O ritmo e a pressão eram muito intensos, e tomei coragem para contar para minha mãe que havia muito tempo que não estava mais feliz no esporte. Ela me apoiou na decisão e voltamos ao Brasil.

Essa fase da ginástica foi o que me formou como atleta e pessoa. Durante muitos anos, eu amaldiçoava seus efeitos negativos na minha vida e tinha certeza de que ter sido atleta de alto nível tão jovem foi um grande erro, que minha vida teria sido melhor se nunca tivesse começado a treinar ginástica. Mas como maturidade é saber que nada na vida é apenas uma coisa ou outra, hoje me lembro da ginástica como uma fase como qualquer outra na minha vida, com prejuízos e benefícios. O principal malefício que eu percebia na época foram os problemas de imagem corporal e distúrbio alimentar que surgiram. Eu parei de treinar ginástica com 12 anos e meio; na época, eu media 1,50 metro e pesava 49 quilos. Quando completei 13 anos, media 1,60 metro e pesava 63 quilos. Tinha ido de criança a mulher muito rápido; parecia que eu tinha ido dormir menina e acordei com mamas e quadris, e uma enorme e horrível quantidade de gordura, que era odiada por todos a meu redor. E isso me matava. Claro que hoje em dia percebo que não era nada disso. Com essa altura e peso, eu ainda estava em um índice de massa corporal (IMC) normal, mas minha visão e a reação das pessoas à minha volta não foram nada saudáveis.

Recordo-me de uma situação em particular quando eu, meu pai e minha irmã fomos visitar um amigo do meu pai que criava cavalos. Chegamos lá, andamos a cavalo, tomamos um suco e meu pai disse: "Rafa, vamos correr?". Eu disse: "Ah, saco. Tá bom, vamos, vai...". Meu pai disse para o amigo dele: "A Rafa era ginasta até pouco tempo. Agora ela engordou e estamos tentando ajudá-la a voltar a um peso saudável". Eu, p... da vida, retruquei: "Poxa, pai. Você tem que anunciar para todo mundo que eu tô gorda?!". Na hora, e hoje, vejo como essa reação que tive foi 100% apropriada, porém, ÓBVIO que os adultos na hora que aconteceu discordaram, e tive que ouvir o amigo do meu pai me dar um sermão de como eu não podia ser "agressiva assim," principalmente quando era tão evidente que meu corpo não estava nada atlético, e que meu pai só queria me ajudar a estar bem (bonita?) de novo. Nessa época, minha compulsão alimentar já estava muito bem estabelecida e eu não conseguia entender o que estava acontecendo. Hoje, em retrospecto, vejo que não tinha outra possibilidade de acontecimento, considerando as situações às quais fui submetida e meu temperamento.

Ginastas são, no geral, mais fortes do que o resto das crianças, e eu era muito forte para uma ginasta. Já nasci com deltoides e bíceps definidos, o que sempre me deu uma vantagem funcional sobre as concorrentes, porém, não era o ideal de aparência de "Barbie" que era exigida na época. Quando comecei a perceber que meu corpo tinha uma aparência diferente da maioria, foi muito complicado. Algumas pessoas me paravam na rua, algumas achavam bonito, alguns achavam feio, muitos acusavam meus pais de me dar anabolizantes, mas praticamente todo mundo tinha algo a dizer. Chegando próximo aos dez anos, me sentia superconfusa. Eu sempre tinha achado que ser forte era muito bom, já que era só por isso que eu conseguia fazer tanta coisa tão rápido! Mas na década de 1990 não existia *body positivity*, ou a noção de que não é legal comentar sobre o corpo do próximo. Além disso, ainda estávamos presos à ideia de que feminilidade era igual à pequenez e fragilidade, e força era puramente reservada ao masculino. Ouvia comentários do tipo "parece um menino!" vindo de homens; "caramba, você é mais forte do que eu"; por isso, comecei a me achar muito feia. Um dos meus técnicos me apelidou de "peixe-boi", porque, segundo ele, minha barriga era enorme. Eu pesava 25 quilos na época e, em todos os testes físicos de força, eu ia sempre muito melhor até que as ginastas mais velhas (eu devia ter uns nove anos). Esse mesmo treinador que praticamente pregava anorexia nos dava bombons e elogios após competições em que íamos bem. Era a receita para criar o vício! Proíbe a coisa prazerosa e cria o sentimento de culpa pelo desejo que é puramente natural, depois te recompensa com essa mesma coisa prazerosa, enquanto te trata com amor e dignidade. Quantos sacos de jujuba já comi tentando acalmar aquela menina que se sentia sozinha?

Hoje, felizmente, isso tem mudado, mas temos sempre algum ser de mentalidade retrógrada que acha importante fazer o mundo saber de sua opinião limitada. Esses dias, vi um *post* de um técnico russo falando mal de Simone Biles, a ginasta mais bem-sucedida da história: "Ela só ganha as competições porque tem acrobacias muito difíceis, mas a estética está faltando". Deixo que você própria faça a análise crítica do quanto de machismo está contido nessa fala, porque se eu começar, acho que este capítulo não será longo o suficiente para expor todos os problemas.

Após parar com a ginástica, fiquei uns 6-8 meses sem atividade nenhuma. Até que resolvi buscar aulas de dança. Fiz *ballet* clássico, *jazz*, dança contemporânea e até um pouquinho de dança de salão. Quando tinha 16 anos, vi uma apresentação do

Cirque du Soleil e quis entrar para o circo. Fiz aulas, me apresentava em eventos e, quando acabei o colegial, me inscrevi em um curso superior de circo na França, a École National des Arts du Cirque. Me mudei para a região de Paris sozinha aos 17 anos. Foi uma fase muito importante para mim; aprendi mais uma língua, mais uma cultura e a sobreviver sozinha. Cursei pouco mais de um ano, mas a saudade apertou e voltei ao Brasil e para perto da minha família.

     De volta ao meu país, resolvi prestar vestibular para Educação Física. Amei o curso e as pessoas no primeiro dia. Foi a época mais feliz da minha vida, fiz amigos como nunca havia feito e me sentia completamente em meu elemento. Em setembro de 2008, no último ano da faculdade, um dos professores pediu para que apresentássemos uma atividade física que não existia no currículo da faculdade; eu escolhi circo, e fui pesquisar vídeos no YouTube para minha apresentação. Quando procurava vídeos de mastro chinês, acabei chegando a um vídeo de Felix Cane, de 2006, competindo no Miss Pole Dance Australia. Achei a coisa mais linda e quis aprender! No dia seguinte, pedi para um amigo me ajudar e tentei uma acrobacia na placa da rua. Deu certo, mas claro que não tinha como treinar de verdade assim, então fui atrás de um lugar que ensinasse *pole dance*. Marquei uma aula experimental e foi amor ao primeiro giro. Após minha primeira aula, a professora disse: "Acho que você vai ser muito boa. O campeonato brasileiro é em 4 meses, quer competir?". Disse que sim, voltei no dia seguinte e começamos a montar minha coreografia. Fui campeã brasileira em setembro de 2009, o que me deu vaga para o sul-americano, em outubro. Essa competição tinha, além da barra estática, uma barra giratória, e até então eu nunca nem tinha ouvido falar a respeito. Outra dona de estúdio ofereceu seu espaço para eu poder treinar em uma barra giratória. Fui campeã do primeiro campeonato sul-americano de *pole dance*! Essa foi a vitória que mais rendeu frutos: a mídia do Brasil se interessou pela modalidade. Nessa época, fui em praticamente todos os programas de TV apresentando *Pole* como modalidade esportiva. Após isso, conheci o mundo participando de competições, congressos e treinamentos de federações. A competição sempre foi o que me faz sair da cama de manhã, feliz da vida, pronta para conquistar o mundo. O momento de estar no palco, com TUDO o que se trabalhou o ano todo, à prova, naqueles 4 minutos, parecem dar sentido à toda minha existência. A intensidade e a pressão me colocam num lugar de clareza de mente, paz e tranquilidade. Em todas as vezes que mais havia risco – seja de lesão por ter movimentos arriscados que ainda não dominava 100% na coreografia, seja por competição muito acirrada devido ao fantástico nível técnico das oponentes –, eu consegui realizar minha melhor *performance* até o momento. Até hoje, tenho memórias supervívidas do que vivi no palco de quase todas as competições. Quando chamam meu nome e piso o primeiro pé nas luzes, o tempo parece se dilatar e todas as sensações de meu corpo se amplificam e se acalmam. Estou atenta a cada milímetro do meu corpo, assim como às coisas ao meu redor. Lembro-me de, em um mundial, eu estar fazendo uma bandeira (movimento de força, no qual sustento o corpo paralelo ao piso) e percebi que um dos árbitros estava olhando para o papel, então segurei o movimento 1 segundo a mais para ter certeza que ele veria. Isso fez com que eu estivesse 1 segundo "atrasada" na música, mas como já havia antecipado isso, acelerei o próximo movimento de dança para compensar. Lembro que me treino a pensar nos momentos mais difíceis: está muito fácil, eu sempre acerto, sou muito forte. Lembro dos rostos na plateia me olhando com encanto, e isso faz tudo valer a pena. Lembro da sensação do piso nos meus pés quando voltei a tocar o chão, de que percebi que meu cabelo estava caindo do lado errado do rosto e talvez pudesse tampar minha expressão, então virei o rosto 1 cm a mais para o lado, e a trança caiu para o lado correto. Lembro de ter pensado: esse desodorante novo tem realmente um cheiro muito bom e não me fez escorregar. Tudo isso em 2 segundos de coreografia. É como se eu experimentasse a teoria da relatividade de Einstein, porém, ao invés de o tempo variar devido a diferentes interações com a gravidade, ele varie devido ao nível de atenção que consigo prestar. Enquanto estou me apresentando, parece que tudo dura horas, dias... Quando saio do palco, não consigo acreditar que já acabou e que passou tão rápido. Quanto mais me preparo para o evento, maior é esse efeito e melhor respondo à pressão. "Quanto mais eu treino, mais sortuda fico."

Em 2010, o *pole* já era o centro da minha vida. Resolvi buscar ajuda de uma nutricionista esportiva para alcançar meus objetivos, e esse foi outro momento que curou muitos traumas antigos. Na ginástica, apesar da grande cobrança para sempre estar mais magra e "mais saudável", nunca me levaram a um profissional da área da nutrição ou de avaliação física. Eu sempre ouvia coisas como "você é superforte, Rafa", "sua proporção de massa magra é muito maior que da maioria". Mas, ao mesmo tempo, ouvia que estava muito grande e precisava perder peso, então achava que os elogios eram mentira. Quando comecei o acompanhamento nutricional, foi feita uma avaliação física, que resultou em eu tendo por volta de 18% de gordura corporal, ideal para atletas de alto rendimento. Fiquei pasma! Então, eu não era o peixe-boi? Não era obesa? Como assim? Saí de lá com um plano nutricional para o próximo mês e a autoestima nas nuvens! Continuo fazendo acompanhamento com a Dra. Janete até hoje! Apesar da aparência do meu corpo ter mudado bastante na época, cheguei a algumas competições com 5% de gordura e o resultado na *performance* foi muito maior. Conseguia treinar, render, estar mais leve, facilitando os movimentos e sem me lesionar. Passei a ver a alimentação como uma ferramenta para minhas *performances*, não como algo que eu deveria evitar. Lembre-se de que o atleta é um tripé: treinamento físico, preparação mental e nutrição. A nutrição é o combustível que te leva adiante, portanto, é essencial estar correta em seus componentes e quantidades. Alimente-se para chegar aonde quer em sua *performance* e certifique-se de que quem está te instruindo seja capacitado na área.

Em 2016, conquistei meu primeiro título mundial e dou o crédito ao meu marido Robby. Ele tinha sido atleta e treinador de *wrestling* a vida toda, além de ter a mentalidade de "eu sou foda" dos americanos. Pedi para ele me ajudar porque queria ser campeã mundial. Ele precisou trabalhar muito minha cabeça para que eu conseguisse acreditar que eu merecia e conseguiria ser a melhor do mundo. Um dia ele falou: "Rafa, com certeza você vai ganhar este ano!". E eu: "Ah, não sei não... Vai ter um monte de russas que foram da ginástica rítmica, bailarinas...". Ele insistiu: "Rafa, aposto minha mão direita que ninguém está treinando como você está! Ninguém acorda às 5 horas da manhã para correr, depois passa 4 horas à tarde no estúdio de *pole*, e depois faz outra sessão de treino aeróbio à noite". Nessa época, eu também comecei a ser atendida pela psicóloga Alexandra Chivalski, e essa combinação de forças realmente me fez acreditar que eu conseguiria, e acreditar me fez treinar com mais vontade ainda. Ganhei meu primeiro título mundial e, ainda, alcancei a maior pontuação da história do campeonato.

Ao todo, foram quatro títulos mundiais no individual e um em duplas. O primeiro deles foi o que me fez acreditar, e todas as outras pessoas também. Então, o segundo título me fez mais ligeira. Passei a ser o que as outras pessoas "perseguiam", então, tinha que correr mais rápido. O terceiro me fez mais precisa; venci a competição por menos de 0,1 contra a segunda colocada. No quarto título, tive que reinventar meu repertório de movimentos ou não conseguiria me manter à frente. Busquei ajuda de outras acrobatas do *pole* para enriquecer o que conseguia fazer. Tudo isso ainda dando aulas e *workshops* para poder financiar as viagens, treinamentos, figurinos etc. Sempre valeu a pena, nunca tive dúvida. A oportunidade de ser cada dia melhor e poder tocar o mundo com minha arte/esporte é um sentido tão simples e tão pleno que faz toda dificuldade parecer irrelevante. Como uma motocicleta, quando estou em movimento, tudo se equilibra, tudo faz sentido.

Rosângela Silva

Nasceu em 23 de julho de 1963 na cidade de São Bernardo do Campo, interior de São Paulo, e foi criada em Diadema. Estudou na E.E.P.G Inamar e na E.E.P.S.G Fabiola de Lima Goiano. É mãe da Michelly, sua incentivadora, apoiadora e fã de carteirinha.

É bio ultramaratonista aquática.

Primeira brasileira a nadar 60 km em águas brasileiras na Ilha do Mel, em Paranaguá (PR).

Primeira e única pessoa a conquistar a Tríplice Coroa com os desafios mais difíceis da Ilha do Mel – 23 km, 45 km e 60 km.

Segunda mulher a completar o Desafio Pôr do Sol, de 45 km. Venceu quatro vezes o Desafio Pôr do Sol – 23 km – Ilha do Mel.

Venceu nove vezes a 14 Bis (24 km), do Forte São João, em Bertioga até Base Aérea Guarujá.

Campeã da Ita 15 – Maratona Aquática 15 km – Rio Itapanhaú, Bertioga.

INSTAGRAM

A água me coloca lá em cima

Indicação médica

Estava prestes a completar 30 anos quando tive um problema de saúde. Procurei um médico e o diagnóstico foi início de depressão. Ele quis saber se eu praticava alguma atividade física e é claro que não. Perguntei a ele qual atividade ele me indicava e ele me disse que a natação era a mais completa. "Mas doutor, eu não sei nadar", eu comentei. "Mas você não precisa saber nadar, é só ir lá que você vai aprender." Então, foi o que eu fiz. Me matriculei na Academia Estilo, em São Bernardo do Campo, e fiz minha primeira aula na mesma semana.

O início não foi fácil. Além de não saber nadar, eu tinha pânico de água, pois, por duas vezes, eu quase me afoguei. Mas os professores eram pacientes e, aos poucos, fui me soltando, perdendo o medo e tendo bons resultados. Com seis meses de aula, fui para a piscina de aperfeiçoamento e, com quase um ano, já estava na piscina de treino.

Todos os anos a academia levava os alunos para um passeio a nado no mar, mas tinha que ser aprovado nos testes em piscina para poder ir. E eu consegui logo no primeiro ano, o que, para mim, foi uma baita conquista.

E aquela depressão foi sumindo ao conviver com outras pessoas e com as minhas pequenas grandes conquistas.

Minha primeira competição em águas abertas foi de 500 metros na represa em Ibiúna (SP), com a Gaivotas Eventos, do Issamo Nishioka. Logo na minha primeira prova, conquistei o terceiro lugar. Me apaixonei pelas águas abertas e, por dois anos, continuei a nadar provas de 500 metros. No terceiro ano, mudei para prova de 1 km e foi muito bom. No quarto ano, resolvi nadar a prova de 3 km e foi sensacional! Não satisfeita, nos quinto e sexto anos, fiz as três provas, até que voltei a nadar só as provas de 3 km nos anos seguintes.

Participei por três anos seguidos das provas de 4 km da competição Maratona Aquática, do Igor de Souza.

Me tornando uma ultramaratonista aquática

Final de 2008 fiquei sabendo de uma ultramaratona aquática, a 14 Bis, em que a pessoa nadava 24 km. Falei para mim mesma: isso é impossível! Mas, mesmo assim, fui atrás para saber como eu poderia participar, pois fiquei bastante interessada na possibilidade de nadar essa prova e me tornar uma ultramaratonista aquática.

Falei com a minha técnica, Desire Schalk, e perguntei se ela me treinaria para nadar essa prova e a resposta foi sim. Começamos os treinos em setembro 2009 para nadar a prova em novembro 2010. Os treinos não foram fáceis; eles eram longos na piscina e nas represas com a água gelada. Eram bem cansativos! Foi preciso muita renúncia. Abri mão de vários compromissos. Foi uma mudança dolorida, mas para me tornar uma ultramaratonista valia tudo.

Chegou o grande dia! Foi dada a largada na Base Aérea de Santos com um tiro de canhão. Que emoção! Encontrei o barco com minha equipe de apoio, com minha filha Michelly, minha irmã Marilene e meu barqueiro Rubinho, e começamos nossa primeira ultramaratona rumo ao Forte São João. Nadei com peixes pulando, com águas-vivas – aquele ano tinha bastante –, mas, mesmo assim, eu estava muito feliz, pois era a realização de um sonho. Curti cada segundo e, com pouco mais de sete horas de nado, avistamos a chegada. Que sensação única, que magia! E claro que o choro veio. A emoção foi gigantesca.

Já estava realizada em me tornar ultramaratonista aquática nadando os mais difíceis 24 km do canal de Bertioga, então, começou a premiação e chamaram o meu nome em terceiro lugar na categoria, Jaqueline Dalia em segundo e Desire Schalk em primeiro. Fiquei em êxtase! Que honra dividir o pódio com a Jaqueline Dalia, minha dinda de 14 Bis, e com a Desire Schalk, minha técnica. Esse pódio foi para coroar um trabalho árduo de meses.

Nadei nove vezes a 14 Bis, sendo oito pódios e uma vez não consegui concluir e precisei ser retirada da água com 10h20m por causa da corrente contrária naquele ano. A duração máxima da prova é de 10 horas.

2015, o ano da mudança

Nesse ano, mudei para o interior de São Paulo. A primeira coisa foi procurar uma piscina em que eu pudesse treinar e encontrei o Grêmio União Sanroquense, na cidade de São Roque, município vizinho de onde moro atualmente. De imediato, me tornei sócia e comecei a treinar. Tudo muito diferente: piscina aberta de 25 metros – nadava na Academia Estilo, em piscina fechada de 20 metros –, técnicos novos, novos métodos de treino.

Enfim, era tudo diferente e tudo o que é novo assusta um pouco, mas com o tempo fui me acostumando.

Me desafiando em novos mares!

Com fé, foco, disciplina e amor, o impossível deixa de existir

No final de 2016, descobri a ultramaratona aquática chamada Desafio Pôr do Sol 23 km, da Correr e Nadar, realizada na Ilha do Mel, em Paranaguá (PR). Fiz minha inscrição com bastante cautela e, por que não dizer, com bastante medo, pois não tinha participado de outra ultra que não fosse a 14 Bis.

E lá vamos nós para mais uma ultra e, dessa vez, era tudo novo. Chegar até a Ilha do Mel foi uma viagem bem cansativa e demorada, mas valeu cada segundo da jornada. Que lugar, que paraíso! Foi amor à primeira vista.

Chegou o dia da prova e lá estávamos todos nós na largada, mas, dessa vez, a minha equipe de apoio foi por terra, pois na Ilha do Mel só é permitido nadar com apoio de caiaques. Eu não conhecia Rafael Deron, a pessoa que iria me acompanhar. Para mim, era mais um desafio a ser vencido e tudo deu muito certo, ou quase tudo, porque chegando mais ou menos no km 14, entrou um vento forte, começou a chover muito, as ondas ficaram gigantescas virando a maioria dos caiaques e todos os *stand ups*. Graças a Deus, meu caiaqueiro não virou, mas, mesmo assim, pensei que ali seria o fim da prova. A dificuldade saiu do 0 para 10. Respirar se tornou quase impossível com as ondas batendo de todos os lados. Ao nadar os últimos quilômetros, confesso que pensei que não iria conseguir, mas, com muita dificuldade, estávamos lá na linha de chegada. Mais um desafio: cruzar as ondas da arrebentação que estavam gigantes e quebrando uma seguida da outra, mas, com muita cautela, nadando e olhando bastante para trás, consegui colocar os pés no chão e abraçar minha filha e meus amigos, que estavam ansiosos e preocupados vendo aquele mar grande e revolto. Uma verdadeira cena de terror.

Fomos ver o resultado e não é que deu bom? Segundo lugar na minha primeira prova na Ilha do Mel! Fui para o pódio, mesmo com tudo o que aconteceu. Nesses momentos, eu sempre penso: se está difícil para mim, está difícil para todos. Portanto, não desista.

Nadei mais quatro vezes o Desafio Pôr do Sol e em todas elas fui ao pódio. Nadar esses desafios me fez ver que sou uma pessoa persistente.

Aceite seus limites sem nunca duvidar da sua capacidade

Foi na premiação da minha terceira prova na Ilha do Mel, em abril 2019, que Edgar França Neto, diretor da Correr e Nadar Eventos Esportivos, lançou a prova Desafio Pôr do Sol 45 km. No mesmo instante, eu disse: "vou nadar esse desafio".

Em junho de 2019 foi feito o evento-teste e ele entraria no calendário de 2020 como prova. Para nadar essa prova existem vários critérios, e eu estava dentro. Em 23 de julho de 2019 recebi a confirmação de que eu atendia a todos os critérios para nadar os 45 km. Fiz a minha inscrição, pois a data já estava marcada para abril de 2020. Me reuni com meus técnicos, Antônio Carlos de Campos e Emerson Jimenez, que aceitaram me treinar, mesmo achando que nadar uma prova dessa distância era "insano".

Começamos os treinos de musculação voltados para natação três vezes na semana (eu odiava musculação!), altos volumes de treinos na piscina, os longos na represa e no mar... Realmente, foi uma rotina muito insana. Confesso que cheguei a pensar que não conseguiria, mas, com o passar dos dias, o corpo foi se acostumando, os treinos foram se tornando prazerosos. Aí surgiu um baita obstáculo: nadar no escuro. Eu nunca tinha nadado no escuro, porque o medo era uma verdadeira barreira, barreira esta que fui superando com ajuda dos meus técnicos que, às 2 horas da madrugada, abriram o Grêmio União Sanroquense, apagaram todas as luzes e eu treinei até clarear. Treinei na escuridão com os amigos na Academia Estilo; organizamos treinos noturnos no mar, na represa, e isso, sim, foi insano para mim.

Tudo ia bem até que veio a pandemia e, aos poucos, tudo foi fechando. Eu não queria parar de treinar, pois achava que a pandemia passaria rápido. Queria estar preparada, mas as academias fecharam, o clube fechou. Mesmo assim, ainda conseguia treinar nas represas até que fecharam as entradas das represas. Pensei: fim dos treinos, fim de prova. Foi aí que a Erica Fujii, da Fujii Academia, nos proporcionou um treino fechado, no qual eu e alguns amigos fizemos 200×100. Isso mesmo: 20 km nadados na piscina com direito a uma linda medalha da nossa anfitriã e amiga Erica Fujii, que sempre fez e faz de tudo para nos sentirmos especiais. Alguns dias depois, a prova foi cancelada.

No início de 2021, os 45 km passou a ser desafio e não mais prova. Agendei meu desafio para 17 de outubro daquele ano. Analisamos tábua da maré, condições climáticas, correntezas e estava tudo favorável para aquela data. Sentia necessidade de fazer um treino acima de 20 km antes de ir para o desafio. Foi então que me reuni com meus amigos Jackie

Dalia, Lucia Trillo e Carlos Monteagudo e contratamos o experiente barqueiro Rubens Morais; nadamos 24 km no canal de Bertioga, meu último longão um mês antes do desafio. Chegou o grande dia: largada às 23h58 do dia 16 de outubro de 2021. Na embarcação estavam minha filha Michelly, meu técnico Antônio Carlos, o fiscal de prova Edgard e dois timoneiros. Sempre tive ao meu lado cuidando da minha hidratação meu caiaqueiro Alcione Massocato. Ao contrário das previsões favoráveis na semana da prova, no dia choveu, ventou e o mar estava com fortes correntes contra durante todo o trajeto. A água estava fria, minha equipe de apoio passou mal, o barco chacoalhava muito. Nadei os primeiros 23 km em 9h12m (já tinha nadado esses mesmos 23 km em 6h29m) e os últimos 22 km em 9h04m, totalizando 18h16m. Concluí os 45 km superbem fisicamente. Estava muito bem treinada, mas bastante frustrada com meu desempenho. Sabia que era capaz de nadar os 45 km em um tempo bem menor, mas sempre mentalizo: "A dor é passageira, desistir é para sempre."

O corpo alcança o que a mente acredita. Acredite no seu sucesso

Nadar os 45 km em mais de 18 horas, para mim, foi um desastre. Resolvi repetir esse desafio, mas não queria nadar 45 km novamente. Conversando com minha filha no final de 2021, tive uma ideia: em 2023 eu faria 60 anos, então, por que não nadar 1 km para cada ano de vida e me presentear com um desafio de 60 km? Falei com minha filha, meus técnicos Antonio Carlos Campos e Emerson Jimenez e eles toparam de imediato, sem questionar. Faltava desenhar o trajeto. Liguei para o Edgar, da Correr e Nadar, e falei dos meus planos. Na mesma semana ele me passou os possíveis percursos de 60 km. Pronto! Já estava decidido o percurso. Foi dada a largada nos treinos em novembro de 2021. "Bora" para a musculação, mas, dessa vez, os treinos na piscina começaram com volumes baixos (6,5 a 7 km/dia) até agosto, quando ficaram insanos novamente (9,5 a 10 km/dia). Iniciamos também os longões na represa. Em abril de 2022, nadei a prova de 23 km na Ilha do Mel e, em novembro do mesmo ano, nadei a 14 Bis 24 km para treinar. Toda essa experiência me fez crescer e aprender a lidar com desafios de forma madura.

Em junho de 2022, conheci Priscila Delmenico, uma nutricionista "fora da curva". Ela foi fundamental na minha rotina de treinos, antes, durante e depois do desafio, controlando meu peso para eu não emagrecer, o que foi uma prova de fogo para nós. Ela foi além: preparou minha planilha de hidratação, minha alimentação para o dia do desafio e conseguiu patrocínio com a Vitafor Nutrientes, que enviou toda a suplementação.

Sempre achei desnecessário fazer treinamento mental, até conhecer o trabalho de José Ferreira, treinador mental. Iniciamos o treinamento mental e foram quatro sessões intensas que fizeram a diferença. Hoje, não me vejo em desafios sem esse tipo de treinamento, pois com ele minha autoconfiança aumentou, minha ansiedade diminuiu, aumentou minha concentração e me deixou com a autoestima elevada.

Tudo que um sonho precisa para ser realizado é de alguém que acredite nele

Foi dada a largada para o Desafio Pôr do Sol 60 km às 4h54 do dia 12 de abril de 2023. Minha filha Michelly, meu técnico Antônio Carlos, minha amiga Ana, o fiscal de prova Edgard, os pilotos José Hugo e Paulo, os bombeiros Fabricio e Wesley, meu caiaqueiro Alcione Massocato e o bombeiro

Wesley chegou a remar por algumas horas durante o segundo trajeto do desafio.

A largada foi ao pé da Fortaleza. O dia escolhido para o desafio foi fantástico. A natureza ajudou a impulsionar e deu aquela contribuição para a realização do meu sonho: céu limpo, estrelado, sem vento, clima agradável, temperatura externa 21°C, temperatura da água 25,5°C. Nadei com plânctons que, com a luz das lanternas, do barco e minhas braçadas, fizeram o espetáculo noturno ainda mais vivos. O nascer do sol foi magnífico, com a vista da Ilha das Peças ao fundo. O mar estava perfeito, os golfinhos vieram ver quem dividia o espaço na água com eles logo ao amanhecer.

Fui mantendo uma média de 62 a 66 braçadas por minuto no início da prova e se comprovou o mesmo ritmo no fim, já perto de superar a marca de 60 km. No km 26, passamos pela rádio Farol com maré forte contra, mar picado e mexido. Após a base da Marinha, o vento também ficou contra e um lindo pôr do sol nos esperava mais adiante.

Em reunião a bordo entre meu técnico Carlos, Edgar, o bombeiro Fabrício e o piloto José Hugo, decidiram fazer o retorno no km 35 para manter minha segurança e do meu remador, pois as condições do mar naquele momento, com vento e corrente jogando para cima das pedras na frente da Fortaleza.

Nadei rápido até a ponta oeste devido à maré que ajudava. Mais adiante, após o limoeiro, avistamos as luzes do local da chegada. Para nossa surpresa, a lua apareceu por trás do morro e criou um rastro de luz alaranjado no mar, que tornou mais bela essa parte final do percurso e, às 2h12 da madrugada de quinta-feira, com 21h18min, cheguei a Pôr do Sol com um total de 60,67 km nadados. A sensação de vitória foi fantástica! Ser recepcionada por minha filha, meu técnico e toda a equipe de apoio foi sensacional. Nesse momento, Edgar fez a premiação dos 60 km e da Tríplice Coroa no deck da pousada Pôr do Sol.

Tudo é considerado impossível até acontecer

Sem eles nada disso seria possível:

Michelly Queiroz, Antônio Carlos, Emerson Jimenez, Desire Schalk, Grêmio União Sanroquense, Academia Estilo, Fujii Academia, Correr e Nadar, Edgard França, Pousada Pôr do Sol, Cantina Tia Lina, Priscila Delmenico e José Ferreira.

"A água me coloca lá em cima!"

Susana Schnardorf

Nadadora da seleção brasileira paralímpica de natação. Recordista brasileira dos 200 metros livres e nos 150 metros medley. Campeã mundial, medalhista paraolímpica na Rio 2016. Eleita a melhor atleta do ano em 2013.

Medalhista no campeonato mundial de Manchester, em 2023; prata nos 200 metros livres e bronze nos 50 metros livres, 100 metros livres e 50 metros costas. Treinou para os Jogos Olímpicos de Paris, em 2024, mas foi impedida de comparecer.

INSTAGRAM

Correndo além dos limites: paixão, perseverança e triunfo no esporte

Nenhum obstáculo é intransponível quando se tem persistência, coragem e determinação.

Sou Susana e tenho 57 anos.

Já nasci apaixonada por esporte. Não sabia qual seria, mas desde pequena meu sonho era participar de uma Olimpíada.

Nasci em Porto Alegre (RS) e sou a caçula da família e a única mulher, portanto, era supermimada, principalmente pelo meu pai.

Naquele tempo, lá pelos anos 1970, menina só brincava de boneca e os meninos podiam jogar bola, andar de *skate*, praticar qualquer esporte.

Me lembro de um Natal em que minha bisavó deu uma bola para cada irmão meu e, para mim, ela deu um par de brincos. Chorei muito... até arranjarem uma bola para mim.

Me lembro que chegava da escola, almoçava e ia direto para o quintal da minha casa.

Levava bola de vôlei, futebol, basquete, corda para pular. Passava a tarde inteira "treinando".

Durante os verões, sempre íamos para a praia de Bombinhas, em Santa Catarina.

Água cristalina e calma, quase uma piscina, e eu passava o dia inteiro nadando no mar. Sempre havia várias traineiras ancoradas e eu ficava nadando de uma para outra. Foi então que um amigo do meu pai me disse que eu nadava muito bem e que eu precisava procurar uma escola de natação.

Fiquei toda feliz e comecei a perturbar minha mãe para me colocar na natação.

Voltando para Porto Alegre depois das férias, a primeira coisa que fiz foi me matricular em uma escola de natação. A partir daí foi tudo muito rápido. Logo fui treinar com a equipe de natação do Mauri Fonseca. Foi ele quem me ensinou a ser uma atleta de verdade!

Eu era a primeira a entrar na piscina e sempre a última a sair.

Fui campeã gaúcha várias vezes! Foi uma fase muito boa de aprendizado.

Uns anos depois, fui convidada para competir pelo Minas Tenis Clube e lá fui eu morar em Belo Horizonte (MG). Por lá fiquei durante alguns anos, até machucar meu joelho esquerdo. Fui obrigada a passar por várias cirurgias. Engordei muito, já que não podia treinar. Todos que vinham me visitar me traziam chocolate; não tinha como não engordar". Então, quando meu médico me liberou, me matriculei em uma academia para perder peso e lá conheci um pessoal que fazia triathlon. Me emprestaram um vídeo com o Ironman do Havaí. Na hora, fiquei apaixonada pela prova e já sonhava em participar de uma! Um mês depois disso, parti para o meu primeiro triathlon! Foi um de distância olímpica: 1.500 metros de natação, 180 km de *bike* e 42 km de corrida.

A prova foi em Santos sob uma temperatura bem alta.

Depois que terminei a prova, estava exausta, mas totalmente apaixonada pelo triathlon!

Daí para frente foram muitas provas, muitas viagens, muitos amigos, até que chegou a convocação para os Jogos Pan-americanos em Mar Del Plata. Fiquei muito feliz com a convocação, mas o Ironman não saía da minha cabeça.

Até que em 1995 vi que estava pronta para fazer o Ironman. Porém, para participar, você tem que se classificar. Eu me inscrevi em duas provas nos Estados Unidos que eram classificatórias, mas não consegui a vaga – havia somente uma vaga. Eu teria que ganhar a prova, mas fiquei em segundo lugar em ambas.

Ainda tinha mais uma chance para conseguir a vaga, o meio Ironman de Porto Seguro. Lá haveria duas vagas para o feminino. Ou eu conseguiria lá ou estava fora. Fui para lá muito focada e concentrada. Teria que ser perfeita para conseguir minha vaga. Liderei a prova de ponta a ponta e conquistei minha sonhada vaga para o Ironman no Havaí!

Com a vaga na mão, fui treinar no Colorado, na cidade de Boulder. Lá você consegue fazer treinos em até 4.000 metros de altura, com várias opções de estradas, trilhas para correr e piscinas para nadar. Treinei lá por três meses. Fiquei muito forte e cheguei em Kona muito forte também.

A cidade respira Ironman, fica lotada de atletas e das famílias que vêm assistir à prova.

No dia da prova eu estava eufórica. Acordei às 4h da manhã para comer e seguir para o local da largada. Parecia um formigueiro de tanta gente. Fiquei na fila para colocar o número nos braços e pernas. Até hoje lembro do meu número: 1206! A largada é dada com um tiro de canhão e, naquela época, era uma largada só. Duas mil pessoas saindo ao mesmo tempo e você não pode parar senão é atropelada.

Terminei a natação entre as primeiras mulheres e saí para

o pedal superbem para os 180 km, com muito vento, sol e calor! Como eu amava tudo isso!

O Havaí era tão significativo, que meus três filhos têm nomes havaianos: Kaillani, Kaipo e Maila!

Daí para frente foram muitas provas, viagens e amizades que fiz. Foram anos muito bons.

Em 2005, comecei a sentir os primeiros sintomas da minha doença, a atrofia múltipla dos sistemas, uma doença degenerativa e progressiva. As pessoas que mais viveram com a AMS, viveram cinco anos. Porém, até o momento, consegui quase 19 anos de sobrevida!

Meu médico pediu para tentar fazer uma hidroginástica, mas quando cheguei na academia, resolvi tentar nadar. Foi então que encontrei o esporte paralímpico. Eu teria que fazer uma classificação funcional para ver em qual classe eu me encaixaria. Fiz minha classificação no Canadá e confirmaram S8.

Minha primeira competição pela seleção foi para os Jogos Parapan-americanos de Guadalajara, em 2011. Nadei como S8 e fui a terceira colocada nos 400 metros livres.

Mas nadei machucada, porque na piscina de aquecimento levei uma pernada de peito no rosto e tive que ir ao hospital fazer uma ressonância da coluna, porque minhas pernas estavam formigando. Cheguei no hospital, fiz o exame e o resultado foi um abaulamento da vértebra. O médico do hospital me tirou da competição. Fiz fisioterapia a noite toda para conseguir nadar minha prova. Doeu, mas deu bronze!

No ano seguinte, realizei meu sonho de participar dos Jogos Paralímpicos de Londres. Quando entrei no estádio com a seleção brasileira, meu coração parecia que ia sair do peito. Um filme passou em minha cabeça. Lembrei dos médicos que disseram que iria morrer. Mas olha onde eu estava!!!

Fui quarta colocada nos 100 metros peito e quinta nos 200 metros *medley*. Nadei outras provas, mas não fui para a final.

O ano de 2013 foi muito especial. Meu quadro piorou e tive que fazer outra classificação funcional. Baixei de classe para S6. Era ano de campeonato mundial. Fomos fazer um período de altitude em San Luiz de Potossi, no México. Ficamos três semanas lá e foi muito bom! Sempre nado superbem depois de treinar na altitude. Não foi diferente aquela vez. No Mundial, ganhei ouro na prova de 100 metros peito e bronze na de 400 metros livre.

No final de 2013, fui eleita a melhor nadadora do ano! Não poderia ter sido melhor!

No início do ano seguinte, minha saúde piorou novamente e não pude fazer classificação. Foi um ano bem difícil, bem como 2015...

Fui para o campeonato mundial e não peguei nenhuma final. Houve também os Jogos Parapan-americanos no Canadá e o resultado foi o mesmo. Fiquei arrasada, mas não desisti. Queria muito nadar as Paraolimpíadas do Rio de Janeiro em 2016.

Em 2016, aceitaram minha reclassificação e no evento teste para os Jogos baixei de classe para S5.

Faltava o índice, então resolvi ir por conta própria para o World Series em Berlim; e lá obtive o índice para participar dos Jogos no Rio. De novo, estava de volta! Os Jogos do Rio foram sensacionais. Só quem estava lá viu o que aconteceu – arquibancadas lotadas! Quando íamos nadar, a torcida gritava nosso nome! Foi surreal, um sonho! Fui escalada para nadar o revezamento classe baixa 4×50 metros livre.

Nadaria com ninguém menos que o Daniel Dias e Clodoaldo Silva. Ganhamos prata e deixamos o Parque Aquático em festa!

Mas depois dos Jogos eu tive uma piora grande e, com ela, veio uma crise de depressão. Fiquei sem conseguir sair do meu quarto durante uns 45 dias. Depressão é uma doença muito grave. Só quem já teve, sabe. Mas, com medicação e a ajuda do meu psiquiatra, saí da crise e voltei à minha rotina de treinos.

Novamente, fiquei esperando minha reclassificação. Então, finalmente em 2019, baixei para S4.

Nesse ano, tínhamos o campeonato mundial e os jogos Parapan-americanos. O Mundial seria em Londres e o Parapan em Lima. Foi um seguido do outro. Primeiro, o Parapan e, depois, seguimos para Londres.

No Parapan, juntaram as classes. Todas as minhas provas foram com a classe S5. Então, disputar medalha era muito difícil.

No Mundial, não consegui nadar bem. Nadei a final dos 150 metros *medley* bem na eliminatória, mas, na final, não foi bom e fiquei em oitavo lugar.

O ano de 2020 foi difícil no mundo inteiro por causa da pandemia. Tudo foi fechado. Fiquei um tempo sem lugar para treinar, e as Paraolimpíadas de Tóquio foram transferidas para 2021.

Fiquei à procura de uma piscina para treinar. Treinei em Porto Alegre, Rio, São Paulo. As academias fechavam e abriam. Foi um estresse danado.

Em 2021, as piscinas abriram de novo e as coisas foram melhorando. Com os Jogos em Tóquio confirmados, agora só dava para treinar e fazer fisioterapia.

As competições ainda estavam suspensas. Então, os técnicos organizavam tomadas de tempo para não ficarmos sem ritmo de competição.

Nos Jogos de Tóquio, na chegada ao aeroporto, houve o primeiro caso de covid-19. Ficamos sete horas no aeroporto. Todos os que estavam perto do médico foram isolados. Formaram o grupo cinza, ou seja, essas pessoas não podiam sair dos quartos nem mesmo para treinar. Felizmente, não me incluíram nesse grupo. Não fiquei presa!

Primeiro, ficamos duas semanas em Hamamatsu, que fica a seis horas de ônibus de Tóquio. Ficamos totalmente isolados lá. O grupo isolado não podia nem sair do quarto do hotel.

Nos Jogos não podia ter plateia; eles deixavam as luzes das arquibancadas apagadas. Eu só passei para a final na prova dos 150 metros *medley*.

Minha mãe estava muito mal no hospital e eu estava bem agoniada, com medo de que acontecesse alguma coisa com ela. Mas consegui me despedir dela quando cheguei. Dias depois, ela faleceu. Como sinto a falta dela!

Depois do falecimento de minha mãe, veio outra fase difícil. Novamente tive depressão e crises de ansiedade. Tive que voltar ao tratamento com meu psiquiatra. Mas tive que "me reerguer" rápido porque agora era eu e eu. Não havia mais ninguém para me ajudar. Quando perdemos nossos pais, a gente perde nossa referência, nosso porto seguro.

O ano de 2023 começou de forma bem desafiadora. Tive que ir a Singapura fazer minha reclassificação. Baixei para S3 e peguei covid-19. Levei um bom tempo para me recuperar.

Teria duas oportunidades para fazer o índice; as duas no Centro de Treinamento em São Paulo. Fiz o índice para os 100 metros livre! Fui classificada para a seleção!

Viajamos para o Mundial, que seria realizado em Manchester, na Inglaterra, mas antes passamos uma temporada em Portugal, em um centro de treinamento em Rio Maior. Foi muito bom!

Na competição, subi quatro vezes ao pódio! Consegui uma medalha de prata e três de bronze. Foi uma das melhores competições da minha vida! Voltei para o Brasil e logo tivemos a seletiva para os Jogos Parapan-americanos. Consegui fazer o índice e fui convocada para meu quarto Parapan!

O chato do Parapan é que reúnem as classes. Nadei todas as minhas provas com a classe S4 e até a S5. Então, fica bem difícil!

Saí apenas com um bronze, mas bati três recordes Para-pan-americanos.

Em 2024, o foco foram as seletivas para os Jogos Paralímpicos de Paris 2024. Infelizmente, por problemas de classificação de categoria, fui impedida de participar dos JO de Paris. Atualmente, sigo com os treinos como atleta paralímpica na modalidade atletismo.

Meu sonho desde criança é subir no lugar mais alto do pódio em Jogos Paralímpicos. Sei que é difícil, mas nada é impossível! Assim seguimos!

Vera Sasse

Formada em Educação Física e pós-graduada em Natação. Ministrou e coordenou esportes no Caio Martins. Montou, coordenou e ministrou aulas de Natação no FAETEC Barreto, no Tio Sam Camboinhas e na Escola Aldeia Curumim. Trabalhou no Clube de Regatas Icaraí e na natação no Centro Educacional de Niterói.

Como nadadora, ainda jovem, bateu o recorde carioca e foi terceiro lugar no ranking sul-americano. Já *master* sempre foi Top Tem e bateu os recordes estadual, brasileiro e sul-americano e foi campeã panamericana. Hoje, aos 80 anos, apaixonada pela canoagem havaiana, foi campeã brasileira na V1 e OC6 e convocada duas vezes para mundiais.

Orgulha-se em dizer: "Tive três filhas, sete netos e seis bisnetos, plantei muitas árvores mas nunca pensei que seria coautora de um lîvro em que pudesse falar de mim mesma".

INSTAGRAM

Águas Por Águas

Tudo começou nos anos 1950

Na minha vida, durante muitos anos, o esporte que pratiquei foi a natação. A canoagem, esporte que pratico hoje, surgiu como uma grande oportunidade de continuar a fazer uma atividade física prazerosa, que, ao mesmo tempo, se tornou uma atividade esportiva e uma grande paixão.

A minha vida de nadadora acho que foi pensada quando era muito pequena. Ouvia as duas histórias de minha família sobre "nadar e afogar". A família pelo lado de meu pai contava a história de que meu bisavô atravessava a nado o rio Potengi, na cidade de Natal, com a roupa na cabeça, para encontrar sua namorada do outro lado do rio (essa história é contada, inclusive, por Câmara Cascudo em um dos seus livros). Eu adorava ouvir e dizia que nadaria assim também.

Já na família de minha mãe, minha avó contava histórias, os famosos "causos e superstições", vindas de seus antepassados, que, para evitar que os seus filhos morressem queimados ou afogados, deveriam os homens se chamar José e as mulheres, Maria. Tanto foi assim que minha mãe, Maria das Neves, teve cinco filhos: Roberto José, Walter (sem José),

Maria do Carmo, Theresa Maria e eu, Vera Lucia. Walter teria sido em homenagem a um irmão de minha mãe recém-falecido, e quando fora registrado esqueceram do José. E eu sem Maria? Pensei na época que teria a obrigação de aprender a nadar, já que, sendo pequena, não poderia ser bombeira e, até mesmo se eu tivesse mais idade, essa oportunidade não era dada às mulheres e isso seria impossível à época.

Verdade ou não, aos nove anos, mais ou menos, aprendi a nadar com o meu pai, em um rio de cachoeira, que passava pelo nosso sítio na serra em Cachoeiras de Macacu. Era de modo bem rústico: meu pai me ensinou primeiro a respiração subaquática e, depois, mandava pular de uma pedra que ficava um pouco submersa numa correnteza fraca, dentro do rio, e me apanhava num espaço logo abaixo. Ele me pegava nos braços e dizia que já estava quase nadando. A partir daí, ele sempre esteve presente por toda a minha vida de atleta. Infelizmente, não teve tempo de me ver como remadora de canoa havaiana. Esse esporte não existia em sua época de caserna no Exército Brasileiro. Lá, meu pai praticava muitos esportes: nadava, jogava tênis, fazia esgrima, corrida de revezamento, levantava peso, dava aula de calistenia e remava baleeira no Clube de Regatas Gragoatá. Dos cinco filhos, só eu me encantei pela prática esportiva e pelas atividades físicas.

A minha história de nadadora nos anos 1960

Com 12 anos, entrei para a piscina do Caio Martins, junto com a minha irmã, para aprender a nadar com técnica, porque eu sabia me manter sobre a água e nadava muito bem os nados "cachorrinho" e "sapinho". Então, eu achava que isso era saber nadar. No teste, minha irmã, que sabia um pouco o nado *crawl*, foi dirigida para o aperfeiçoamento ao nado e eu fui para o aprendizado. Fiquei injuriada! Que dificuldade senti em movimentar as pernas e os braços para esse aprendizado. Não conseguia respirar muito bem e bebia muita água. Suplício total!

Depois de muito esforço, em alguns meses eu já estava mudando para uma turma mais adiantada e o professor logo percebeu o meu potencial para o nado de peito. Em um ano, entrei numa competição interna e ganhei nos 50 metros de peito. Nossa, que alegria! Fiquei muito animada e nunca mais parei de nadar. Nadava por nadar, nadava para competir, nadava para me tratar, nadava para desestressar, nadava para ser feliz, nadava para viver e nadava por amar!

Com a chegada de um novo técnico, os treinos mudaram completamente, pois ele trazia novidades de um novo treinamento, chamado *"Interval Training"*, ou seja, treino intervalado com períodos de esforço alternados com períodos de repouso. Os famosos "tiros". Foi um *boom*! Comecei a deslanchar e fazer tempos muito bons.

Com 15 anos, bati o recorde carioca. Nesse mesmo ano, entrei no *ranking* de melhores nadadores brasileiros e fiz o terceiro melhor tempo sul-americano nos 100 e 200 metros no nado de peito clássico. E, aí, aconteceu outro *boom*! Ficamos sabendo que não aconteceriam mais os treinos na piscina do Caio Martins. Meu mundo desmoronou de vez e praticamente tudo se acabou, levando a minha carreira promissora dentro da natação, literalmente por água abaixo. Sabendo que o Clube de Regatas Icaraí não teria mais acesso à piscina do Caio Martins e como não existia piscina na sede do clube, alguns colegas foram para outros clubes no Rio de Janeiro e eu, sendo mulher e muito nova, meus pais não deixaram que eu fosse para o Rio com eles e, assim, para mim estaria tudo acabado. Parecia mesmo ser o fim de uma curtíssima carreira de nadadora em que eu poderia ter ido mais longe dentro desse esporte.

Meu destino de nadadora não acabou totalmente porque, a partir de 1980, surgiram as competições de Masters de Natação, organizadas pela FARJ. Quando fiquei sabendo, em 1983, voltei a nadar cheia de vontade e, também por necessidade, já que não me encontrava bem psicologicamente.

Retorno às piscinas nos anos 1980

Como disse anteriormente, só não estava tudo acabado porque tive a oportunidade de me reencontrar com a natação e com vários nadadores da minha época, graças às competições organizadas pela FARJ, aonde fui pela primeira vez, ainda em 1983, na Piscina do Júlio Delamare. Foi muito marcante para mim; não era apenas uma brincadeira de nadar, mas, sim, um maravilhoso reencontro com os antigos amigos nadadores. Ganhar ou perder não estava em questão. Voltar a participar era fundamental.

Esse retorno foi mesmo importantíssimo em todos os sentidos para a minha vida. Voltar a nadar foi uma terapia maravilhosa! Meu casamento não estava no melhor momento, me sentia muito desestruturada e estava entrando em depressão. Percebi que era ali onde eu deveria estar, fazendo o que amava, estar entre amigos e me sentir feliz.

Então, comecei a treinar com um pouco mais de seriedade e, claro, participei de todas as competições que foram organizadas pela FARJ (somente existiam provas de 50 metros). No ano seguinte, foi fundada a Associação Brasileira de Masters de Natação (ABMN) e eu estava lá, tão participativa que fui uma das primeiras na lista de sócios – fui a 19ª inscrita da ABMN. Adorava todo aquele movimento. Era sempre uma grande festa e foi realmente muito marcante em minha vida o retorno às piscinas.

Participei da primeira competição internacional representando o Brasil em 1985. Foi o Primeiro Masters Games em Toronto, no Canadá. Desde então, estive presente em inúmeras outras competições dentro e fora do Brasil. Tenho orgulho em dizer que, no meu currículo de atleta de natação, tive alguns ótimos resultados, vários melhores índices técnicos conquistados em diversos campeonatos e que, durante toda minha carreira de nadadora *master*, estive entre as melhores do mundo no nado de peito clássico, não deixando nunca de estar no TOP TEN da FINA (hoje, World Aquatics) em todas as faixas etárias que competi até os meus 71 anos, em 2015, quando fui campeã panamericana em Medelín, na Colômbia. Infelizmente, esse campeonato ficou marcado como sendo o último na minha trajetória de nadadora *master*.

Minha carreira nas piscinas estaria terminada porque sofri um acidente quando fazia turismo pelo Nordeste, que me deixou impossibilitada de nadar peito clássico. Mas, mesmo sem saber, estava prestes a ter uma grande surpresa esportiva, em que encontraria a mesma alegria e satisfação em sua prática, como fora a natação até então.

Em 2017, uma nova opção

Meu esporte sempre foi a natação. Mas era necessário achar uma atividade física em que eu pudesse deixar as pernas mais esticadas e, por recomendação do ortopedista, deveria evitar o nado peito, porque estava recém-operada do joelho direito, que havia sofrido uma pancada tão forte que quebrou um osso e rasgou o menisco – logo o joelho que já sofria com condromalácia em grau 4. Como sentia muitas dores, estava de bengala e achei que seria prudente procurar algo que não precisasse forçar tanto os joelhos, como no nado de peito clássico.

Esse problema aconteceu um ano após ter nadado o Panamericano em Medelín. Com essa feita, fiquei praticamente impossibilitada de nadar ou competir no nado de peito. Então, por causa das fortes dores, acabei ficando fora das piscinas e das competições. Acho que um pouco mais adiante, quem sabe, eu pudesse ter continuado nadando e competindo no nado de costas ou *crawl*, porque o meu tempo, nesses nados, era consideravelmente bom.

Nesse mesmo ano, comecei a nadar relaxadamente no

mar. Mas a minha inquietude, meu tino de atleta e a vontade de fazer uma atividade esportiva tomou conta de mim quando vi surgir, ao meu lado, uma canoa havaiana. Achei tão lindo, e foi nesse momento que enxerguei a oportunidade de experimentar esse esporte que, aliás, é muito praticado na minha cidade, Niterói, local onde está o maior número de atletas em canoa havaiana no Brasil. Nasceu ali mesmo uma vontade enorme de remar também.

No início de 2017, procurei um clube de remo. Achei, mas não me aceitaram para fazer parte do clube. Até que encontrei o clube Niterói Hoe. A canoa que remei foi numa OC6. No início, não me adaptei muito bem e, como era distante de casa, desisti logo. Em 2018, surgiu a oportunidade de remar bem ao lado de casa, na lagoa de Piratininga, quando vi uma canoa havaiana passar em frente à minha casa. O remador era o Jorge, que estava começando a dar aulas somente de Canoa V1, canoa de 1 remador, sem leme, bastante difícil. Mas era pegar ou largar. Eu topei o desafio e simplesmente me apaixonei. Foi uma experiência trabalhosa, porque eu comecei logo pela canoa mais difícil. Virei umas três vezes, perdi o rumo umas dez, o remo caiu mais umas tantas, mas estava adorando. Em novembro de 2019, eu já estava remando muito bem, quando fiquei surpresa em saber que o meu professor iria mudar para Angra, levando consigo as canoas V1. Com esse fato, a prática prazerosa de remar uma canoa havaiana V1 estava terminando para mim.

Em janeiro de 2020, fui convidada pelo Clube de Canoa Havaiana Niterói Hoe para participar da primeira Canoa de 70+, que ficou marcada como a primeira nessa faixa etária no Brasil. Fiquei entusiasmada e comecei a perceber que o sentido da atividade estava mudando de prazerosa para mais uma prática esportiva competitiva. Fizemos a primeira reunião do grupo em janeiro de 2020 e ficou marcada a nossa primeira remada na Canoa OC6, com mulheres de 70 anos, para logo após o Carnaval.

Na primeira semana após o Carnaval, veio a frustração. Houve o primeiro *lockdown* por conta da pandemia de covid-19. Parou tudo em todo o mundo e, em maio, durante a pandemia, morreu a minha filha Thaissa. Como foi doído! Diante de tudo isso, sem poder sair de casa e com muita tristeza, fiquei impossibilitada de embarcar nessa nova jornada e pensei até que não aconteceria mais. Sofria e estava com dificuldade de superar a tristeza. Teria que reagir e sair do fundo do poço, até que, em janeiro de 2021, comecei a superar as dificuldades, depois de voltar a dar boas nadadas no mar de Piratininga.

Em junho de 2021, eu já me encontrava bem mais conformada e com vontade de seguir meu rumo e aproveitar a vida. Foi quando fui chamada pelo Clube Niterói Hoe, depois de mais de um ano do último contato com as colegas remadoras, para uma nova reunião.

Equipe formada, finalmente começamos a remar juntas no mês de julho pelo Clube Niterói Hoe, para participar, pela primeira vez, na OC6, na faixa 70+, no Campeonato Estadual de Maratona, em Niterói, e no Campeonato Brasileiro de Maratona, em Vitória. Estreamos como as primeiras brasileiras competindo em canoa de 70+ e as únicas participantes nessa faixa. Foi um acontecimento!

Em meio a esses campeonatos, me entusiasmei e comprei uma V1, canoa individual, que eu aprendi a remar e amar. Que felicidade! Realização total!

Claro que, no ano seguinte, em 2022, já com 78 anos, participei de algumas provas de *sprint* na V1 categoria 75+, ficando com a primeira colocação em todas elas. Havia no Brasil concorrendo com 75+ apenas três participantes. Então, como campeã brasileira em 2022 nas duas modalidades remadas, fui convocada para o Mundial na Inglaterra. Infelizmente, não pude ir.

O campeonato mundial, em 2024, foi no Havaí. Também fui convocada na V1 e na OC6, na faixa etária de 75+, que não é minha faixa atualmente. Porém, a classificação para esse campeonato teria que ser na mesma idade remada no campeonato brasileiro, quando a minha faixa ainda era 75+. Essa situação não foi a melhor coisa que poderia ter acontecido para mim, visto que, atualmente, já pertenço à faixa de 80+ e, nessa sim, eu teria mais chance de uma melhor colocação, principalmente porque, no mundo, existem remadores competindo há muitos anos. No triângulo da Polinésia, por exemplo, essa atividade é praticada há mais de três mil anos, primeiro como meio de transporte entre a Nova Zelândia, Tahiti e Havaí. Esse esporte é recente por aqui; só chegou ao Brasil em 2000.

Remo há pouquíssimo tempo, não tenho técnico e remo muito mais por prazer do que para competir. Contudo, isso não invalida minha vontade de participar de campeonatos nem de continuar remando, principalmente porque o mais importante é estar em atividade física.

Como já disse, algumas vezes, a minha história com a canoa havaiana é uma oportunidade de lazer e terapia, que, além disso, é uma linda prática esportiva e me faz muito feliz.

Comecei nesse esporte com 73 anos e hoje, com 80 anos, duas filhas, sete netos e seis bisnetos, remo para desestressar, para competir, para ser feliz, para viver. Remo por remar e remo por amar.

Nessa minha vida de atleta, estive sempre nos esportes aquáticos. Apenas troquei águas por águas!

História da
CEO da
Editora Leader e
idealizadora da
Série
Mulheres®

Andréia Roma

Eu posso Voar!

Como tudo começou

Nasci em São Paulo, sou uma paulista muito orgulhosa de ter nascido nesta terra de tantas oportunidades. Falar das minhas origens, de quando eu era criança, é necessário, porque tudo é parte da minha história de vida. Venho de uma família muito humilde, na infância eu não sabia o que era ter uma roupa, um tênis ou uma sandália novos. Eu e minha irmã usávamos o que outras pessoas nos davam, mas mesmo assim éramos agradecidas. Hoje somos nós que ajudamos outras pessoas, seja diretamente, com caridade, ou indiretamente, através do nosso empreendedorismo.

A profissão do meu pai, um pernambucano muito batalhador, era de pintor. Ele fazia de tudo para que não faltasse nada para nós e seguíamos a vida com escassez, sem luxo, aprendendo que a melhor escolha sempre é ter muita honestidade. Meu pai foi muito carinhoso comigo e com a minha irmã, guardo boas lembranças dos primeiros anos da minha vida. Atualmente ele é aposentado e posso dizer que é uma pessoa maravilhosa, muito importante para mim.

Mamãe, paulista como eu, não trabalhava, porque meu pai entendia que ela precisava estar em casa para cuidar da nossa educação. Então, fomos muito bem educadas por minha mãe, pois mesmo com pouca escolaridade ela nos ensinava bons valores e o respeito ao próximo. Ela nos ensinou como nos portar à mesa, como agir corretamente na convivência com outras pessoas, em qualquer ambiente em que estivéssemos. Tudo isso era próprio dela, que tem uma história muito bonita. Ela foi adotada, depois de ser deixada na porta de um orfanato, junto com as duas irmãs e um irmão.

Separadas pela adoção, depois de 30 anos minha mãe encontrou minha primeira tia, após mais cinco anos, minha outra tia. Meu tio já é falecido, infelizmente, e jamais encontraram a minha avó. Minha mãe foi adotada por um casal que vivia no Interior, e que cuidou muito bem dela, graças a Deus, e ela se tornou uma mulher de fibra, exemplar. Mamãe teve a oportunidade de concluir somente o colegial, não prosseguiu com os estudos, pois se casou com papai muito jovem. E na simplicidade dela, com seu olhar amoroso e de bons valores, nos ensinava muito. Fomos crianças, eu e minha irmã, que tivemos uma mãe presente de verdade. Ela esteve sempre junto com a gente, na pré-escola, no primeiro dia de aula, ia nos buscar, cuidava muito bem de nós, nos orientava, ensinava como nos defender. São muitas passagens que ficaram marcadas nos nossos corações.

Escolha amar, sempre

Algumas pessoas, ao lerem este trecho de minha história, vão dizer que minha mãe talvez não devesse ter aberto mão dos estudos e de trabalhar fora. Na verdade, ela escolheu estar presente e com isso acompanhar nossa infância e todos os nossos passos. Eu digo sempre que ela escolheu amar. Entendo que hoje nós, executivas, não temos como abrir mão de nossas carreiras, porém, ao trazer esta história tenho a intenção de dizer para você que, mesmo com a correria do dia a dia, nunca deixe de registrar em sua agenda o tópico TEMPO PARA AMAR, envie um *invite* se preciso.

Minha mãe me ensinou o segredo de ser fiel às pessoas que amamos e cuidar com amor e dedicação. Apesar de ter sido abandonada um dia por sua mãe biológica, ela me ensinou que amar é um remédio que cura todas as dores da alma. Muitas vezes, quando iniciamos um trabalho, não nos dedicamos como poderíamos e isso ao longo dos anos se torna prejudicial. Reconheço que minha mãe foi a maior treinadora do tema "dedicação e atendimento ao cliente" que eu poderia ter em minha vida. E você, consegue se lembrar do que sua mãe ou seu pai lhe ensinou? Faça sempre essa reflexão e se fortaleça. Desafios vêm para mostrar o quanto você é forte.

Um livro muda tudo!

E como nasceu meu amor pelos livros, esse amor que me levou a empreender no mercado editorial? Bem, o primeiro livro que ganhei foi uma cartilha escolar. Eu adorava essas cartilhas porque podia pintá-las e tinha exercícios que eu gostava de fazer. Aí nasceu minha paixão pelos livros, que só aumentou pela vida afora. Isso colaborou muito na minha atuação como editora, porque não acredito em livros sem exercícios. Eu amava minhas cartilhas, eram distribuídas pelo governo. Elas eram o que eu tinha, eu ganhava de presente, cuidava delas com muito zelo e carinho, lembro-me até de ajudar minha mãe a encapá-las.

Achava sensacional poder ter aqueles livros e cartilhas, enfeitava com florezinhas, não tinha muito o que colocar, não tínhamos como comprar adesivos, então eu fazia com revistas e jornais velhos, tudo que achava eu recortava e colava, deixando tudo muito bonito. A atitude de colar e enfeitar os livros, cuidando com zelo, é o que trago para os dias de hoje. Minha lição aqui é convidar você a zelar e cuidar das oportunidades e parcerias, infelizmente ao longo dos anos nos decepcionamos com algumas, porém, desistir de encontrar parceiros certos para juntos fazer a diferença, jamais. Lembre-se de se levantar a cada tombo unicamente por você e não para que as pessoas que o feriram vejam. Estas pessoas passaram, e você seguiu. Viva o aqui e agora e esqueça o passado.

Sororidade inspirada por meu pai

Se eu pudesse resumir um pedaço da minha história sobre o tema Sororidade, descreveria com estes fatos.

Todos os dias de manhã meu pai saía de casa de bicicleta, praticamente atravessava a cidade para ir trabalhar, e assim economizava na condução para podermos ter um bom café da manhã, antes de irmos pra escola. Quando voltava sempre trazia um pacotinho de balas, de cereja ou de chocolate, lembro-me do formato e cheiro até hoje. Assim que ele chegava colocava as balas do saquinho na mesa, e pedia para eu e minha irmã sentarmos à mesa com ele; ali ele iniciava um ritual diário, olhando nos nossos olhos com carinho ele dividia as balas, e só depois deste momento é que poderíamos pegá-las.

Meu pai me ensinou sobre sororidade muito antes de ouvirmos sobre o tema. Ele com esta atitude me ensinava o valor de respeitar minha irmã, o valor de dividir, o valor de receber, o valor de agradecer. Recordo que a gente não brigava por isso, e ele e minha mãe nos ensinavam ali, mesmo sendo pessoas com tão pouca escolaridade, a compartilhar, a apoiar, respeitar. E isso eu faço sempre, seja como editora, como ser humano, eu compartilho muito. Eu dou muitas oportunidades para que outras pessoas possam publicar, possam escrever, possam se encontrar e identificar a sua história. E se valorizar, por isso eu foco muito no protagonismo da história, o que tenho certeza que fez diferença na minha vida.

Então finalizo aqui essa parte que fala da minha infância, dos meus pais, e de como eles me ensinaram a ser quem eu sou hoje.

Laboratório do sucesso

Iniciei minha vida profissional quando tinha 14 anos, como cuidadora de um casal de idosos. Trabalhar com eles me ensinou a ver e sentir o ser humano de outra forma, mais sensível, mais dependente. Eles já não estão mais conosco, mas nem imaginam o tamanho do legado que deixaram para mim. Foi uma grande lição para uma menina de 14 anos. Aos 15, entendi o significado de atender pessoas, fui trabalhar em uma banca de pastel e ali tive a chance de aprender grandes lições. Uma delas eu me recordo bem: meu patrão fritava todos os dias um pastel de carne e me fazia comer; quando eu terminava, ele dizia: "Como foi? Estava saboroso?" Na época eu não entendia o que ele queria, porém hoje sei que ele me ensinava que a experiência de experimentar é o maior laboratório do sucesso. Um cliente só volta para sentir novamente a experiência que seu produto pode proporcionar.

Aos 16, iniciei como recepcionista em uma papelaria, onde gostava muito de atender os clientes e fiz muitas amizades. Nesta experiência entendi que o *networking* traz para nossas vidas muitas oportunidades. Uma dica importante para você que deseja crescer é se relacionar, conhecer seus clientes, entender o que fazem e por que fazem. Todo cliente tem um propósito, descubra o propósito do seu cliente.

Aos 18, engravidei do meu primeiro namorado, e foi também meu primeiro aprendizado. Hoje eu agradeço a ele pela vida da minha filha, mas na época éramos jovens e tive uma experiência dolorosa. Eu tive a chance de ouvir o coração dela sozinha, foi um momento só meu e eu adorei. E naquele dia, como uma intuição divina, eu sabia que era uma menina, antes de o médico saber!

Quando ela nasceu, chamá-la de Larissa, que significa Alegria, realmente expressava o que eu estava sentindo. E me emociono ao dizer isso, porque ela tem me dado muitas alegrias. Segui criando minha filha sozinha e isso só me deu mais força para entender aonde queria chegar.

Lembro-me de que, quando entrei na sala de cirurgia para dar à luz a Larissa, visualizei que dali em diante eu seria empreendedora, que lutaria por mim e por minha filha. Comecei a estudar, e não parei mais, me considero uma autodidata em muitas áreas do conhecimento.

Suas escolhas decidem quem você será no futuro!

Próximo aos 24 anos me casei com o Alessandro e recebi mais um presente, meu segundo filho, chamado Boaz, e sua chegada reforçou ainda mais o que eu queria realizar em minha vida.

Na minha primeira formação em PNL e Coaching, recordo-me que o exercício na sala de aula era a ponte ao futuro. Ali eu reforçaria aonde queria chegar. E minha meta foi ter uma editora. Esse objetivo gritava dentro de mim, foi então que pedi demissão da empresa em que trabalhava. Algo me dizia "você está no caminho, vá em frente".

Foi o que fiz, porque eu tinha dois motivadores em minha vida, Larissa e Boaz.

Segui minha vida trabalhando, lendo muitos livros, pois sou uma apaixonada por livros, e participei de várias formações, buscando oportunidades, em minhas contas somos mais de 60 cursos. Confesso que investi muitos dias da minha vida para todas estas formações, ganhava pouco em empresas em que trabalhei, porém a oportunidade de estudar me manteve fiel em cada uma delas. Eu realmente fazia além do que era paga para fazer, pois eu acreditava em mim. Sou grata a todas as empresas pelas quais passei, são grandes motivadores para mim.

Quase desisti

Lembro-me que depois dos 30 anos fui convidada para estruturar a primeira editora, era um sonho e trabalhava dia e noite com a proposta de uma sociedade. Porém naquela época a empolgação foi tamanha e me esqueci do contrato, aí você já imagina. Depois desta decepção eu resolvi deixar o mundo editorial, quase desistindo do sonho de empreender, e disse a meu marido que iria procurar uma nova recolocação no mercado. Ele me disse: "Acredite, você vai conseguir".

Foi quando tive a grande surpresa que mudaria totalmente minha vida.

Ele me disse para insistir com meus sonhos. E, se eu acreditasse na editora que queria construir, daríamos um jeito para realizar minha meta. Sem me consultar, ele foi até a empresa em que trabalhava há seis anos e pediu para ser demitido. Com a indenização dele fundei a Editora Leader. Assim, nasceu a Editora Leader, por meio de alguém que renunciou ao seu trabalho para realizar o meu sonho. Meu marido me inspira até hoje.

Sou e serei eternamente grata a ele.

Meu maior legado

Falar de filhos, de família, para mim é o maior legado do mundo, é você respeitar as pessoas que você ama. Falar do momento de mãe solteira é difícil. Não fiz nada diferente de outras jovens que também engravidam e não têm o apoio de seu parceiro. Não fui forçada a engravidar, aconteceu e aí vieram as consequências. Uma delas foi que meu pai não aceitava, até pela criação que teve, tinha uma importância muito grande para ele que eu só tivesse filhos após o casamento. Ele deixou de falar comigo, não me abraçava mais, foi muito penoso lidar com isso, porque ele sempre foi muito próximo. Na realidade, ele se importava, mas estava muito magoado. Hoje eu sei disso, mas na época não.

Então eu tinha de conviver com o conflito de ter sido abandonada e de meu pai se afastar de mim. Minha mãe me apoiou e me dava carinho e força. Fiquei em casa grávida, isolada, como se estivesse em quarentena. É assim que descrevo hoje aquela situação. Como não tinha com quem conversar, eu falava com minha bebê, cantava para ela. Por isso digo que ela realmente foi a minha alegria. Falar dela e da minha gravidez é falar de todas as mães solteiras, mas principalmente dizer às jovens para que se cuidem e evitem passar por uma situação tão dolorosa.

Hoje tomo isso como um grande aprendizado. E digo que o maior desafio de ser mãe, com certeza, é estar sozinha, apesar de ter aquela bebê maravilhosa dentro de mim. Então, eu entendi que precisava realmente fazer a diferença, não só pela minha filha, mas por mim primeiro. Naquele momento eu assumi o protagonismo da minha vida. Pensei que eu queria mais da vida, queria mais de tudo que pudesse obter.

Minha maior lembrança é de quando entrei no hospital, naquele corredor frio, olhei na janelinha da porta do centro cirúrgico e quem estava ali era minha mãe. Com seu olhar ela me dizia que eu ia conseguir, e isso realmente me motiva até hoje. Então, todas as vezes que me sinto triste, eu olho na "janelinha do tempo", e vejo o rostinho da minha mãe dizendo que vou conseguir. Isso pra mim faz toda a diferença.

Quando decidi ter um emprego, até pela maturidade de querer sustentar minha filha, tive uma grande oportunidade, aos 19 anos, de trabalhar num jornal, com a venda de assinaturas. E me saí muito bem. Era no centro da cidade de São Paulo, foi uma ótima experiência.

Depois fui para uma empresa de treinamentos, que nem existe mais, mas na época tive a chance de fazer alguns e aprendi muito. Eram treinamentos de negociação, motivação, liderança, conheci também um pouco da Programação Neurolinguística (PNL), e várias outras ferramentas. E mergulhei nesse mercado, gostava muito de ler, até pela falta de oportunidade que tive, então agarrei com as duas mãos e segurei com muita determinação.

Logo depois, comecei a vender livros e revistas numa empresa que não existe mais. Lá eu aprendi bastante, as pessoas que conheci ali foram bem importantes na minha vida e entendi que para vender eu tinha de ler ainda mais. Ler bastante, o tempo inteiro. Gosto muito de ler, eu lia muitos livros sobre motivação, vendas, de liderança, de negociação, livros de Eduardo Botelho,

Reinaldo Polito, vários escritores, nacionais e internacionais, muitas pessoas que aprendi a admirar.

Contar sobre esse período é dizer o quanto essa oportunidade me ensinou a ser uma pessoa melhor, e a transformar desafios na "janelinha", onde o retrato é da minha mãe, dizendo que vou conseguir.

Pronta para Voar!

Selo Editorial Série Mulheres®

A Editora Leader é um espaço especial criado para que homens e mulheres possam publicar. Em todos os projetos da Leader dedicados às mulheres, uma das coisas que coloco é um espaço para as origens das autoras, como fiz aqui neste capítulo, porque, mesmo que seja doloroso falar sobre aquele momento, aquela situação difícil, isso faz com que você entenda a sua evolução, o quanto você caminhou, o quanto você já venceu. E faz com que veja alguém inspirador, como eu vi na janelinha do hospital, o rostinho da minha mãe. Então, qual é o rosto que você vê? Quando você se lembra dos seus desafios na infância, das situações difíceis, qual é o rosto que você vê? Acho que essa é a maior motivação, quando você consegue descrever isso, quando você trouxer isso pra sua vida consegue inspirar outras pessoas a caminhar. Percorrer o corredor daquele hospital foi um dos mais longos trajetos da minha vida, mas foi o mais importante, porque me ensinou a ser quem eu sou.

Me ensinou a compartilhar mais, me mostrou caminhos que nenhuma faculdade, nenhum curso vai me ensinar. Realmente ali eu assumi que podia fazer aquilo, e eu fiz.

Hoje minha filha tem 22 anos, está no segundo semestre de Medicina, e eu fico muito feliz. Contudo, hoje trabalho com legados, assim como os médicos, que fazem o bem para tantas pessoas! Hoje vejo minha filha caminhando para isso.

Então acho que o Selo Série Mulheres® da Editora Leader e grande parte de suas publicações têm um pouco de cada mulher, independentemente do que ela escolheu para sua vida. Digo que é uma conexão com as mulheres. Não é só quem eu quero ser, é quem eu sou. É quem eu assumi ser, é a protagonista da minha história. Com uma infância triste ou feliz, eu quero que realmente essas histórias inspirem muitas pessoas. Essa é a minha história, que reúne várias mulheres e diversas temáticas no mercado, trazendo o olhar feminino, trazendo o olhar dessas mulheres através do protagonismo de suas histórias, começando pelas origens e falando de onde elas vieram e quem elas são.

Eu me orgulho muito da Série Mulheres®, um projeto que lançamos com abrangência nacional e internacional, com ineditismo registrado em 170 países, aliás o único no Brasil, porque todos os livros são patenteados, tivemos esse cuidado para que nenhuma outra editora, além da Leader, pudesse lançar as temáticas, por exemplo, Mulheres do RH, Mulheres no Seguro, Mulheres do Marketing, Mulheres do Varejo, Mulheres na Tecnologia, Mulheres Antes e Depois dos 50, Mulheres na Indústria do Casamento, Mulheres na Aviação, Mulheres no Direito, Mulheres que Transformam, enfim, hoje já estamos na construção de quase 50 temáticas que vamos lançar até 2030. São histórias de mulheres que realmente decidiram, que, através de suas escolhas, suas trajetórias, suas boas práticas empolgam as leitoras e os leitores, porque o Selo Editorial Série Mulheres® é para homens e mulheres lerem. Então trazemos com carinho a história de cada mulher, mostrando a força feminina, não como uma briga por igualdade, nada disso, mas sim com um olhar humanizado, com um olhar em que as mulheres assumem o protagonismo de suas histórias. Elas entendem os seus valores, as suas crenças e assumem a sua identidade, mostrando quem elas são, dentro do que elas fazem, do que elas escolheram para fazer. Mulheres fortes, eu diria. São mulheres escolhidas a dedo para participar da Série. Nós precisamos entender que para tocar uma alma humana você tem que ser outra alma humana.

Então a Série Mulheres® é uma grande oportunidade para o mercado feminino mostrar sua história, mostrar mais do que o empoderamento, mostrar o quanto você pode inspirar outras mulheres. E detalhe: numa história difícil, triste, quanto você pode levantar o ânimo dessas mulheres, para que elas tenham uma chance, para que possam caminhar.

Um dos livros que vamos lançar é Mulheres – Um grito de socorro, que já está registrado também, e vem trazendo esse olhar de muitas Marias, que são fortes e deram a volta por cima em suas vidas. A Série Mulheres® é isso, é um compilado de mulheres que inspiram outras mulheres e homens. Muitas não são famosas, mas são "celebridades" dentro do que elas fazem. Nosso propósito é trazer um novo olhar para as brasileiras que colaboram para o desenvolvimento econômico do nosso país, com verdadeira responsabilidade social e ambiental.

A Editora Leader me transformou numa empreendedora de sucesso, e eu a transformei numa empresa com vários diferenciais.

Eu acredito que **"Um livro muda tudo"**, que se tornou o nosso *slogan*. E pergunto sempre, através da Leader: qual é a sua história? Qual é o poder que tem a sua história?

Termino por aqui, espero que minha história a prepare para voar, e convido você a contar a sua história aqui, na Editora Leader, no Selo Editorial Série Mulheres®.

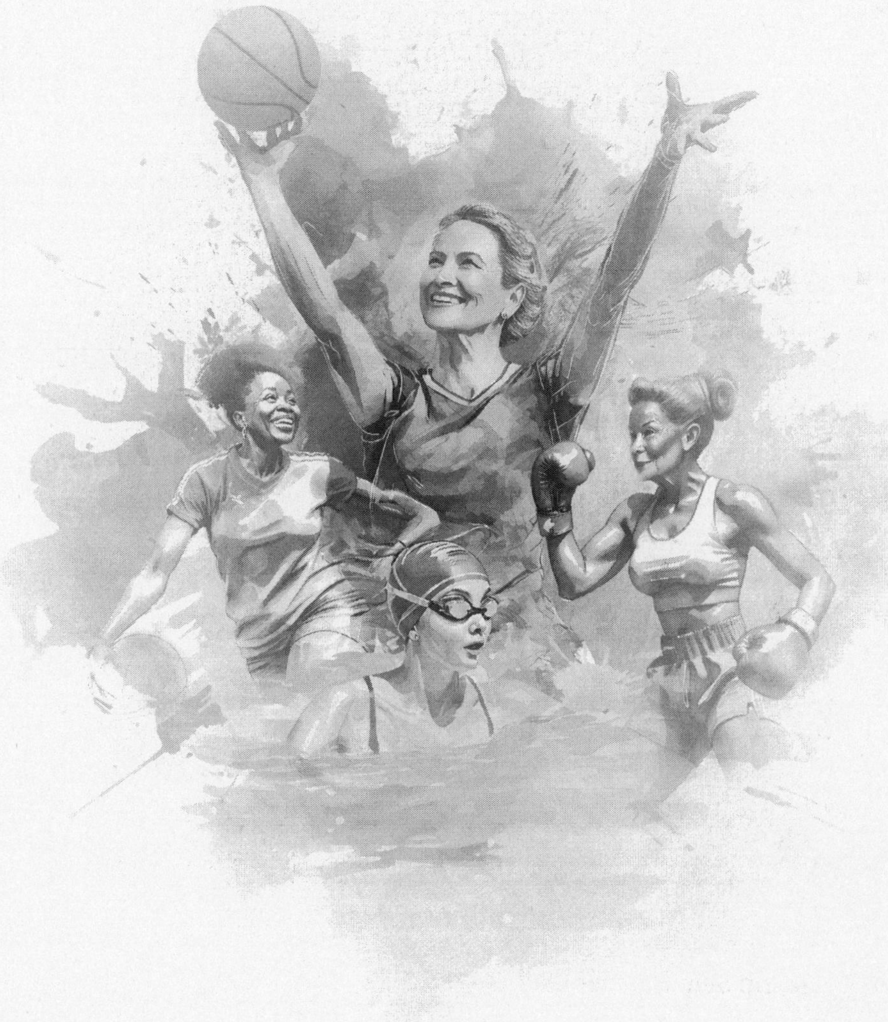

Cordel

Este livro tem poder,
O poder de transformar,
Cria oportunidades,
Pra muita mulher falar,
Sobre suas experiências,
Este livro vai contar!

Este livro bem ensina,
Sobre respeito e equidade,
Defende o nosso espaço,
Buscando mais igualdade,
Que tal ser inspiração,
Pra muitas na sociedade?

Não estamos contra os homens,
Não é uma competição,
Só queremos ter espaço,
Não é uma imposição,
Unindo homem e mulher,
É mútua inspiração!

Pra você que é mulher,
Não importa a profissão,
Reconheça o seu valor,
Dê sua contribuição,
Isso pode bem mudar,
O futuro da nação!

Por espaço igualitário,
Não é só nossa questão,
Queremos o seu respeito,
Temos também opinião,
Atenção você mulher,
Preste muita atenção!

A mensagem do cordel,
É fazer cê refletir,
Que essa série pra mulher,
Vai fazer cê decidir,
Se juntar a essa luta,
Não espere, pode vir!

Recebemos como presente este cordel, criado por **Caroline Silva**, coautora do livro "*Mulheres Compliance na Prática – volume I*", para abrilhantar as obras da Série Mulheres.

Benefícios que sua empresa ganha ao apoiar o Selo Editorial Série Mulheres®.

Ao apoiar livros que fazem parte do Selo Editorial Série Mulheres, uma empresa pode obter vários benefícios, incluindo:

- **Fortalecimento da imagem de marca:** ao associar sua marca a iniciativas que promovem a equidade de gênero e a inclusão, a empresa demonstra seu compromisso com valores sociais e a responsabilidade corporativa. Isso pode melhorar a percepção do público em relação à empresa e fortalecer sua imagem de marca.

- **Diferenciação competitiva:** ao apoiar um projeto editorial exclusivo como o Selo Editorial Série Mulheres, a empresa se destaca de seus concorrentes, demonstrando seu compromisso em amplificar vozes femininas e promover a diversidade. Isso pode ajudar a empresa a se posicionar como líder e referência em sua indústria.

- **Acesso a um público engajado:** o Selo Editorial Série Mulheres já possui uma base de leitores e seguidores engajados que valoriza histórias e casos de mulheres. Ao patrocinar esses livros, a empresa tem a oportunidade de se conectar com esse público e aumentar seu alcance, ganhando visibilidade entre os apoiadores do projeto.

- **Impacto social positivo:** o patrocínio de livros que promovem a equidade de gênero e contam histórias inspiradoras de mulheres permite que a empresa faça parte de um movimento de mudança social positivo. Isso pode gerar um senso de propósito e orgulho entre os colaboradores e criar um impacto tangível na sociedade.

- *Networking* **e parcerias:** o envolvimento com o Selo Editorial Série Mulheres pode abrir portas para colaborações e parcerias com outras organizações e líderes que também apoiam a equidade de gênero. Isso pode criar oportunidades de *networking* valiosas e potencializar os esforços da empresa em direção à sustentabilidade e responsabilidade social.

É importante ressaltar que os benefícios podem variar de acordo com a estratégia e o público-alvo da empresa. Cada organização deve avaliar como o patrocínio desses livros se alinha aos seus valores, objetivos e necessidades específicas.

FAÇA PARTE DESTA HISTÓRIA
INSCREVA-SE

INICIAMOS UMA AÇÃO CHAMADA

MINHA EMPRESA ESTÁ COMPROMETIDA COM A CAUSA!

Nesta iniciativa escolhemos de cinco a dez empresas para apoiar esta causa.

SABIA QUE SUA EMPRESA PODE SER PATROCINADORA DA SÉRIE MULHERES, UMA COLEÇÃO INÉDITA DE LIVROS DIRECIONADOS A VÁRIAS ÁREAS E PROFISSÕES?

Uma organização que investe na diversidade, equidade e inclusão olha para o futuro e pratica no agora.

Para mais informações de como ser um patrocinador de um dos livros da Série Mulheres escreva para: **contato@editoraleader.com.br**

ou

Acesse o link e preencha sua ficha de inscrição

Nota da Coordenação Jurídica do Selo Editorial Série Mulheres® da Editora Leader

A Coordenação Jurídica da Série Mulheres®, dentro do Selo Editorial da Editora Leader, considera fundamental destacar um ponto crucial relacionado à originalidade e ao respeito pelas criações intelectuais deste selo editorial. Qualquer livro com um tema semelhante à Série Mulheres®, que apresente notável semelhança com nosso projeto, pode ser caracterizado como plágio, de acordo com as leis de direitos autorais vigentes.

A Editora Leader, por meio do Selo Editorial Série Mulheres®, se orgulha do pioneirismo e do árduo trabalho investido em cada uma de suas obras. Nossas escritoras convidadas dedicam tempo e esforço significativos para dar vida a histórias, lições, aprendizados, cases e metodologias únicas que ressoam e alcançam diversos públicos.

Portanto, solicitamos respeitosamente a todas as mulheres convidadas para participar de projetos diferentes da Série Mulheres® que examinem cuidadosamente a originalidade de suas criações antes de aceitar escrever para projetos semelhantes.

É de extrema importância preservar a integridade das obras e apoiar os valores de respeito e valorização que a Editora Leader tem defendido no mercado por meio de seu pioneirismo. Para manter nosso propósito, contamos com a total colaboração de todas as nossas coautoras convidadas.

Além disso, é relevante destacar que a palavra "Mulheres" fora do contexto de livros é de domínio público. No entanto, o que estamos enfatizando aqui é a responsabilidade de registrar o tema "Mulheres" com uma área específica, dessa forma, o nome "Mulheres" deixa de ser público.

Evitar o plágio e a cópia de projetos já existentes não apenas protege os direitos autorais, mas também promove a inovação e a diversidade no mundo das histórias e da literatura, em um selo editorial que dá voz à mulher, registrando suas histórias na literatura.

Agradecemos a compreensão de todas e todos, no compromisso de manter a ética e a integridade em nossa indústria criativa. Fiquem atentas.

Atenciosamente,

Adriana Nascimento e toda a Equipe da Editora Leader
Coordenação Jurídica do Selo Editorial Série Mulheres

ANDRÉIA ROMA
CEO DA EDITORA LEADER

REGISTRE seu legado

A Editora Leader é a única editora comportamental do meio editorial e nasceu com o propósito de inovar nesse ramo de atividade. Durante anos pesquisamos o mercado e diversos segmentos e nos decidimos pela área comportamental através desses estudos. Acreditamos que com nossa experiência podemos fazer da leitura algo relevante com uma linguagem simples e prática, de forma que nossos leitores possam ter um salto de desenvolvimento por meio dos ensinamentos práticos e teóricos que uma obra pode oferecer.

Atuando com muito sucesso no mercado editorial, estamos nos consolidando cada vez mais graças ao foco em ser a editora que mais favorece a publicação de novos escritores, sendo reconhecida também como referência na elaboração de projetos Educacionais e Corporativos. A Leader foi agraciada mais de três vezes em menos de três anos pelo RankBrasil – Recordes Brasileiros, com prêmios literários. Já realizamos o sonho de numerosos escritores de todo o Brasil, dando todo o suporte para publicação de suas obras. Mas não nos limitamos às fronteiras brasileiras e por isso também contamos com autores em Portugal, Canadá, Estados Unidos e divulgações de livros em mais de 60 países.

Publicamos todos os gêneros literários. O nosso compromisso é apoiar todos os novos escritores, sem distinção, a realizar o sonho de publicar seu livro, dando-lhes o apoio necessário para se destacarem não somente como grandes escritores, mas para que seus livros se tornem um dia verdadeiros *best-sellers*.

A Editora Leader abre as portas para autores que queiram divulgar a sua marca e conteúdo por meio de livros...

EMPODERE-SE
Escolha a categoria que deseja

■ Autor de sua obra

Para quem deseja publicar a sua obra, buscando uma colocação no mercado editorial, desde que tenha expertise sobre o assunto abordado e que seja aprovado pela equipe editorial da Editora Leader.

■ Autor Acadêmico

Ótima opção para quem deseja publicar seu trabalho acadêmico. A Editora Leader faz toda a estruturação do texto, adequando o material ao livro, visando sempre seu público e objetivos.

■ Coautor Convidado

Você pode ser um coautor em uma de nossas obras, nos mais variados segmentos do mercado profissional, e ter o reconhecimento na sua área de atuação, fazendo parte de uma equipe de profissionais que escrevem sobre suas experiências e eternizam suas histórias. A Leader convida-o a compartilhar seu conhecimento com um público-alvo direcionado, além de lançá-lo como coautor em uma obra de circulação nacional.

■ Transforme sua apostila em livro

Se você tem uma apostila que utiliza para cursos, palestras ou aulas, tem em suas mãos praticamente o original de um livro. A equipe da Editora Leader faz toda a preparação de texto, adequando o que já é um sucesso para o mercado editorial, com uma linguagem prática e acessível. Seu público será multiplicado.

■ Biografia Empresarial

Sua empresa faz história e a Editora Leader publica.

A Biografia Empresarial é um diferencial importante para fortalecer o relacionamento com o mercado. Oferecer ao cliente/leitor a história da empresa é uma maneira ímpar de evidenciar os valores da companhia e divulgar a marca.

■ Grupo de Coautores

Já pensou em reunir um grupo de coautores dentro do seu segmento e convidá-los a dividir suas experiências e deixar seu legado em um livro? A Editora Leader oferece todo o suporte e direciona o trabalho para que o livro seja lançado e alcance o público certo, tornando-se sucesso no mercado editorial. Você pode ser o organizador da obra. Apresente sua ideia.

A Editora Leader transforma seu conteúdo e sua autoridade em livros.

OPORTUNIDADE
Seu legado começa aqui!

A Editora Leader, decidida a mudar o mercado e quebrar crenças no meio editorial, abre suas portas para os novos autores brasileiros, em concordância com sua missão, que é a descoberta de talentos no mercado.

NOSSA MISSÃO

Comprometimento com o resultado, excelência na prestação de serviços, ética, respeito e a busca constante da melhoria das relações humanas com o mundo corporativo e educacional. Oferecemos aos nossos autores a garantia de serviços com qualidade, compromisso e confiabilidade.

Publique com a Leader

- **PLANEJAMENTO** e estruturação de cada projeto, criando uma **ESTRATÉGIA** de **MARKETING** para cada segmento;

- **MENTORIA EDITORIAL** para todos os autores, com dicas e estratégias para construir seu livro do Zero. Pesquisamos o propósito e a resposta que o autor quer levar ao leitor final, estruturando essa comunicação na escrita e orientando sobre os melhores caminhos para isso. Somente na **LEADER** a **MENTORIA EDITORIAL** é realizada diretamente com a editora chefe, pois o foco é ser acessível e dirimir todas as dúvidas do autor com quem faz na prática!

- **SUPORTE PARA O AUTOR** em sessões de videoconferência com **METODOLOGIA DIFERENCIADA** da **EDITORA LEADER**;

- **DISTRIBUIÇÃO** em todo o Brasil — parceria com as melhores livrarias;

- **PROFISSIONAIS QUALIFICADOS** e comprometidos com o autor;

- **SEGMENTOS:** Coaching | Constelação | Liderança | Gestão de Pessoas | Empreendedorismo | Direito | Psicologia Positiva | Marketing | Biografia | Psicologia | entre outros.

www.editoraleader.com.br